Marietta Kesting / Sophia Kunze (Hrsg.)

Dark Rooms
Räume der Un/Sichtbarkeit

AF618411

Marietta Kesting / Sophia Kunze (Hrsg.)

Dark Rooms

Räume der Un/Sichtbarkeit

Neofelis Verlag

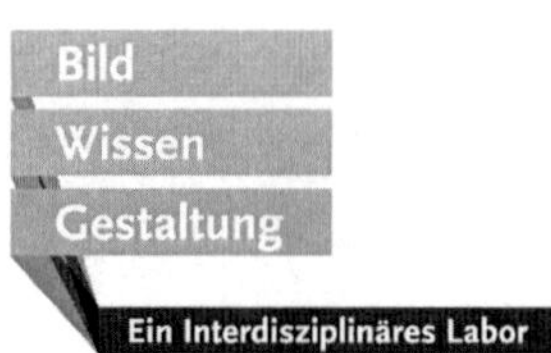

Bibliografische Information der Deutschen Nationalbibliothek
Die Deutsche Nationalbibliothek verzeichnet diese Publikation in der Deutschen Nationalbibliografie; detaillierte bibliografische Daten sind im Internet über http://dnb.d-nb.de abrufbar.

© 2017 Neofelis Verlag GmbH, Berlin
www.neofelis-verlag.de
Alle Rechte vorbehalten.

Umschlaggestaltung: Marija Skara
Lektorat & Satz: Neofelis Verlag (fs/ae)
Druck: PRESSEL Digitaler Produktionsdruck, Remshalden
Gedruckt auf FSC-zertifiziertem Papier.
ISBN (Print): 978-3-95808-120-8
ISBN (PDF): 978-3-95808-170-3

Inhalt

Dark Rooms – Räume der Un/Sichtbarkeit

> Im Unterschied zum alten Postulat von der ‚Unsichtbarkeit des Realen', das Michel de Certeau als vor-moderne Kondition charakterisiert, herrscht im ‚Mythos' der Moderne der Imperativ der Sichtbarkeit, das heißt, geglaubt wird nur, was gesehen wird.[1]

Der wissenschaftliche Alltag ist heute geprägt vom Gebot der Sichtbarkeit: ‚Pics or it didn't happen.' Nur wer rezipiert wird, wer gesehen wird – also diejenigen, die ihre Veranstaltungen und Publikationen Aufmerksamkeit generierend bewerben und so ins gesellschaftliche Blickfeld rücken – kann erfolgreich sein. Bilder der Wissenschaft als Medien der Wissensvermittlung – wie auch der Selbstinszenierung – beeinflussen die gesellschaftliche Wahrnehmung von Forschung. Sie bewegen sich in einem kritischen Feld: zwischen notwendiger Komplexitätsreduktion und Essentialisierung, Vermarktung und Repräsentation, Werbung und Berichterstattung. Das führt dazu, dass Entstehungs- und Wahrnehmungsbedingungen von wissenschaftlichen Berichten und Bildern kaum oder zu wenig differenziert infrage gestellt werden. Dies ist nicht zuletzt dem Umstand geschuldet, dass ein zunehmender Wettbewerb um Drittmittel die Akteure zwingt, die Ergebnisse ihrer Forschung nach den Gesetzen des Markts gewissermaßen als ‚Produkt' zu bewerben. Die gestalterischen Disziplinen haben

1 Tom Holert: Evidenz-Effekte. Überzeugungsarbeit in der visuellen Kultur der Gegenwart. In: Matthias Blickenbach / Axel Fliethmann (Hrsg.): *Korrespondenzen. Visuelle Kulturen zwischen früher Neuzeit und Gegenwart.* Köln: DuMont 2002, S. 198–225, hier S. 200.

in diesem Prozess an Bedeutung gewonnen – keine Tagung ohne Flyer und Poster, kein Forschungsbereich ohne eigenes Corporate Design und gestalteter Homepage, keine Universität ohne Imagefilm. Neben der kollektiven, institutionellen Dramaturgie sind aber auch die individuellen Forscher_innen angehalten, sich ins ‚rechte' Bild zu rücken und Unternehmer_innen ihrer Selbst zu werden, dies schließt die Imagepflege ein. Performance und Repräsentation über Bilder ist heute eine gesellschaftliche Forderung, deren normativer Charakter alte Modelle der Sozialdisziplinierung zugunsten eines Zwangs kreativer und scheinkreativer Selbstverwirklichung im kapitalistischen Wettbewerb abgelöst hat.[2] Dieses Phänomen deckt sich mit dem gesellschaftlichen Postulat der Sichtbarkeit, welches insbesondere im Umgang mit der scheinbar liberalisierten und individualisierten Bilderproduktion in den Sozialen Medien deutlich wird. *Nanne Buurman* widmet sich in ihrem Beitrag dem Zwang zur Selbstdarstellung im Kunst- und Kulturbetrieb, der Aufmerksamkeitsökonomien bedient und gleichzeitig an ihrer Konstruktion beteiligt ist. Sie analysiert diese Formen und Mechanismen der Inszenierung des Selbst, stellt ihr die Unsichtbarkeit reproduktiver Hausarbeit gegenüber und ergänzt deren Theoretisierung mit gender-, biopolitischen und postfordistischen Denkansätzen.

Bildwissenschaftler wie Gottfried Böhm und Hans Belting sprachen schon vor einem Jahrzehnt von der „Bilderflut", durch welche die „Macht der Bilder" und ihre Fähigkeit, Wissen zu etablieren und zu vermitteln, relativiert werde.[3] Die kontextabhängige, medienspezifische und zeitgebundene Vielfalt des Umgangs mit Bilder, sowie die vielfältigen Deutungsmöglichkeiten des Bildbegriffs allein rücken nun zunehmend in das Interesse der Forschung. Ein Ausgangspunkt der Visual Culture Studies, wie Sigrid Schade und Silke Wenk formulieren, war die Frage nach Wahrnehmung und Sichtbarkeit, wobei Sichtbarkeit nicht vornehmlich als immanentes Ziel der Bildproduktion untersucht, sondern als Ergebnis eines konstruktiven Prozesses verstanden wird, der sich gleichermaßen aus bestehenden Normen und Bildtraditionen

2 Christoph Menke / Juliane Rebentisch (Hrsg.): *Kreation und Depression. Freiheit im gegenwärtigen Kapitalismus*. Berlin: Kadmos 2012.

3 Gottfried Böhm: Jenseits der Sprache? Anmerkungen zur Logik der Bilder. In: Christa Maar / Hubert Burda (Hrsg.): *Iconic Turn. Die Neue Macht der Bilder*. Köln: DuMont 2004, S. 28–43.

entwickelt und konstruiert.[4] Der vorliegende Band möchte die wechselseitige Bedingtheit von Sichtbarkeit und Unsichtbarkeit ausloten. Zentral stellte sich die Frage, wie etwas sichtbar wird, warum es sichtbar wird und was dadurch gleichzeitig unsichtbar wird?

Dunkle Räume und *Darkroom*

Der englische Begriff *darkroom*[5] bezeichnet sowohl die analoge Dunkelkammer der Fotografie als auch die *Cruising Zone* in Gay Clubs. Dort ist es nicht nur dunkel, sondern auch das Fotografieren explizit verboten. Das für unser Projekt zugrundeliegende Raumkonzept versteht sich als von Blicken durchkreuzt, machtkritisch und beweglich, wie die feministische Theoretikerin Doreen Massey es beschrieb: „[T]his view of the spatial is an ever shifting social geometry of power and signification.“[6] Der Darkroom ist das Gegenbild zum *White Cube* der Galerie oder des Kunstmuseums, in denen alles beleuchtet und sichtbar ist. Roland Barthes hatte 1980 die „Helle Kammer“ zum Titel seiner Fotografie-Analyse auserkoren, in der er, von seiner eigenen Erfahrung mit persönlich wichtigen Fotografien ausgehend, phänomenologisch die subjektive und affektive Lesart von Fotografien als wesentlich bestimmte.[7] Barthes erweiternd, möchten wir in diesem Band die Ambivalenzen des eigenen Sehens, die gesellschaftlichen Rahmungen und die Raster der visuellen Wahrnehmung paradigmatisch untersuchen.

Bei der Konzeption des vorliegenden Bandes dienten einige Bilder zur Inspiration: Marc Brandenburgs Schwarz-Weiß-Zeichnungen aus dem Darkroom des Berliner Clubs Berghain gehörten dazu, die wie von einem Stroboskopblitz erleuchtet sind. Sie waren stets eine Folie für den künstlerischen Umgang mit einem unsichtbaren Ort, da Brandenburg viel mehr tat, als das dort herrschende Aufnahmeverbot zu umgehen, wie Diederich Diederichsen kommentierte:

4 Sigrid Schade / Silke Wenk (Hrsg.): *Studien zur visuellen Kultur. Einführung in ein transdisziplinäres Forschungsfeld*. Bielefeld: Transcript 2011; Matthias Bruhn: *Das Bild. Theorie Geschichte Praxis*. Berlin: Akademie 2008, S. 18.

5 Wir unterscheiden zwischen den abstrakten Darkrooms – den dunklen Räumen allgemein und dem speziellen Darkroom – der Cruising Zone.

6 Doreen Massey: *Space, Place, and Gender*. Minneapolis: University of Minnesota Press 1995, S. 4.

7 Roland Barthes: *Die helle Kammer. Bemerkungen zur Photographie*. Frankfurt am Main: Suhrkamp 1989.

> Die in der dann wiederum ganz handwerklichen Arbeit eingesetzten technischen Gründe der Bildtypen (Foto, Fotonegativ, Strobo-Gedanke) vollenden einen Komplex aus Kontrolle, Machtausübung und Befreiung, in dem es eben nicht einfach nur die gute und die schlechte Seite von Kontrolle und Kontrollverlust gibt, sondern beide in einem virtuos vermittelten Verhältnis aufeinander angewiesen sind.[8]

Sichtbarkeit und Unsichtbarkeit stehen in einem Abhängigkeitsverhältnis, welches durch Grade der Überwachung, Kontrolle – sowie deren Unterwanderung – einer gewissen Lust zu sehen und einer selbstbestimmten Unsichtbarkeit durchzogen werden. Es ist keineswegs zielführend, alle Nischenräume mit dem grellen Licht der Lesbarkeit auszuleuchten, sondern auch ein Recht auf Unlesbarkeit oder „Opacity" zu diskutieren, wie es etwa der Édouard Glissant formuliert hat: „Why must we evaluate people on the scale of the transparency of ideas proposed by the West? […] As far as I'm concerned, a person has the right to be opaque."[9] In Bezugnahme darauf möchten wir insbesondere auch die Grenzen des Konzepts der Sichtbarkeit ausloten – sowohl im ästhetischen Bereich wie auch im Rahmen politischer Diskussionen um Repräsentation und Handlungsmacht. Sicherlich wäre es fatal, die dunklen Räume immer als Möglichkeitsräume mit utopischem Potential auszustatten. *Zairong Xiang* nimmt uns auf eine radikale, selbstreflexive Versuchsreihe in den Darkroom eines Schwulenclubs mit, spiegelt diese Erfahrungen jedoch auch mit der Funktion und dem Verhalten der User von modernen Dating-Apps. Der vielschichtige Text thematisiert das Zusammenspiel von Sichtbarkeit und Rassismus – nur wenn jemand als anders wahrgenommen wird, kann er/sie exkludiert werden, zumeist geschieht dies über den Sehsinn. Wie Xiang verdeutlicht, herrschen auch im Darkroom und beim digitalen Online-Flirt gesellschaftliche und oft kontingente Normen.

Helligkeit und Dunkelheit werden metaphorisch immer dann eingesetzt, wenn die Spannung zwischen ‚Licht der Erkenntnis' und den ‚dunklen Bereichen des Unwissens' verhandelt wird. Auf der elementarsten Ebene beginnend, könnte man festhalten, dass ohne Licht Sehen schlichtweg unmöglich ist. Die Lichtmetaphern stehen daher für Lesbarkeit, Verständnis und Wissen, welches mit den positiven

8 Diedrich Diederichsen: *Marc Brandenburg. Vomit, Form, Fictitious Movement.* Paris / Salzburg: Galerie Thaddaeus Ropac 2009, S. 39.

9 Édouard Glissant: *Poetics of Relation*, aus d. Frz. v. Betsy Wing. Ann Arbor: University of Michigan Press 2006.

Zuschreibungen kognitiver Kompetenz und politischer Transparenz aufgeladen ist, wohingegen das im Schatten Liegende und wenig Beleuchtete assoziativ mit Heimlichkeiten, Verstecken und Unbekanntem, Gefahr und oftmals negativ konnotiert ist. Häufig in die dunklen Bereiche verlegt werden illegale Aktivitäten, aber auch das Körperliche und Sexuelle, da hier die Scham oder gewisse Tabus genaues Hinsehen mit gesellschaftlichen Verboten belegen. Genau deshalb stellt der vorliegende Band die Fragen: Welche Rolle spielen die Kategorien Sexualität und Gender in dunklen Räumen? Inwieweit herrschen trotz einer von Linda Williams diagnostizierten „maximalen Sichtbarkeit" weiterhin Tabus hinsichtlich der Abbildung gewisser Praktiken und Körper?[10] Häufig bleibt die unmarkierte weiße männliche Norm unsichtbar und privilegiert, ihr stehen die entkleideten Körper der Anderen gegenüber.[11]
Der vielzitierte Ausspruch Sigmund Freuds, dass für ihn die Psychologie der Frau, die er lange zu ergründen suchte, stets „ein dunkler Kontinent" blieb, gehört auch zu einer Aufzählung der dunklen Räume im westlichen Kontext.[12] Die psychoanalytische Dimension steht nicht im Zentrum unserer Auseinandersetzungen, und dennoch wirkt sie als kulturelles Narrativ fort, wie *Paula Muhr* in ihrem Beitrag mit der Pathologisierung bestimmter Krankheitsbilder und deren Geschlechterkonstruktion zeigt. Das aus dem 19. Jahrhundert stammende Bild der ‚hysterischen Frau' wird mit heutigen neurologischen Vermessungen durch fMRT-Scans konfrontiert. Muhr kommt zu dem Ergebnis, dass die erstellten Daten und dadurch ausgegeben Werte einer Berechnung folgen, die keineswegs objektiv genannt werden kann. Am Beispiel der modernen Hysterieforschung zeigt sie, wie die angelegten Algorithmen über ihre statistische Mittelung einen männlichen Normkörper konstruieren.

10 Linda Williams: *Hard Core. Macht, Lust und die Traditionen des pornographischen Films*, aus d. Engl. v. Beate Thill. Basel / Frankfurt am Main: Stroemfeld / Nexus 1989.

11 Stuart Hall: *Ideologie, Identität, Repräsentation. Ausgewählte Schriften 4*. Hamburg: Argument 2004, S. 154–157.

12 Sigmund Freud: Die Weiblichkeit. In: Ders.: *Gesammelte Werke*, hrsg. v. Anna Freud / Edward Bibring, unter Mitw. v. Marie Bonaparte, Bd. 15. London / Frankfurt am Main: Fischer 1940, S. 119–145, hier S. 120. Zur Rezeption und Wirkung Freuds u. a. Christina von Braun / Dorothea Dornhof / Eva Johach (Hrsg.): *Das Unbewusste. Krisis und Kapital der Wissenschaften. Studien zum Verhältnis von Wissen und Geschlecht*. Bielefeld: Transcript 2009; Christa Rohde-Dachser: *Expedition in den dunklen Kontinent. Weiblichkeit im Diskurs der Psychoanalyse*. Hamburg: Springer 1991.

Das Thema des vorliegenden Bandes lässt sich nur unter Berücksichtigung des mehrdeutigen Verhältnisses der Un/Sichtbarkeit, das sich im beständigen Wechselspiel einer qualitativen Bewertung entzieht, entfalten. So gehört zur Vorgeschichte dieses Buches die von Ralph Elissons in seinem Roman *Unsichtbar* beschriebene Szene eines von Glühbirnen erleuchteten Raums, der zum hellsten Punkt der Metropole New York erhoben wird. In diesem gleißenden Licht lebt sein Ich-Erzähler, der sich im Amerika der 1940er Jahre für die Gesellschaft ‚unsichtbar' wähnt:

> Ich bin ein Unsichtbarer. Nein, keine jener Spukgestalten, die Edgar Allan Poe heimsuchten, auch keins jener Kino-Ektoplasmen, wie sie in Hollywood hergestellt werden. Ich bin ein wirklicher Mensch, aus Fleisch und Knochen, aus Nerven und Flüssigkeit [...]. Aber trotzdem bin ich unsichtbar – weil man mich einfach nicht sehen will.[13]

Der Erzähler thematisiert die Ambivalenz des Unsichtbarseins, die gesellschaftliche Marginalisierung, den Alltagsrassismus und die Unterdrückung von schwarzen Amerikaner_innen in den USA. *Gabriele Werners* Beitrag „Im gleißenden Licht verborgen" greift diese Unsichtbarkeit in Bezug auf die Nicht-Wahrnehmung von Folterpraktiken der US-amerikanischen Militärs wieder auf. Sie analysiert Strategien aktueller amerikanischer Kriegsfilme wie *Zero Dark Thirty* (USA 2012, R: Kathryn Bigelow), *Camp X-Ray* (*Camp X-Ray: Eine verbotene Liebe*, USA 2014, R: Peter Sattler) und *American Sniper* (USA 2014, Clint Eastwood) in Hinblick auf die funktionale Sichtbarmachung im Spannungsfeld zwischen vermeintlicher politischer Aufklärung und diffuser Propaganda. Explizit widmet sie sich der Frage nach den repräsentierten Geschlechterbildern sowie dem Umgang mit Darstellungen extremer Gewalt und Folter. Gerade hinsichtlich letzterem zeigt sie anhand verschiedener Szenen, wie die medial inszenierte Sichtbarmachung nicht auf ein Verbrechen gegen die Menschenrechte oder die Gräuel moderner Kriegsführung verweist, sondern vielmehr Folter vornehmlich als Status quo und Notwendigkeit etabliert.

13 Ralph Ellison: *Unsichtbar*, aus d. Engl. v. Georg Goyert. Berlin: Fischer 1954, S. 9.

Evidenz, Un/Sichtbarkeit der Akteure und politische Dimensionen

> If…visibilities are never hidden, they are nonetheless not immediately seen or visible.[14]

Bilder agieren in gewisser Hinsicht äquivalent zur Sprache, denn sie können Unsichtbares sichtbar machen, Welten kreieren, Regeln aufstellen.[15] Bildwissenschaftlich werden die Begriffe ‚Bild' und ‚Text' analog zu Sichtbarkeit und Sagbarkeit verwendet.[16] Sichtbarkeit bedeutet hier so viel wie ‚augenscheinlich', ‚evident' und ‚manifest'. Die Kunstgeschichte hat eine lange Tradition der Auseinandersetzung mit den Prinzipien der visuellen Sichtbarmachung und eine privilegierte Position in ihrer Deutung. Gleichzeitig können auch hell beleuchtete, im Zentrum stehende Dinge unsichtbar werden oder bleiben, weil die gesellschaftlichen Narrative blinde Flecken entwickeln oder weil das, was man ständig sieht, aus dem Bewusstsein verschwindet, da es nicht als ‚neu' oder Differenz wahrgenommen wird. Wahrnehmung funktioniert über das Erkennen von Unterschieden, aber auch aus Affekten heraus.

Die Feststellung, dass Bilderzeugnisse eine Auswahl und Entscheidung für eine Aussage erfordern, dass immer etwas Bestimmtes gezeigt wird und etwas anderes nicht, ist keineswegs neu. Aber es bleibt relevant, sie anhand konkreter Fallstudien zu analysieren, wie die feministische Filmwissenschaftlerin Laura Marks es formulierte: „One has to go digging in the image."[17] *Stefan Solleders* Beitrag untersucht so die im Nordirlandkonflikt von beiden Gruppen verfassten Wandbilder. Diese Murals propagieren eine bestimmte Lesart des gewalttätigen Konflikts und arbeiten mit Auslassungen, Pathos und Heroisierungen. Die Spannbreite politischer Bilder reicht von der bloßen Inszenierung als Mittel der Sichtbarmachung bis hin zu Werken, die selbst mediale Unsichtbarkeit verhandeln. Dazu gehören beispielsweise Bilder mit

14 Gilles Deleuze: *Foucault*, aus d. Frz. v. Séan Hand. Minneapolis: University of Minnesota Press 1986, S. 57.

15 Gottfried Boehm: *Wie Bilder Sinn erzeugen. Die Macht des Zeigens*. Berlin: Berlin UP 2007.

16 Matthias Bruhn: *Das Bild. Theorie – Geschichte – Praxis*. Berlin: Akademie 2009, S. 18.

17 Laura U. Marks: Archival Romances. In: Dies.: *Hanan al Cinema. Affections for the Moving Image*. Cambridge / London: MIT 2015, S. 171–216, hier S. 183.

Vorhängen, die diese Unsichtbarkeit materialisieren und scheinbar privates in Szene setzen, worauf *Andrea Euringer-Bátorová* in ihrem Beitrag eingeht. Am Beispiel einer Installation von Jana Želibská untersucht sie Fragen des Voyeurismus und der Schaulust beim Anblick und Anblicken des nackten weiblichen Körpers. Dabei wird deutlich, wie das ‚Nicht-Sehen' erst den Spielraum für mentale Bilder eröffnet und wie eng das Unsichtbare und Versteckte mit mehrdeutigen Kategorien von Erotik bis Angst belegt sind.

In Hinblick auf den Leitgedanken der Visual Studies, Bildproduktion als konstruktiven und normativen Prozess zu verstehen, spielt die Handlungsmacht der Akteure eine maßgebliche Rolle. Bilder rücken sie ins Licht, transportieren Sinn und Bewertung. Der vorliegende Band fragt, welche Bildstrategien als Versuche marginalisierter, also gesellschaftlich ‚übersehener' Gruppen, verstanden werden können, eine akteursbezogene Unsichtbarkeit aufzubrechen. Gleichzeitig kann das Unsichtbarbleiben einen Nutzen haben – zum Beispiel die Vermeidung staatlicher Kontrolle. Wird Unsichtbarkeit in Form der Leerstelle zum Mittel der Marginalisierung einzelner? Welche Ansätze wenden sich bewusst vom Bild ab und welche Alternativen der medialen Vermittlung werden gewählt? Marginalisierte Gruppen versuchen häufig, ihre ‚negative' Sichtbarkeit beziehungsweise ihre Unsichtbarkeit mit positiven, selbstbestimmten Bildern zu widerlegen.

Innerhalb einer Gesellschaft wird Sichtbarkeit an das Konzept, im politischen Sinne ‚eine Stimme zu haben' gekoppelt. ‚Sichtbar sein' in diesem Sinne bedeutet folglich, repräsentiert zu werden. Daher zeigt sich, dass visuelle Wahrnehmung und Repräsentation miteinander verknüpft sind, ebenso wie Fragen der Asymmetrien von Macht und Kontrolle, wie Michel Foucault mit seiner Studie *Überwachen und Strafen* zum Panoptikum gezeigt hat.[18] Die Bandbreite des Umgangs mit Un/Sichtbarkeit kann von der kompletten Verweigerung von Sichtbarkeit bis hin zur Subversion einer auf Sichtbarkeit setzenden Herrschaftsform reichen – etwa mit Strategien der Camouflage: Aussehen wie etwas, was man nicht ist. Der Künstler *Peter Hermans* hat hierzu eine Polemik auf die Logik der Tarnung entworfen, in der er die visuelle Wahrnehmung selbst als Material behandelt. In Hinblick auf

18 Michel Foucault: *Überwachen und Strafen. Die Geburt des Gefängnisses.* Frankfurt am Main: Suhrkamp 1993.

die Frage nach der Überwachungsgesellschaft und dem sogenannten gläsernen Menschen in der heutigen digitalen Public Sphere schlägt er die Strategie vor, als etwas sichtbar zu werden, aber gleichzeitig etwas anderes zu sein. Sehen, Fotografie und andere Visualisierungstechniken haben immer auch Disziplinar- und Affektmechanismen inne. Blick- und Wahrnehmungs*regime* nach Tom Holert – und ähnlich bei Judith Butler – produzieren unterschiedliche gesellschaftliche „Rahmungen" und geben vor, wer und wie etwas sichtbar wird: welche Leben als schützenswert wahrgenommen werden und welche nicht.[19]
Peggy Phelan hat jedoch treffend bemerkt, dass es keinen einfachen Zusammenhang zwischen visueller Repräsentation und politischer Macht gibt:

> If representational visibility equals power, then almost-naked young white women should be running Western Culture. The ubiquity of their image, however, has hardly brought them political or economic power.[20]

Damit wird deutlich, dass Sichtbarkeit eine ambivalente Kategorie ist, die sich keineswegs geradlinig oder rein quantitativ in gesellschaftliche Einflussnahme übersetzen lässt; gerade deswegen wird es Zeit, die unter Umständen positive Bedeutung von Dark Rooms und ihre Möglichkeiten zur Unterwanderung normativer Kategorien in den Blick zu nehmen. *Astrid Hackel* analysiert in diesem Zusammenhang Diskurse über Blindheit, Sichtbarkeit und Fotografie, die exemplarisch anhand der blinden Hauptfigur des Spielfilms *Camera Obscura* (USA 2010, R: Drew Daywalt) betrachtet werden. In der für Sehende vielleicht paradox erscheinenden filmischen Erzählung erlernt dieser blinde Jugendliche das Fotografieren, wodurch die Mehrheitsperspektive der Sehenden dezentriert und infrage gestellt wird.
Politische Aktivitäten brauchen Sichtbarkeit, um gesellschaftliche Veränderungen anzustoßen, gleichzeitig ermöglicht gerade sie eine Kontrolle durch Staatsorgane und Geheimdienste. Wie tragisch jedoch auch eine Unsichtbarkeit einzelner Individuen in den Augen des Staates sein kann, thematisiert *Nina Kathalin Bergeests* Beitrag über die Installation *A Living Man Declared Dead* von Taryn Simon: Welche

19 Tom Holert: *Regieren im Bildraum (Polypen)*. Berlin: b_books 2008; Judith Butler: *Raster des Krieges: Warum wir nicht jedes Leid beklagen*. Frankfurt am Main / New York: Campus 2010.

20 Peggy Phelan: *Unmarked. The Politics of Performance*. London / New York: Routledge 1993, S. 10.

Aussagen können durch unterschiedliche Framings und das Erzeugen von Leerstellen getroffen werden? Im Ergebnis stellt sie fest, dass eine Auseinandersetzung mit Berichterstattung (Sichtbarmachung) in den Medien, Fragen nach Affizierung durch Sichtbares immer einschließt. Damit reflektiert sie, wie alternative Sichtbarkeit etabliert werden kann – hier in der zeitgenössischen Kunst.

Das Internet und die sozialen Plattformen werden als Medien der Liberalisierung gefeiert – hat doch jeder Zugang zu Selbstrepräsentation, Vernetzung und Information und könne damit helfen, Revolutionen anzustoßen. Gleichzeitig fürchten Menschen die völlige Überwachung ihrer Person oder werden im Internet diffamiert und sozial geächtet. Byung-Chul Han spricht in seinem Buch *Der Schwarm. Ansichten des Digitalen* von Unsichtbarkeit, Transparenz und Präsenz als Schlagworte unserer Zeit. „Die totale Transparenz zwingt der politischen Kommunikation eine Zeitlichkeit auf, die eine langsame, langfristige Planung unmöglich macht." Alles, so Han weiter, was gedeihen will, kann im ‚Shitstorm' begraben werden, Transparenz bedeute in der Konsequenz vollständigen Konformismus.[21] Einmal mehr wird an dieser Stelle der ambivalente Charakter von Sichtbarkeit deutlich.
Vom Postulat der Sichtbarkeit im Wissenschaftsbereich bis zu Evidenzstrategien in zeitgenössischer Kunst wie in Taryn Simons *A Living Man Declared Dead* zeigen sich die einschneidenden Mechanismen der Bilder: zu sehen, *zu geben* oder unsichtbar *zu machen*. Im Verlauf des vorliegenden Bandes wird die teilweise direkte, teilweise metaphorische Lesart aufgenommen, um herauszufinden, was ein dunkler Raum sein kann. Beginnend im Darkroom – als Cruising Zone in LGBT-Clubs – über die Diskussion der Erfahrung der Blindheit bis hin zu dem Zwang der künstlerischen Imagepflege erkundet der Band unterschiedliche Konstellationen von Macht und Ohnmacht durchkreuzten Räumen. Manchmal wird die Metapher vielleicht überdehnt oder es erfordert Fantasie, um jenen dunklen Raum auszumachen. Genau darum geht es uns aber auch: In seiner experimentellen Dimension folgt das vorliegende Buch der Versuchsanordnung der analogen Dunkelkammer, in der man nie sofort weiß, wie der fotografische Abzug geworden ist,

21 Byun-Chul Han. *Im Schwarm. Ansichten des Digitalen*. Berlin: Matthes & Seitz 2013, S. 30.

sondern dies erst nach der chemischen Fixierung bei Tageslicht beurteilen kann. Wir haben uns daher entschieden, auch künstlerische und andere Formate zur Erforschung dunkler Räume aufzunehmen. In ihrer Bandbreite bürgen die hier versammelten Beiträge mit ihren zahlreichen Überschneidungen und Querbezügen für die Relevanz und Aktualität dieser – innerhalb unterschiedlicher Disziplinen wie Visual Studies, Gender Studies und Postcolonial Studies – schon länger geführten Diskussionen.

Marietta Kesting / Sophia Kunze, Berlin im Juli 2016

In gleißendem Licht verborgen

Gabriele Werner

Der Titel des Beitrags „In gleißendem Licht verborgen" spielt auf die 900 bis 1.000 Watt-Birne an, die für die Kino-Projektion eines 35mm-Films benötigt wird, und darauf, was gerade diese lichtstarke Sichtbarmachung nicht zu sehen gibt.

Beispielhaft werden drei US-amerikanische Kriegsfilme betrachtet: *Zero Dark Thirty* von 2012 unter der Regie von Kathryn Bigelow und nach einem Drehbuch von Mark Boal (beide hatten schon 2008 für den Film *The Hurt Locker*[1] zusammengearbeitet), *American Sniper*, der 2015 unter der Regie von Clint Eastwood ins Kino kam und für den Jason Dean Hall das Drehbuch schrieb, und *Camp X-Ray* von 2014, Regie und Buch Peter Sattler. Gemeinsam ist diesen Filmen, dass sie unter dem Label ‚Kampf gegen den Terror' stehen. *Zero Dark Thirty* erzählt von der Ergreifung Osama Bin Ladens, *American Sniper* (angelehnt an seine Autobiografie) von Chris Kyle, der während des Zweiten Irakkriegs vier Mal als Scharfschütze im Irak stationiert war, und *Camp X-Ray* von der Inhaftierungseinrichtung auf der Militärbasis Guantanamo Bay auf Kuba. *Zero Dark Thirty* sowie *Camp X-Ray* entstanden nach den Folterskandalen von Abu Ghraib 2004 und während der fünfjährigen offiziellen Untersuchung zum Internierungs- und

1 *The Hurt Locker* (*Tödliches Kommando – The Hurt Locker*, USA 2008, R: Kathryn Bigelow).

Verhörprogramm der CIA zwischen Ende 2001 und Anfang 2009, die 2009 vom Geheimdienstausschuss des US-Senats unter der Leitung von Dianne Feinstein begann und 2014 beendet wurde. *American Sniper* entstand nach der Beendigung des Irakkriegs 2003 und nach der anschließenden Besetzung des Iraks bis 2011.

Alle drei Filme handeln von militärischen Konfrontationen der USA mit dem kategorial verstandenen politischen Islam[2] und sind Beispiele für eine nicht in Frage gestellte Kriegspropaganda. Aus dieser politischen Grundierung der Filme ergeben sich für das Thema ‚Sichtbarkeiten und Unsichtbarkeiten' argumentative Überlagerungen und Verstrickungen, die ich nachfolgend versuchen werde, weitestmöglich zu entschichten, um die Muster der Erzählungen deutlicher zu machen.

Dafür werde ich zunächst Sichtbarkeit als politische Macht und Bedeutungsproduktion, Sichtbarmachung als politische Forderung nach Anerkennung einer gesellschaftlichen und gesellschaftlich relevanten Existenz und Unsichtbarkeit als machtvolle politische Kategorie problematisieren, um damit eine Argumentationsbasis zu schaffen, mit der meine Deutungen der Filme nachvollziehbar werden sollen. Ich beziehe mich dabei auf in feministischen, antirassistischen bzw. postkolonialen politischen Zusammenhängen diskutierte Positionen zur Sichtbarkeit und Unsichtbarkeit.[3] D. h., es wird nachfolgend nicht um Kriegstechnologien gehen[4] – wenngleich Kathryn Bigelows Filme und auch *American Sniper* dafür reichhaltiges propagandistisches Material bieten würden; es wird auch nicht um die Debatten über weibliche Streitkräfte in der US-Armee gehen, sondern vielmehr um ein Bild einer weißen, proletarischen Film-Soldatin im US-amerikanischen

2 Zur historischen Entstehung und aktuellen Wirkung des dominanten Gebrauchs des Begriffs ‚Islam' vgl. den Eintrag von Sibille Merz: Islam. In: Susan Arndt / Nadja Ofuatey-Alazard (Hrsg.): *Wie Rassismus aus Wörtern spricht. (K)Erben des Kolonialismus im Wissensarchiv deutsche Sprache. Ein kritisches Nachschlagwerk.* Münster: Unrast 2011, S. 365–377.

3 Zu dieser Strukturierung der Begriffe vgl. Johanna Schaffer: *Ambivalenzen der Sichtbarkeit. Über die visuellen Strukturen der Anerkennung.* Bielefeld: Transcript 2008, S. 11–28.

4 Aufgrund der Nähe zum Thema dieses Beitrags vgl. Niels van Tomme (Hrsg.): *Visibility Machines: Harun Farocki and Trevor Paglen.* Baltimore: University of Maryland, Center for Art, Design and Visual Culture 2014; Ralf Beil / Antje Ehmann (Hrsg.): *Serious Games A–Z. War, Media, Art / Krieg, Medien, Kunst.* Ostfildern / Darmstadt: Hatje Cantz 2011.

DIE WELT
KOMPAKT

Vereint gegen den Terror

1,5 Millionen Menschen gedenken in Paris der Anschlagsopfer. Sie setzen ein Zeichen für Toleranz, Demokratie und Meinungsfreiheit. Dabei sind auch Dutzende Staats- und Regierungschefs. „Paris ist heute die Hauptstadt der Welt", sagt Staatspräsident François Hollande *Seiten 2-7*

Abb. 1: *Die Welt KOMPAKT*, 12.10.2015, S. B7.

Film-Militär; es wird auch nicht um national-identitäre Versuche des Spielfilms gehen, ein neues Bild des heroischen männlichen US-amerikanischen Soldaten zu erschaffen.[5]

Vielmehr wird es darum gehen, wie der politische Islam politisch, epistemologisch und ästhetisch hergestellt wird, wie ihm gegenüber Weißsein, Weiblichkeit, Männlichkeit im Bild konstruiert und wie aus diesen Rassisierungen[6] und Geschlechterzugehörigkeiten Handlungsmacht und Handlungsfähigkeiten generiert werden.

Sichtbarkeit als politische Macht und Bedeutungsproduktion

Weil es Sichtbarkeit *an sich* nicht gibt, sondern nur in der Handlung des Bedeutens das Zu-Sehen-Gegebene seinen Sinn und seine Verstehbarkeit erhält, steht Sichtbarkeit in einer sozio-symbolischen und damit repräsentativen Tradition:

5 Zu diesen weiterführenden, auf aktuelle US-amerikanischen Kriegsfilme bezogenen Themen vgl. Gabriele Werner: Kriegsfilm-Bilder und neue Formen der Kriegspropaganda. In: *FKW // Zeitschrift für Geschlechterforschung und Visuelle Kultur* 55 (2014), S. 90–103.

6 Zur ausführlichen Erläuterung des Begriffs vgl. den Abschnitt: „Unsichtbarkeit als machtvolle politische Kategorie".

Tout le monde

MANIFESTATION Unzählige Franzosen kommen in Paris zum Solidaritätsmarsch für die Opfer der Terroranschläge › Seite 3

Abb. 2: *taz*, 12.01.2015.

> Um (politisch) sichtbar zu werden, müssen sich (gesellschaftliche) Subjekte mit ‚ihren' Repräsentationen identifizieren; sie müssen sich in die Bilder einschreiben, durch die sie bezeichnet und intelligibel gemacht sind. Damit bestimmt sich die Sichtbarkeit marginalisierter – und das heißt in der Regel nicht-weiß, nicht-männlich und / oder nicht-heterosexuell kategorisierter – Subjekte einerseits eben genau als eine Sichtbarkeit am Rande; andererseits rücken sie dort ins Zentrum, wo sie als ‚Bild' fixiert sind – als Spiegel, als Projektionsfläche und Abgrenzungsfigur, über die sich ein hegemoniales Subjekt konstituiert.[7]

Dass weder das marginalisierte noch das hegemoniale Subjekt in dieser Argumentation ein Individuum sein muss, zeigten die Bilder der Demonstration vom 11. Januar 2015 in Paris nach dem Mordanschlag auf die Redaktion von *Charlie Hebdo*. So wie die Zeitung *Die Welt*

7 Kerstin Brandes: „What your lookn at" – Fotografie und die Spuren des Spiegel(n)s. In: Susanne von Falkenhausen / Silke Förschler / Ingeborg Reichle / Bettina Uppenkamp (Hrsg.): *Medien der Kunst: Geschlecht, Metapher, Code*. Marburg: Jonas 2004, S. 148–163, hier S. 149.

stellten auch andere konservative Zeitungen *La Republique*, in Gestalt der Allegorie der Republik von Léopold Morice auf dem gleichnamigen Platz in Paris, als hegemoniales Subjekt in den Bildmittelpunkt und bedeuteten das vielfach in den Himmel gehaltene Bekenntnis „Je suis Charlie“ als Bekenntnis zu einer republikanischen Identität, die auf einer Freiheit als Privileg beruht, für die Gleichheit das Recht des Stärkeren meint und Brüderlichkeit wortwörtlich nimmt – so lässt sich die wutentbrannte Analyse von Paolo Flores d'Arcais zusammenfassen.[8]
Wie Sichtbarkeit, die nicht sofort auch ein hegemoniales Subjekt aufruft, möglich ist, zeigte die *taz* mit ihrer Titelseite vom 12. Januar 2015. Statt „Je suis Charlie“ halten hier Männer das Transparent „Hommages aux Victimes“ hoch, statt einer homogenisierten Masse unter der Schirmherrschaft der Allegorie der Republik gibt es diversifizierte Individuen, die die Nationalfahne als Zeichen für das Recht auf gleichberechtigte Staatsbürgerschaft halten. Dass es auch der *taz* ‚unterläuft', ein Bild zu wählen, auf dem Frauen nicht vorkommen, ist in mehrfacher Hinsicht nicht bloß ein politischer Fauxpas, sondern das Ergebnis eines dominanten gesellschaftlichen Diskurses, der den politischen Islam in der Hauptsache mit Männern und Bildern des Männlichen identifiziert, weshalb die Bildwahl der *taz* auch nicht frei von Rassisierungen und Heterosexismen ist.
Was jedoch das *taz*-Titelbild zu sehen gibt, ist, dass die westliche Kultur Sichtbarkeit mit Erkennbarkeit gleichsetzt. Sichtbarkeit als Verstehbarkeit baut auf visuelle Evidenz und Verkörperung. Hierfür gibt es keine fraglos gegebene Selbstverständlichkeit, sondern eine westliche Bildtradition, für die stellvertretend Jean Léon Gérômes *Phryne vor den Richtern* aus dem Jahr 1861 stehen soll, denn ihr nackter Leib verkörpert, der Legende nach, ihre untrügliche göttliche Erscheinung. Penny Slinger dramatisierte 1977 die Gewalterfahrung einer verkörperten, repräsentationalen Sichtbarkeit, indem sie den Akt der Sichtbarmachung nicht als Empowerment thematisiert, sondern als Demütigung. Das technische Mittel der Collage zeigt wortwörtlich zugleich das Bild des Weiblichen als Abgrenzungsfigur innerhalb einer patriarchalen, machtvollen Ordnung.[9]

8 Paolo Flores d'Arcais: Wer ist Charlie? Über Demokratie und Laizität angesichts des Islamischen Terrorismus. In: *Lettre International* 108 (2015), S. 11–17.

9 Gabriele Schor (Hrsg.): *Feministische Avantgarde. Kunst der 1970er Jahre aus der Sammlung VERBUND, Wien.* München / London / New York: Prestel 2015, Abb. S. 290–291.

Abb. 3: Jean Léon Gérôme: *Phryne vor dem Richter*, 1861, Öl auf Leinwand, 80 x 128 cm.

Sichtbarmachung als politische Forderung nach Anerkennung einer gesellschaftlichen und gesellschaftlich relevanten Existenz

Peggy Phelans systemkritische Bedenken, dass das massenhafte Vorkommen halbbekleideter, weißer Frauen in den öffentlichen Medien wohl mitnichten ein Beweis für die ökonomische und politische Macht der Frauen sei, repräsentative Visibilität also nicht gleichbedeutend mit Macht sei,[10] gehen weit über eine bloße Sichtbarkeitskritik hinaus. Denn einerseits kann man wie Tom Holert das Imperativ der Sichtbarkeit ganz allgemein als medialen Zwang zum Bild verstehen und damit Visibilität und Visualisierungstechnologien zum Thema machen,[11] oder aber man fragt wie z. B. Johanna Schaffer[12] danach, wie Sichtbarmachung in normative Identifikationsvorgaben, in Kontroll- und Disziplinierungssysteme eingebunden ist – eben darauf zielte Phelan.

Ich möchte das Thema und das Problem der Sichtbarmachung ausschließlich an der Praxis der (Kopftuch-)Verschleierung und deren

10 Peggy Phelan: *Unmarked: The Politics of Performance*. London / New York: Routledge 1993, S. 10.

11 Tom Holert ist hier genannt, weil sich in seinem Text dreierlei verbindet: Evidenzbehauptungen, die zugleich Mittel der Beglaubigung des Beweises werden und dies mithilfe indexikalischer Technologie. Vgl. Tom Holert: Evidenz-Effekte. Überzeugungsarbeit in der visuellen Kultur der Gegenwart. In: Matthias Bickenbach / Axel Fliethmann (Hrsg.): *Korrespondenzen. Visuelle Kulturen zwischen Früher Neuzeit und Gegenwart*. Köln: DuMont 2002, S. 198–225.

12 Siehe Schaffer: *Ambivalenzen der Sichtbarkeit*.

Verbot diskutieren, weil sich die Frage, wie in den US- Kriegsfilmen der letzten Jahre der Feind markiert wird, nicht ohne diese Debatte beantworten lässt.
Während die westliche Welt ein klares Bild vom politischen Islam zu haben meint – hier die unterdrückten ‚Kopftuchmädchen',[13] dort die bis an die Zähne bewaffneten barbarischen Männerhorden[14] – bietet die türkische, in Paris lehrende Soziologin Nilüfer Göle einen differenzierten Blick auf den politische Islam, der in ihrem Sprachgebrauch auch Islamismus heißt, aber nicht mit dem Terrorismus kurzgeschlossen ist. Ich zitiere nachfolgend deshalb eine längere Passage aus ihrem Text „Die sichtbare Präsenz des Islam und die Grenzen der Öffentlichkeit", weil darin Befunde zur Sprache kommen, die zu lesen auch eine schmerzliche Konfrontation mit aktuellen Vorurteilen bedeutet:

> Der Schleier als persönliches religiöses Symbol vermittelt in der Öffentlichkeit auch soziale Informationen. Er zeigt zum Beispiel den radikalen Wandel, der gegenwärtig unter Muslimen stattfindet – vom Verbergen der Zugehörigkeit zum Islam und der damit verbundenen Attribute hin zur kollektiven, öffentlichen Zurschaustellung ihrer Religionszugehörigkeit. Muslime, die Kopftücher und Vollbärte tragen, werden offen als Muslime erkennbar. Sie treten offensiv für ihre muslimische Identität ein. Überdies vermitteln sie die Botschaft, dass sie die religiösen Vorschriften eifriger und genauer beachten als jene, die ihre Religiösität auf die Privatsphäre beschränken. So ist das Verschleiern eine unverhüllte Demonstration des Andersseins, obwohl das Kopftuch als solches eine Verhüllung, eine Art Maske ist.
>
> Die Verschleierung, in modernen Kontexten gemeinhin als Zeichen für die Herabwürdigung der weiblichen Identität angesehen – als Zeichen dafür, dass Frauen weniger wert sind als Männer, dass sie passiv und im Inneren des Hauses eingesperrt sind –, wird freiwillig gerade von jenen muslimischen Frauen gewählt, die nicht mehr auf die traditionelle Rolle beschränkt, die nicht mehr im Hause eingesperrt sind, sondern sich aus den Innenräumen in die Öffentlichkeit begeben, von Frauen, die Zugang zu höherer Bildung, zum städtischen Leben und zum öffentlichen Handeln haben. Das Kopftuch ist sowohl persönlicher als

13 Zur Tendenz, Emanzipation nicht mehr an den Geschlechterverhältnissen, sondern an dem Abstand zwischen der westlichen privilegierten Frau und ihrem Gegenbild, den „anderen" unterdrückten Frauen zu messen und dabei den Konflikt zu externalisieren, vgl. Birgit Rommelspacher: Hegemoniale Weiblichkeiten. In: Utta Isop / Viktorija Ratković / Werner Wintersteiner (Hrsg.): *Spielregeln der Gewalt. Kulturwissenschaftliche Beiträge zur Friedens- und Geschlechterforschung*. Bielefeld: Transcript 2009, S. 171–184.

14 Vgl. Sebastian Huhnholz: Kulturalisierung des Terrors. Das dschihadistische Selbstmordattentat als Stereotyp islamischer Kampfkultur. In: *Zeitschrift für Kulturwissenschaften* 1 (2010): Kultur und Terror, S. 69–80.

> auch kollektiver Ausdruck der islamischen Religiösität. Es wird als persönliches körperliches Zeichen getragen, aber in der Imagination auch zur Quelle kollektiver Selbstermächtigung und horizontaler Gruppenbindung unter jenen, die sich als Muslime, genauer gesagt als Islamisten von anderen abgrenzen wollen. Sie machen aus der Verschleierung, einem in der Öffentlichkeit potenziell diskreditierten Attribut, einen subalternen Vorteil. Das Kopftuch, in modernen Kontexten als Symbol der Rückständigkeit, Ignoranz und Unterwürfigkeit muslimischer Frauen angesehen, geht sozusagen in die Offensive, um wieder zu werden, was es im Frühstadium des Islam wahrscheinlich war: ein Symbol der Würde und des herausgehobenen Sozialprestiges urbaner muslimischer Frauen. Die Popularität von Modeschauen mit islamischer Kleidung in der Türkei ist eine gute Illustration der Suche nach ästhetischen Werten und sozialen Distinktionen in den neu formierten bürgerlichen Mittelschichten.[15]

Mir geht es um den Zwiespalt zwischen den ent-täuschten Vorurteilen in den Analysen Göles und der Bestätigung des Vorurteils, das den Tschador, die Niquab, die Burka zum vestimentären Zeichen der Täuschung, des Schwindels als Merkmale einer orientalischen Mentalität macht und zur heimtückischen Waffe.

In einem der offiziellen Trailer zu *American Sniper*[16] wird die Hauptperson, der Scharfschütze, gezeigt, der von einem Dach aus eine vollverschleierte Frau beobachtet, die ein Kind auf die Straße begleitet und aus ihrem Tschador eine Granate holt, die sie dem Kind überreicht. Mit dieser Szene wird der Film eröffnet. Etwa eine halbe Stunde später sind zuerst das Kind und dann die Frau, „das verdammte Miststück", bei ihren Versuchen, die Granate auf den US-amerikanischen Militär-Konvoi zu schleudern, vom Sniper getötet worden. Und nicht nur, dass in dieser Szene ein Kind einem regulären Kriegsgegner gleichgestellt wird, weshalb seine Tötung als legitime Kriegshandlung plausibilisiert und deshalb der Scharfschütze und nicht etwa das Kind zum emotionalen Zentrum des Geschehens stilisiert wird, ist empörend; fiktionale Bilder wie diese dokumentieren auch die schreckliche Heuchelei,

15 Nilüfer Göle: Die sichtbare Präsenz des Islam und die Grenzen der Öffentlichkeit. In: Dies. / Ludwig Ammann (Hrsg.): *Islam in Sicht. Der Auftritt von Muslimen im öffentlichen Raum*. Bielefeld: Transcript 2004, S. 23–24. Zum islamischen Feminismus vgl. Kathrin Klausing: Muslimische Positionen zum Feminismus – Begriffe, Bewegungen, Methoden. In: Yvonne Franke / Kati Mozygema / Kathleen Pöge / Bettina Ritter / Dagmar Venohr (Hrsg.): *Feminismen heute. Positionen in Theorie und Praxis*. Bielefeld: Transcript 2014, S. 89–99; Florence Beaugé: Tunesische Freiheiten. Frauen mit und ohne Schleier wollen mitreden. In: *Le Monde diplomatique*, dt. Ausg., 07/2015, S. 9.

16 https://www.youtube.com/watch?v=99k3u9ay1gs (Zugriff am 09.11.2015).

Abb. 4: Still aus *American Sniper*. Official Trailer.

die das laute Geschrei nach Kopftuch- und Ganzkörperschleier-Verbot begleitet. Denn was gezeigt wird, und der Film ist dafür nur ein Stellvertreter, ist das Gegenteil einer verborgenen oder sich verbergenden Frau, sondern ein Kleidungsstück, dass deshalb der Frau entrissen werden muss, weil es phantasmatisch zu einem Mittel der Verheimlichung, der Verschleierung wahrer Absichten gemacht wird. In diesem konkreten Zusammenhang ist die Forderung nach Sichtbarmachung das Gegenteil eines emanzipatorischen Appells nach Selbstermächtigung, sondern vielmehr, wie Peggy Phelan ausführt, eine Falle: „Sie ruft Überwachung und das Gesetz auf, provoziert Voyeurismus, Fetischismus und einen kolonialistischen/imperialistischen Appetit nach Besitz."[17]
Der Zusammenschnitt der Bilder auf dem Kriegsschauplatz – maximale Sichtbarkeitstechnologie auf Seiten des Heckenschützen, bedrohliche Opazität auf Seiten des Feindes – fügt sich zudem zu einer Haltung, die Franz Fanon schon 1966 in *Aspekte der Algerischen Revolution* beim Europäer konstatierte: „Der Europäer will sehen. Er reagiert aggressiv vor dieser Einschränkung seiner Wahrnehmung."[18] Es ist dieser Effekt, den der Trailer provozieren soll und der sich in einem weiteren Trailer zu einer offenen Verherrlichung des Kriegshandwerks fortsetzt.[19]

17 Phelan: *Unmarked*, S. 6, zit. n. Schaffer: *Ambivalenzen der Sichtbarkeit*, S. 56.

18 Franz Fanon: *Aspekte der Algerischen Revolution*. Frankfurt am Main: Suhrkamp 1969, S. 30, zit. n. Silke Wenk: Sichtbarkeitsverhältnisse: Asymmetrische Kriege und (a)symmetrische Geschlechterbilder. In: Linda Hentschel (Hrsg.): *Bildpolitik in Zeiten von Krieg und Terror. Medien, Macht und Geschlechterverhältnisse*. Berlin: b_books 2008, S. 38.

19 https://www.youtube.com/watch?v=MF40oKgQ9Jg (Zugriff am 09.11.2015).

Abb. 5: Still aus *American Sniper*. Scene Sniper vs Sniper, Jean Pulica.

Wieder sieht man den Scharfschützen auf einem Dach, wie er durch sein Zielfernrohr über 2.000 Meter Entfernung hinweg seinen – für den Film erfundenen – persönlichen Feind ‚Mustafa' ausmacht – und diesen mit einem Kopfschuss tötet. Filmisch wird eine Linie gezogen zwischen der Flugbahn des Geschosses, das von der Kamera verfolgt wird, dem Auge des Sniper und dem Blick der Zuschauer_innen auf die Kinoleinwand. Dadurch macht sich nicht nur der Regisseur deutlich gemein mit dem Geschäft des Scharfschützen, er zwingt auch die Zuschauer_innen in diese Allianz.

Kriegstechnologie und Filmtechnologie zur Sichtbarmachung gehen einen Pakt ein, der keine Erfindung Eastwoods ist, sondern hinter die der Kriegsfilm seit *Saving Private Ryan* (*Der Soldat James Ryan*) von Steven Spielberg aus dem Jahr 1998 nicht mehr zurück kann.[20] In dieser rückwärtsgewandten Ästhetik eines Überwältigungsnaturalismus folgen der Regisseur und sein Schauspieler nicht nur der Illusion der Abbildbarkeit des Krieges, sondern auch jener der Darstellbarkeit einer unmittelbaren körperlichen Beteiligung. Doch im Unterschied zum Zweiter-Weltkrieg-Szenario wurden im Zuge der filmischen Bearbeitungen des Irakkriegs andere visuelle Strategien, den Kriege zu zeigen, entwickelt.

20 Unter der programmatischen Zwischenüberschrift „Eine neue Kriegsfilmwelle und das Bedürfnis nach Krieg als sensationeller Körpererfahrung" ist für die Analysen des Bündnisses von Kriegs- und Filmtechnologie beispielhaft: Gerhard Paul: Krieg und Film im 20. Jahrhundert. In: Bernhard Chiari / Matthias Rogg / Wolfgang Schmidt (Hrsg.): *Krieg und Militär im Film des 20. Jahrhundert*. München: Oldenbourg 2003, S. 56–60.

Abb. 6: Still aus *American Sniper*. Scene Sniper vs Sniper, Jean Pulica.

Die militärischen Sichtbarmachungstechnologien zur Wahrung visueller Distanz und körperlicher Unversehrtheit wurden auf das Filmbild übertragen und die wachsame Beobachtung – das Sehen – wurde zum Hauptgeschäft des Kriegsfilm-Soldaten.[21] *American Sniper* knüpft auf seine Weise mit der Figur des Sniper daran an: Der Heckenschütze wird zum Inbegriff imperialistischer Militärmacht.[22] Deshalb liegt in der Figur des Scharfschützen der Eastwood'schen Variation auch der Versuch, den heroischen Kriegshelden zurückzugewinnen. Natürlich nicht in seiner physischen Form wie einst John Rambo[23], wohl aber in seinem dezidiert männlich konnotierten Identifikationsangebot, das in dem Mannschaftsdenken von Kathryn Bigelow oder z. B. Brian de Palma (*Redacted*, USA / CDN 2007) nicht vorgesehen war.
Sichtbarmachung als politische Forderung nach Anerkennung einer gesellschaftlichen und gesellschaftlich relevanten Existenz ist keine Einbahnstraße der emanzipatorischen Selbstermächtigung, sondern kann ebenso eine Bemächtigung über eine Identitätslogik sein, mit der ein radikal außerhalb verortetes Anderes – in dem Filmbeispiel ein arabisches Anderes – in seiner politischen Souveränität entmachtet wird.

21 Werner: Kriegsfilm-Bilder, S. 92–93.

22 Vgl. Judith Butler: *Raster des Krieges. Warum wir nicht jedes Leid beklagen*. Frankfurt / New York: Campus 2010, S. 57.

23 *First Blood* (*Rambo*, USA 1982, R: Ted Kotcheff).

Unsichtbarkeit als machtvolle politische Kategorie

Mit Blick auf die Filmbeispiele soll dieser Punkt nachfolgend strikt anhand der Markierung von *W*eiß[24] und Nicht-*W*eiß diskutiert werden.

> Die Rede von der ‚unsichtbaren Rasse', so zutreffend sie uns oft erscheinen mag, spiegelt selbst eine gewisse historische Blindheit wider. Weißsein ist nur dann und dort ‚unsichtbar', wo die Überordnung von Weiß über Nicht-Weiß hegemonial geworden ist, und selbst dann bleibt diese Unsichtbarkeit eine instabile Angelegenheit. Zu Zeiten und an den Orten, wo Whiteness und Weiße Dominanz etabliert oder wiederhergestellt werden, sind sie extrem sichtbar. Sie sind keineswegs ‚unsichtbar' oder einfach ‚normativ', sondern werden offen benannt und eingefordert.[25]

In zeitgenössischen, antirassistischen deutschsprachigen Texten wird der Begriff ‚Rasse' nicht mehr verwendet, sondern der der ‚Rassisierung' oder ‚Rassialisierung'. So führt Susanne Lummerding aus: „Mit dem Begriff der ‚Rasse' wird eine sich auf eine Vorgängigkeit berufende Norm aufgerufen, wodurch ethnische Zugehörigkeit sich ihrer Analyse als gesellschaftliche Konstruktion entzieht und die visuellen Zeichen zur rassisierten Markierung einer Person wie selbstverständlich hingenommen werden."[26] Unangetastet bleiben dabei natürlich auch die problematische Position der scheinbar Unmarkierten und die mit dieser Position einhergehende Unsichtbarkeit der Privilegiertheit, Normativität und Dominanz. Der Punkt bei Frankenberg ist jedoch die scheinbar unbefragte oder immer schon selbstverständlich gegebene Unsichtbarkeit von Whiteness, weshalb mit ihr *American Sniper* auch als einer der Orte gesehen werden kann, an dem Whiteness und *w*eiße Dominanz wieder hergestellt wird – und dies gerade im Kontext der filmischen Diegese über den höchst umstrittenen Irakkrieg, über die jahrelange Stationierung US-amerikanischer Truppen und die zahlreichen Toten.

24 Ich setzte beim Gebrauch des Wortes ‚weiß' den ersten Buchstaben kursiv, um zu verdeutlichen, dass es sich nicht um eine Identitätszuschreibung handelt, die die Filme unhinterfragt vornehmen, sondern um eine analytische Kategorie. Ich folge damit einer Schreibweise unter anderem von AnouchK Ibacka Valiente, vgl. dies. (Hrsg.): *Vertrauen, Kraft & Widerstand. Kurze Texte und Reden von Audre Lorde*. Berlin: w_orten & Meer 2015.

25 Ruth Frankenberg: Die Politik der Whiteness. Ansichten von einer kulturellen Front (2001), zit. n. Schaffer: *Ambivalenzen der Sichtbarkeit*, S. 55.

26 Susanne Lummerding: *agency@? Cyber-Diskurse, Subjektkonstituierung und Handlungsfähigkeit im Feld des Politischen*. Wien / Köln / Weimar: Böhlau 2005, S. 127.

Deren Einsatz und deren Opfer soll, angesichts der prominenten, deutlich kriegskritischen Filme des letzten Jahrzehnts,[27] durch diesen Film wieder sinnfällig gemacht werden.
Die Unsichtbarkeit oder Unsichtbarmachung *weißer* Privilegiertheit und Dominanz ist für die beiden Filme *Zero Dark Thirty* und *Camp X-Ray* deshalb noch einmal von besonderer Bedeutung, weil im Unterschied zum männlichen Individualhelden hier zwei *weiße* Frauen im Mittelpunkt der Erzählungen stehen, die Teil der Truppe – CIA und Militär – sind, keinesfalls aber in der Kommando- und Machtstruktur in den oberen Rängen Befehlsgewalt haben. Außerdem wird zu klären sein, ob es überhaupt relevant ist, dass die beiden Protagonistinnen Frauen sind und wenn ja, wofür dies relevant sein könnte.

Zero Dark Thirty

Der Titel bezieht sich auf die Zeit, eine halbe Stunde nach Mitternacht, zu der das Haus Osama bin Ladens in Abbottabad (Pakistan) am 2. Mai 2011 gestürmt und Osama bin Laden getötet wurde. Der Film erzählt von der beinahe zehnjährigen Suche der CIA-Analystin Maya Lambert nach Osama bin Laden und davon, dass für Hinweise auf seinen Aufenthaltsort Gefangene, von denen die CIA annimmt, dass sie relevante Informationen hätten, systematisch in geheimen CIA-Gefängnissen (Black Sites genannt) gefoltert werden. In diese Filmzeit fallen die Zuganschläge im Madrid vom 11. März 2004, die Terroranschläge in London vom 7. Juli 2005 und die Ansprache des 2009 zum Präsidenten der USA gewählten Barak Obama vom 23. Januar, in der er, drei Tage nach seiner Vereidigung, Folter verbietet und die Schließung aller geheimen Gefängnisse der CIA anordnet sowie die Auflösung des Lagers in Guantanamo Bay binnen eines Jahres in Aussicht stellt. All das thematisiert der Film auch. Es ist unerheblich, ob die Schilderung, nur mit Hilfe von Folter wäre der Aufenthaltsort Osama bin Ladens bekannt geworden, der Wahrheit entspricht oder nicht. Erheblich ist, wie Folterungen in dem Film gezeigt und begründet werden, denn Bigelow bezieht Position für die Täter und ihre ganze Sympathie gilt ihrer Heldin.

27 Zu den kriegskritischen Filmen zähle ich z.B. *Redacted*, *Battle for Haditha* (GB 2007, R. Nick Broomfield) oder *In the Valley of Elah* (*Im Tal von Elah*, USA 2007, R: Paul Haggis).

Abb. 7: Still aus *Zero Dark Thirty.*

Die Frage ist nun, wofür es von Belang sein könnte, dass es sich bei der Hauptfigur um eine *w*eiße Frau handelt – entspricht ihr Habitus doch der US-amerikanischen Tradition des *lonesome cowboy* –, und was gewonnen sein sollte, wenn nun auch dieses national-mythische Bild von Frauen für sich reklamiert würde? Ich bin tatsächlich der Meinung, dass es notwendig war, das Handeln einer *w*eißen weiblichen Protagonistin ins Zentrum zu stellen und dass diese Notwendigkeit auch mit der Wiederherstellung einer positiven nationalen Identität zu tun hat, allerdings aus anderen, denn aus nostalgisch-romantischen Gründen.

Der Film setzt mit einem Schwarzbild ein, zu dem aus dem Off Stimmen der Opfer von den Anschlägen vom 11. September 2001 zu hören sind. Die ersten Bilder danach zeigen Maya Lambert, wie sie Hilfsdienste bei Folterungen in einem geheimen Gefängnis (von denen es im Film einige geben wird) leistet. Die Regisseurin lässt die Schauspielerin in einer Weise agieren, die den Eindruck nahelegt, als würde sie nur gegen einen inneren Widerstand diese Hilfsdienste leisten. Die Handlungen werden nicht auf eine Weise gespielt, dass man Mitleid mit dem Opfer hätte, sondern mit der Täterin, auch wenn sie den Wasserkrug reicht, um das Opfer durch das Waterboarding in Erstickungspanik zu versetzen, und auch wenn sie dabei zuschaut, wie das Opfer mit nacktem Unterkörper an einer Hundeleine durch den Raum geführt wird. In einer folgenden Szene sitzt Lambert in einem fensterlosen Raum vor einigen Bildschirmen, auf denen Folterszenen im Splitscreen gezeigt werden. Mit professioneller Aufmerksamkeit und forschendem Blick schaut sie sich nun die DVDs bzw. Videos an, von denen sich über 30 um sie herum stapeln. Liste für Liste von Verhörprotokollen werden von ihr abgearbeitet, DVD für DVD schiebt sie in den Recorder – Großaufnahmen ihres Gesichts dienen dazu, diese professionelle Nüchternheit zu zeigen, mit der die illegalen Taten in geheimen Gefängnissen daraufhin taxiert werden, welche Informationen verwertbar sind.

Zur Erinnerung: Die Wasserscheide zwischen legitimer und verbrecherischer Folter wurde in den Debatten nach den ersten Veröffentlichungen der Folterfotos 2004, die in dem Gefängnis von Abu Ghraib entstanden waren, schnell gezogen. Es gab die viel diskutierten Fotos von Sabrina Harman, Lynndie England und Charles Graner sowie Ivan Frederick, die in überwiegender Zahl für das Verbrechen stehen. Aber es gab parallel dazu, wenngleich in weit geringerem Umfang publiziert, auch solche, die ganz offensichtlich aus Überwachungskameras in dem Gefängnistrakt stammen. Insgesamt wurden 2004 rund 230 Fotos sichergestellt, die zwischen September und November 2003 entstanden waren, sowie umfangreiches Videomaterial.[28] Während Lynndie England zur Leitfigur der Kriegsverbrechen wurde, erhielten jene Fotos, auf denen Männer mit blauen Gummihandschuhen und ohne jede Pose oder gar grinsend zu sehen sind, kaum Erwähnung, obgleich auch diese bei Folterhandlungen zu sehen sind.

Bigelow setzt mit ihren Szenen, in denen Folter gezeigt wird, an diesen beiden Bildsorten an. Sie zitiert nicht nur dezidiert die Folterung, bei der ein Gefangener von Lynndie England halbnackt an einem Hundehalsband herumgezerrt wird, sondern lässt einen Kollegen Lamberts nach der Rede Obamas auch noch sagen, dass Lambert sich schnell auf die veränderten Umstände einstellen solle, damit sie „nicht die Letzte sei, die man mit einem Hundehalsband in der Hand erwischt". Und sie zeigt ihrer Analystin, wie sie das Filmmaterial von Folterungen auswertet, als sei dieses reguläres und rechtmäßiges Dokumentationsmaterial von Verhören. Daraus könnte man schließen, dass Bigelow keinen Unterschied zwischen mehr oder weniger illegalen Folterungen macht, um beide mit Hilfe einer Bildsprache, verbalen Kommentaren oder dramaturgischen Kontexten als menschenverachtend und völkerrechtswidrig zu verurteilen – diese Deutung funktioniert aber leider nicht. Ein Film, der bei einer Gesamtlänge von 151 Minuten die ersten rund 50 Minuten darauf verwendet, Folter als zielführende Praxis nahezulegen – hat Folter als Kriegsmittel ausgedehnt legitimiert. Die Art und Weise jedoch, wie diese Legitimationen ins Bild gesetzt

28 Diese Zahl ergibt sich aus den Auflistungen im „Taguba Report" vom März 2004 in Karen J. Greenberg / Joshua L. Dratel (Hrsg.): *The Torture Papers. The Road to Abu Ghraib*. New York: Cambridge UP 2005, S. 405–465.

werden, dokumentieren geradezu die Versuche der Bewältigung und Entschuldung, über die *The Torture Papers. The Road to Abu Ghraib* Zeugnis abgibt. Dieses über 1.200 Seiten starke Buch versammelt offizielle Dokumente der US-Regierung unter Georg W. Bush und Untersuchungsberichte nach Bekanntwerden der Folterungen in Abu Ghraib, die aufzeigen, wie Folter zwischen 2001 und 2004 systematisch autorisiert und gerechtfertigt wurde. Einer dieser Untersuchungsberichte ist der so genannte *Schlesinger Report. The Final Report of the Independent Panel to Review Departement of Defense Detention Operations* vom August 2004. Unter der Überschrift „Ethical Issues" heißt es dort:

> Of course the tension between military necessity and our values will remain. Because of this, military professionals must accept the reality that during crises they may find themselves in circumstances where lives will be at stake and the morally appropriate methods to preserve those lives may not be obvious. This should not preclude actions, but these professionals must be prepared to accept the consequences.[29]

Meines Erachtens zeigt der Film genau diese schwer zu fassende Haltung, die sich nicht klar gegen Folterungen äußert, ohne sie ausdrücklich zu befürworten. Und es brauchte tatsächlich bis zum 17. Juni 2015, bis der US-Senat mehrheitlich mit 78 Stimmen ein Gesetz verabschiedete, das Folter bei Verhören verbietet. Und immer noch waren 21 Senator_innen für die Anwendung von Folter und gegen ein solches Gesetz, mit dem verhindert werden kann, dass zukünftige US-Präsident_innen nach ihrem Willen Folter wieder legalisieren.

Aber unbeantwortet ist bislang die Frage geblieben, warum eine Frau Mittelpunkt des Films sein muss.

Kelly Oliver hat herausgearbeitet, dass die Anwesenheit von Frauen, dezidiert als Frauen, bei Folterungen beispielsweise in Abu Ghraib und im Internierungslager Guantanamo Bay den Effekt haben, Folterungen für die öffentliche Wahrnehmung genießbarer zu machen. Die Beteiligung von Frauen an Folterungen helfe, Folter allenfalls als Misshandlung oder bloßes Fehlverhalten, wenn nicht gar zu „rechtmäßigem Zwang" umzubenennen.[30] Zugleich aber boten die Folterfotos

29 The Schlesinger Report. Final Report of the Independent Panel to Review DoD Detention Operations. The Independent Panel to Review Department of Defense Detention Operation, August 2004. In: Greenberg/Dratel (Hrsg.): *The Torture Papers*, S. 908–986, hier S. 975.

30 Kelly Oliver: *Women as Weapons of War. Iraq, Sex and the Media*. New York: Columbia UP 2007, S. 26

Anlass für zahlreiche sexistische Kommentare gegen Soldatinnen im US-Militär schlechthin. Diese Kommentare reichten bis zur Behauptung, der Feminismus würde gewalttätige Frauen erzeugen.[31] Angesichts dieser US-amerikanischen Debatten, die auch noch zehn Jahre später als sozio-kulturelles und politisches Umfeld des Films gewertet werden müssen, könnte eine Antwort lauten: Mit der Figur der Maya Lambert soll Lynndie England unsichtbar gemacht werden, deren Posen mit gefolterten Gefangenen zumindest für eine kurze Dauer so massenhaft sichtbar gemacht worden waren, dass ein bloßer Scherenschnitt einer dieser Posen reichte, um sie zu identifizieren. Und aus dieser schlichten Antwort ergibt sich dann die schlichte Botschaft des Films: Auch Frauen beherrschen das professionelle, robuste Kriegshandwerk. Für einen bürgerlich-nationalistischen Feminismus mag dies eine emanzipatorische Botschaft sein.

Camp X-Ray

Der Film erzählt eine Geschichte über die Gefreite Amy Cole und den Gefangenen Ali Amir. Der Dienstgrad von Cole und die heteronormative Paarsituation werden noch von Belang sein.

Camp X-Ray beginnt mit der Entführung Amirs aus seiner Studentenwohnung in Bremen und seiner anschließenden Verschleppung nach Guantanamo Bay, zwei Jahre nach 9/11. Acht Jahre später tritt Private Cole dort ihren Dienst an, enttäuscht darüber, dass sie nicht in Kampfeinsätze nach Irak oder Afghanistan geschickt wurde. Sie klärt ebenfalls gleich zu Beginn des Films einen anderen, ebenfalls neu stationierten Soldaten darüber auf, dass die Insassen von Guantanamo Bay als Häftlinge bezeichnet werden müssen und nicht Gefangene genannt werden dürfen, denn als solche müssten sie der Genfer Konvention unterstellt werden. D.h., gleich zu Beginn des Films täuscht dieser nicht darüber hinweg, dass die Inhaftierungseinrichtung auf dem Militärstützpunkt Guantanamo Bay auf Kuba illegal ist. Der Film lässt auch keinen Zweifel daran, dass es dort zu illegalen Handlungen gegen die Inhaftierten kommt.

Das Militärgefängnis Guantanamo Bay ist in *Camp X-Ray* kein dunkler, dreckiger Folterkeller, sondern ein sauberer Ort, an dem es regelmäßige Essenszeiten, ein Bibliothekswägelchen, Freigang und Fitnessgeräte

31 Ebd., S. 24.

Abb. 8: Still aus *Camp-X-Ray. Eine verbotene Liebe.*

gibt. Dass der Zellentrakt 24 Stunden lang hell ausgeleuchtet und rund um die Uhr überwacht wird, wird nicht als Folter thematisiert, sondern als Schutzmaßnahme, die verhindern soll, dass die Inhaftierten Selbstmord begehen. Und so sieht der Dienst von Private Cole aus: Stundenlang den Gang rauf und runter gehen, jedes Mal durch das Fenster in jeder Zellentür schauen, ob der dort Einsitzende noch lebt, Essen austeilen, Bücher verteilen, Wache stehen, wenn ein Inhaftierter in einem Käfig auf dem Hof Sport treibt.

Zur Realität: ‚Camp X-Ray' bezeichnete bis 2002 das Areal, auf dem verschleppte Terror-Verdächtige in Gitterkäfigen eingesperrt und dort ohne Aussicht auf einen Gerichtsprozess festgehalten wurden. Auch in Bigelows Film gehören diese Areale zum selbstverständlichen Setdesign der illegalen CIA-Internierungseinrichtungen außerhalb der USA. Heute ist dort das Camp Delta errichtet. Während der Existenz der insgesamt elf illegalen Internierungseinrichtungen der CIA wurde die Inhaftierung von Terrorverdächtigen auf dem Militärstützpunkt möglichst vermieden. Die Sorge der CIA hinsichtlich einer Inhaftierung auf dem Militärstützpunkt auf Kuba betrafen den allgemeinen Mangel an Geheimhaltung und den „möglichen Kontrollverlust an das US-Militär und/oder das FBI", schreibt Diane Feinstein in ihrem Untersuchungsbericht, gestützt auf eine E-Mail vom 29. März 2009, deren Hauptempfänger unkenntlich gemacht wurde, aber im CC an den CIA-Juristen John Rizzo ging.[32] Schon im Januar 2005 „äußerte

32 Untersuchungsbericht über das Internierungs- und Verhörprogramm der Central Intelligence Agency, verantwortet von Dianne Feinstein, II. Geschichte und Funktionsweise des Internierungs- und Verhörprogramm der CIA. In: Wolfgang

Abb. 9: Still aus *Camp-X-Ray. Eine verbotene Liebe.*

der US-Generalstaatsanwalt seine Sorge, dass die CIA-Gefangenen für den Fall, dass sie nach Guantanamo Bay überstellt würden, das Recht auf ein ordentliches Gerichtsverfahren und einen Rechtsanwalt haben könnte."[33] Auch diese Erkenntnis bezog Feinstein aus einer E-Mail an John Rizzo, die im Betreff: „Unterredung mit Beratern des Weißen Hauses über die Endspielplanung" hatte.[34] Mit diesem grauenhaften Begriff war die sukzessive Auflösung der Geheimgefängnisse gemeint, nicht etwa weil deren Rechtswidrigkeit akzeptiert worden wäre, sondern auf Druck der Länder, in denen die Gefängnisse unterhalten wurden. Dem Untersuchungsbericht von Feinstein kann man entnehmen, wie die CIA nicht nur ihre Gefängnisse, auch Guantanamo Bay, unter strikter Geheimhaltung betrieb, Kongress und Senat wo nicht direkt belogen, so doch im Unklaren über ihr Treiben dort gehalten und die Aufsicht des Kongresses aktiv umgangen oder behindert hat. Und obgleich heute Journalisten der Zugang zum Gefängnis gestattet ist, was dem Bericht von Damir Fras in der *Berliner Zeitung* vom 18. Mai 2015[35] zu entnehmen ist, sind dort immer noch wesentliche Aktivitäten geheim und Gespräche mit den 112 einsitzenden Gefangenen nicht erlaubt.

Jedoch dient *Camp X-Ray* wiederum nicht zur Thematisierung von Folter und den euphemistisch umschriebenen Verhörmethoden.

Nešković (Hrsg.): *Der CIA-Folterreport. Der offizielle Bericht des US-Senats zum Internierungs- und Verhörprogramm der CIA.* Frankfurt am Main: Westend 2015, S. 30–636, hier S. 78.

33 Ebd., S. 213.

34 Ebd.

35 Damir Fras: Der Ort des Tabus. In: *Berliner Zeitung*, 18.05.2013, S. 3.

Abb. 10: Still aus *Camp-X-Ray. Eine verbotene Liebe.*

Vielmehr soll der Frage nachgegangen werden, zu welchem Zweck und wie die Beziehung zwischen Private Amy Cole und dem Inhaftierten Ali Amir erzählt wird. Diese Frage berührt nicht die prinzipielle Sinnhaftigkeit des Films, sondern soll entlang der Fragen diskutiert werden, wozu die Sichtbarmachung Coles als Frau dient und was das unsichtbar bleibende Weißsein Amy Coles in ihrer Beziehung zu Ali Amir verbirgt und welches zudem durch ihre scheinbare emphatische Zugewandtheit getarnt wird?

Zunächst also die Frage, ob überhaupt und wie Weiblichkeit sichtbar gemacht wird, denn es ist überhaupt nicht selbstverständlich anzunehmen, nur weil die Schauspielerin der visuellen Erscheinung nach weiblich ist, auch ihr Frausein sichtbar gemacht wird. Und auch der irreführende Untertitel zur deutschen Fassung des Films „Eine verbotene Liebe" lässt diese Annahme nicht selbstverständlich zu. In der Tat aber gibt es eine Szene, in der diese Markierung als Frau geschieht, sie ist mit der Forderung verbunden, genau dies als unerwünschtes Othering unsichtbar zu machen: Private Cole wird, nachdem sie doch davon abgesehen hat, Sex mit ihrem Vorgesetzten Corporal Randy (nomen est omen)[36] Ransdell

36 Weil die heteronormativen Beziehungen zwischen den männlichen und weiblichen Soldat_innen auf dem Stützpunkt für diesen Beitrag nur Nebenschauplätze sind, seien hier nur zwei Referenzlektüren genannt, die sich mit den Männlichkeitskonstruktionen des Soldaten als Teil einer militärischen Organisationskultur befassen und die Aufschluss darüber geben, wie diese Kultur durch weibliche Streitkräfte ihre Fraglosigkeit verliert: Frank J. Barrett: Die Konstruktion hegemonialer Männlichkeit in Organisationen: Das Beispiel US-Marine. In: Christine Eifler / Ruth Seifert (Hrsg.): *Soziale Konstruktionen – Militär und Geschlechterverhältnis*. Münster: Westfälisches Dampfboot 1999, S. 71–91; Iris Marion Young: *Global Challenges. War, Self-Determination, and Responsibility for Justice*. Cambridge: Polity 2007, S. 117–139

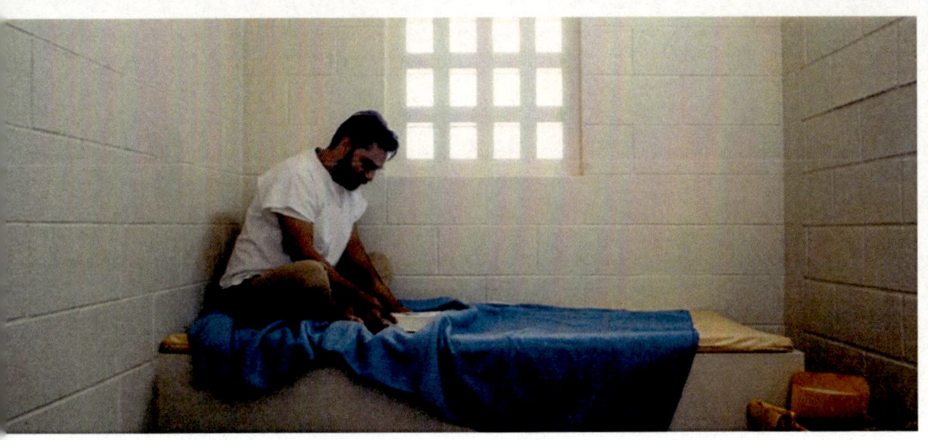

Abb. 11: Still aus *Camp-X-Ray. Eine verbotene Liebe.*

zu haben, von diesem abgeordert, Ali Amir beim Duschen nach dem Sport zu überwachen. Beide wissen, dass sie hier Gefängnisregeln verletzen. Weil der Sadismus Ransdells in beide Richtungen geht, gegen Cole und gegen Amir, will der Film zeigen, dass beide in ihrer machtlosen Position und ihrer eingeschränkten Handlungsfähigkeit irgendwie gleich sind. Damit wird Cole aber auch anders. Als sie sich beschwert, erhält sie den Anranzer, ob sie denn nun ein Soldat oder bloß ein „Mädchen-Soldat" sein will und ob sie sich denn tatsächlich mit ihren Kameraden anlegen will, nur weil sich ein Häftling unwohl fühlt. D.h., um gleichwertiger Teil der Truppe zu sein, muss sie ihr Frausein unsichtbar machen. Der Film verwendet viel Zeit darauf zu zeigen, wie sich Cole, als symbolische Handlung für diesen Akt der Unsichtbarmachung, ihr langes Haar zu einem fast schmerzhaft anmutenden festen Knoten bindet. Anders als Demi Moore in *G. I. Jane* (*Die Akte Jane*, USA 1997, R: Ridley Scott) rasiert sie sich nicht die Haare ab. Unsichtbarmachung von Frausein wird als allmorgendliche Selbstzüchtigung gezeigt.

Was diese Szene und die sie umrankenden Erzählungen entstehen lassen, ist eine Protagonistin, die sich in einem unauflösbaren Dilemma befindet, bedingt durch eine identitäre Ortlosigkeit, wohl bemerkt als Soldatin/Frau, nicht als *W*eiße. Hinsichtlich ihrer klassistischen Markierung beweist sie deutlich mehr Selbstbewusstsein. Als sich der

(Kap. 6: „The Logic of Masculinist Protection: Reflections on the Current Security State"). Zum Kriegsfilm als „mythische[r] Raum, in dem [...] tabuisierte Formen und Phantasien von Sexualität" bis heute gezeigt werden (können), vgl. Annette Brauerhoch: Sexy Soldiers – Kriegsfilme und weibliches Publikum. In: *Frauen und Film* 61 (2000): Krieg und Kino, S. 85–100.

ehemalige Student Amir über ihre provinzielle und ärmliche Herkunft versucht lustig zu machen, antwortet sie ihm: „Don't Hannibal Lecter me" – ein Witz, den Amir nicht versteht, weil er offenbar den Film *The Silence of the Lambs* (*Das Schweigen der Lämmer*, USA 1991, R: Jonathan Demme) nicht kennt und deshalb ihre Verweigerung einer identitären Anverwandlung mit seiner Protagonistin Claric Starling nicht heraushören kann. Stattdessen aber möchte *Camp X-Ray*, dass Amy Cole Joanne Rowlings *Harry Potter*-Reihe nicht kennt, deren sieben Bände schon fünf Jahre, bevor der Film gedreht wurde (die Filmzeit ist in das Jahr 2009 gelegt), in den USA immerhin in einer Auflage von 140 Millionen Exemplaren gedruckt worden war. So glaubt sie denn auch, dass der dritte Band der Reihe, *Harry Potter and the Prisoner of Azkaban*, den sie auf dem Bibliothekswägelchen findet, eine arabische Erzählung und deshalb eine passende Lektüre für Amir sei. Ihr erstes interkulturelles Kommunikationsangebot geht gründlich nach hinten los – sie muss sich von einem muslimischen Häftling aus einem unspezifizierten arabischen Land, der Student in Deutschland war, über ein höchst populäres Kapitel westlicher Kultur aufklären lassen.

Das Verhältnis zwischen Cole und Amir wird nicht bestimmt durch eine simple kulturalistische Konzeption Amirs als Islamist oder durch eine essenzialistische Markierung als Anderer, so wie auch die Figur der Cole durchaus mit einer gewissen Aufmerksamkeit für soziale und geschlechtlichen Differenziertheit gefasst ist. Hinsichtlich ihres *W*eißseins aber wird der Film zusehends opak. Ist Cole für Amir zu Beginn lediglich eine weitere allgemeine und anonyme Repräsentation der Kriegsmaschinerie (Namensschilder dürfen die Soldat_innen im Zellentrakt nicht tragen), unter deren Räder er geraten ist, sondert er sie von Anfang an aus der Truppe aus, indem er ihr den Namen ‚Blondie' gibt und ihre Weiblichkeit zum Distinktionsmerkmal wird. Das Gezänk um Hannibal Lecter und die *Harry Potter*-Bücher, dass Amir Cole ‚Blondie' ruft, all dies wird als Prozess fortgesetzter Demütigung Coles, als Armeeangehörige und als arme Frau, durch Amir gezeigt – mit dem Höhepunkt, dass jede sentimentale Anwandlung bei der Betrachtung der Gespräche durch die Zellentür als interagierende Kommunikation in dem Moment zunichte gemacht wird, in dem Amir heimtückisch einen Becher mit seinen Fäkalien auf Coles Uniform schüttet. In dem Moment wird deutlich, es geht zwischen den beiden um Hegemonie innerhalb heteronormativer und politisch machtvoller

Abb. 12: Still aus *Camp-X-Ray. Eine verbotene Liebe.*

Ordnungen. Nach der Aktion wird Amirs Gefängnisbiografie als renitenter/rebellierender Gefangener gezeigt (was seine Position als Mann nicht gefährdet, eher bekräftigt), während Cole in einen Dauerkonflikt mit ihrer Feminisierung und damit Marginalisierung getrieben wird. Diese Erzählung kann so aber nur funktionieren, weil Amir keine Geschichte hat, sondern existenziell und essenziell nur Häftling ist und Cole ausschließlich und ebenso essenziell nur Frau.

Tatsächlich aber bleibt die Frage, ob mit dem Verweis auf die *Harry Potter*-Bücher, weit weniger offensichtlich, rassialisierte Differenzmarkierungen transportiert werden. Auf einer zunächst dialogischen Ebene hängt ihm eine Offenlegung der alltäglichen Machtwillkür in dem Gefängnis an. Amir bittet seit geraumer Zeit, endlich auch den letzten Band der Reihe zu bekommen, weil er doch unbedingt wissen will, ob Severus Snape ein Guter oder Böser ist,[37] und immer und immer wieder wird er vertröstet. Auf einer weiteren, die Geschichte der Beziehung vorantreibenden Ebene wird das Buch zum Scharnier zwischen den beiden Personen und zum Symbol für die gegenseitige Sympathie, aber auch für Amirs emotionalen Konflikt mit dem Gefängnisregime, für seine verzweifelte Lage usf. ausgespielt. Mit den Schlussszenen des Films erhält das Buch als Gegenstand weitere Bedeutungen. Parallel geschnitten sind Coles Abreise, da ihre Dienstzeit auf Guantanamo beendet ist, und Amirs Begegnung mit seinem neuen Bewacher, der

37 In *Harry Potter and the Deathly Hallows*, dem siebten und letzten Band der *Potter*-Reihe (2007), erklärt Harry Potter Severus Snape zum wohl mutigsten Mann, den er kannte – aber es ist unmöglich, an dieser Stelle die ganze Geschichte nachzuerzählen; sie hat auch (bis auf diesen vergleichsweise kleinen Aspekt) keine Relevanz für den Film.

tatsächlich den letzten *Harry Potter*-Band auf dem Bibliothekswägelchen hat. Cole hat ihn besorgt und mit einer persönlichen Widmung an Amir versehen: „To Ali, I don't know if Snape's a good guy. But I know you are. Love, Blondie". Setdesign, Lichtgebung und die Filmmusik sowie das Schauspiel lassen den Schluss zu, dass Amir es sich mit dem Buch auf seinem Bett bequem macht. Daraus lässt sich folgern, dass Amir nach seiner Verschleppung und damit seiner Deterritorialisierung so etwas wie eine Relokalisierung und damit Versicherung erfährt. Guantanamo als „imaginary homeland"[38]? Zumindest hat Amir die überaus nutzlose, aber irgendwie wohltuende Bestätigung des Werts seiner Existenz durch eine Andere erfahren, und er kann nun endlich auch teilhaben an einem Wissen, das mehrere 100 Millionen Menschen auf der Welt ebenfalls haben, auch wenn er es nicht mit ihnen teilen kann; er bleibt weiter in überwachter Isolationshaft. Parallel dazu wird Cole auf der Fähre Richtung Festland gezeigt, zunächst weinend ein Sudoku-Büchlein betrachtend, das Amir über und über mit Ornamenten zugezeichnet hat, dann aber drückt sie ihren Rücken durch und das Gesicht zeigt ein befreiendes Lächeln – auch sie hat eine Ich-Stabilisierung erfahren.

Was aber nicht passiert – und für dieses Verfehlen steht der *Harry Potter*-Band – ist, was Slavoj Žižek als Hinweise für eine wirklichen Antirassismus beschreibt, der Respekt vor dem partikulär Absoluten des anderen, der Respekt vor der Art, wie der andere sein Bedeutungsuniversum in einer für ihn absolut partikulären Weise organisiert. Und weiter:

> Eine derartige Ethik ist weder imaginär (es geht nicht darum, den nächsten wie uns selbst zu lieben, insofern als er uns selbst gleicht, insofern als wir in ihm ein Bild unserer selbst sehen), noch symbolisch (es geht auch nicht darum, den anderen aufgrund der Würde, die ihm durch seine symbolische Identifizierung verliehen wird, zu respektieren, durch die Tatsache, daß er zu derselben symbolischen Gemeinschaft wie wir gehört, auch wenn wir diese Gemeinschaft im weitest möglichen Sinn auffassen und ihm als „Mensch" Respekt erweisen): Was dem anderen die Würde einer „Person" verleiht, ist nicht irgendein universal-symbolischer Zug, sondern genau das, was in ihm „absolut partikulär" ist, sein Phantasma, jener Teil von ihm, von dem wir sicher sein können, daß wir daran niemals teilhaben werden.[39]

38 Zur hier verwendeten Begrifflichkeit und zur Bedeutung von Dingen für den Vorstellungskomplex ‚Heimat' vgl. Gisela Ecker: Prozesse der „Beheimatung. Alltags- und Memorialobjekte. In: Friederike Eigler / Jens Kugele (Hrsg.): *‚Heimat'. At the Intersection of Memory and Space*. Berlin / Boston: de Gruyter 2012, S.208–225.

39 Slavoy Žižek: *Mehr-Genießen. Lacan und die Populärkultur. Wo Es war*, Bd. 1. Wien: Turia + Kant 1992, S. 85.

Abb. 13: Still aus *Camp-X-Ray. Eine verbotene Liebe.*

D. h., was der Film seine ganze Laufzeit über versucht, ist, Privat Amy Cole und den Häftling Ali Amir ähnlich zu machen, was in diesem Falle bedeute, Amir *w*eiß zu machen, damit Amy ihn respektieren kann. Sie ist der machtvolle Ort der Definition dessen, was an Amir von Wert ist. In diesem Sinne ist das *Harry Potter*-Buch nicht nur als Kassiber für eine persönliche Nachricht zu verstehen, sondern der schauderhafte Hinweis auf die Unsichtbarmachung seiner Existenz als Anderer. Sie hat sich ihre *w*eiße Welt wieder hübsch sortiert, weil sie sich durch die Gabe ihres Werts versichert hat.

Sichtbarkeiten und Unsichtbarkeiten auf den Murals der nordirischen Paramilitärs

Stefan Solleder

Die Murals Nordirlands sind politische Bilder, die unter freiem Himmel und öffentlich sichtbar auf Mauern und Hauserwande gemalt werden. Seit der ersten Hälfte der 1980er Jahre werden sie in protestantischen und katholischen Vierteln in erster Linie als Mittel der internen politischen Kommunikation und Mobilisierung angefertigt. Die Praxis, Murals zu malen, ist beiden Seiten gemein, allerdings sind die Inhalte der Bilder – trotzt gewisser Ähnlichkeiten – unterschiedlich, da sie in verschiedenen kulturell-politischen Traditionen wurzeln und die sich im Nordirlandkonflikt gegenüberstehenden ethno-nationalistischen Ideologien sichtbar machen.[1] Angemerkt sei an dieser Stelle, dass der Nordirlandkonflikt kein religiöser Konflikt ist. Er ist ein Konflikt entlang der Gruppengrenze zwischen Ir_innen und Brit_innen, die von dem Glauben an eine Verschiedenheit der Abstammungsverhältnisse und Kulturen der beiden Gruppen konstituiert wird, und damit ein ethnischer Konflikt.[2] Die nationalistische Komponente des Konflikts

1 Vgl. Bill Rolston: *Drawing Support. Murals in the North of Ireland*. Neue, überarb. Aufl. Belfast: Beyond the Pale 2010, S. i, viii; Neil Jarman: *Material Conflicts. Parades and Visual Displays in Northern Ireland*. Oxford / New York: Berg 1997, S. 209.

2 Vgl. für diese Definition von Ethnizität z. B. Andreas Wimmer: The Making and Unmaking of Ethnic Boundaries: A Multilevel Process Theory. In: *American Journal of Sociology* 113,4 (2008), S. 970–1022, hier S. 973 (basierend auf Max Weber:

ist erkennbar an dem Kampf um die nationalstaatliche Zugehörigkeit Nordirlands.[3] Die Akteur_innen auf irisch-katholischer Seite, die eine Wiedervereinigung Nordirlands mit der Republik Irland anstreben und die Ausübung von Gewalt zu diesem Zweck als legitim erachten, werden als Republikaner_innen (*Republicans*) bezeichnet. Beispiele sind die paramilitärischen Organisationen IRA (eigentlich: PIRA, Provisional Irish Republican Army) und INLA (Irish National Liberation Army). Die Akteur_innen auf britisch-protestantischer Seite, die für einen Verbleib Nordirlands im Vereinigten Königreich sind und Gewalt als legitimes Mittel für diesen Zweck erachten, werden als Loyalist_innen (*Loyalists*) bezeichnet. Beispiele sind die paramilitärischen Organisationen UDA (Ulster Defence Association) und UVF (Ulster Volunteer Force).[4]

Das Ziel dieses Artikels besteht darin, das spezielle Genre der paramilitärischen Murals daraufhin zu untersuchen, wie diese das Ausüben und Erleiden physischer Gewalt sichtbar und dadurch zugleich unsichtbar machen. Der Artikel beschäftigt sich somit zwar nur mit einem Ausschnitt der nordirischen Wandbilder, jedoch nicht mit einem Randphänomen. Die paramilitärischen Murals sind häufig aufgetreten, und es handelt sich bei ihnen um diejenigen Bilder, mit denen sich die Protagonist_innen des gewalttätigen Konflikts in dessen Verlauf an exponierten Stellen im öffentlichen Raum visuell inszeniert haben, und damit um ein entscheidendes Mittel der politischen Mobilisierung.

Wirtschaft und Gesellschaft. Grundriß der verstehenden Soziologie. 5., rev. Aufl., besorgt v. Johannes Winckelmann. Tübingen: Mohr Siebeck 1980, S. 237). Die Religionszugehörigkeit ist als Erkennungsmerkmal Bestandteil dieser ethnischen Selbst- und Fremdzuschreibungen von Gruppenzugehörigkeit. Der Wechsel von der einen zur anderen Gruppe ist per Wechsel der Konfession nicht möglich (vgl. Anthony D. Buckley / Mary Catherine Kenney: *Negotiating Identity. Rhetoric, Metaphor, and Social Drama in Northern Ireland.* Washington / London: Smithsonian Institution 1995, S. 14).

3 Für die hier verwendete Definition von Nation/Nationalismus vgl. z. B. Wimmer: The Making and Unmaking of Ethnic Boundaries, S. 973–974.

4 Vgl. Martin Melaugh: Violence – Loyalist and Republican Paramilitary Groups. http://cain.ulst.ac.uk/issues/violence/paramilitary.htm (Zugriff am 29.04.2016); Martin Melaugh / Brendan Lynn: A Glossary of Terms Related to the Conflict. http://cain.ulst.ac.uk/othelem/glossary.htm (Zugriff am 29.04.2016); dies. / Fionnuala McKenna: Abstracts on Organisations that Were Prominent during "the Troubles". http://cain.ulst.ac.uk/othelem/organ/azorgan.htm (Zugriff am 29.04.2016); Jack Santino: *Signs of War and Peace. Social Conflict and the Uses of Symbols in Public in Northern Ireland.* New York / Basingstoke: Palgrave Macmillan 2004, S. 18–21.

Als Visualisierungen machen Murals immer etwas sichtbar. Ebenfalls lassen sie als solche immer zugleich etwas unsichtbar – sie zeigen nie alles theoretisch Darstellbare und sind – als politische Bilder im Kontext eines gewalttätigen Konflikts – zweifelsohne immer das Resultat einer Auswahl. Unsichtbar *machen* muss daher konzeptuell von unsichtbar *lassen* unterschieden werden. Die zwei theoretischen Ideen dieses Artikels hierzu lauten wie folgt: Erstens soll das Konzept Sichtbarmachung/Unsichtbarmachung nicht überstrapaziert werden. Es geht darum, es für eine Betrachtung der Murals nutzbar zu machen – wann immer möglich und angemessen – und zugleich aber auf seine Grenzen hin zu testen. Zweitens wurde für die theoretische Konkretisierung des Konzepts ein einfacher semiotischer Ansatz gewählt, der zwischen Signifikant und Signifikat sowie Ikon, Index und Symbol unterscheidet.[5] Dieser erlaubt es, das durch und auf Murals Sichtbargemachte daraufhin zu untersuchen, worauf es jeweils auf welche Art und Weise verweist. Unsichtbarkeiten lassen sich dann als Diskrepanzen zwischen verweisendem Sichtbarem und dem, worauf verwiesen wird, spezifizieren. Dies bedeutet ferner, dass sich Unsichtbarkeiten direkt aus der Verweisstruktur des Sichtbaren ergeben (aus der Darstellungsweise).

In einem ersten Schritt wird dieser Artikel die historische Herkunft und Entwicklung der Murals sowie die örtlichen, zeitlichen und politisch-organisationalen Kontexte und Hintergründe ihres Entstehens skizzieren. Anschließend wird das Genre der paramilitärischen Wandbilder vorgestellt und aufgezeigt, was diese grundsätzlich immer sowohl durch ihre Inhalte als auch durch ihre Materialität – als physische Artefakte an bestimmten Orten – sichtbar machen. Letzteres bezieht sich nicht auf das wechselseitige Konnotationsverhältnis von Inhalt und Ort,[6] sondern darauf, was Murals in Bezug auf ihre Orte sichtbar machen (die Anwesenheit bestimmter Akteur_innen sowie deren territoriale Machtansprüche). Mit Fokus auf die Themen paramilitärischer Wandbilder wird gezeigt, dass diese trotz ihres martialischen Charakters und

5 Vgl. für diese auf Charles Sanders Peirce zurückgehende Typologie z.B. Michael Emmison / Philip Smith / Margery Mayall: *Researching the Visual*. 2. Aufl. Los Angeles et al.: Sage 2012, S. 75; Gillian Rose: *Visual Methodologies. An Introduction to Researching with Visual Materials*. 3. Aufl. Los Angeles et al.: Sage 2012, S. 118–119.

6 Vgl. zu diesem Konnotationsverhältnis Neil Jarman: Painting Landscapes: The Place of Murals in the Symbolic Construction of Urban Space. In: Anthony D. Buckley (Hrsg.): *Symbols in Northern Ireland*. Belfast: Institute of Irish Studies, Queen's University of Belfast 1998, S. 81–98.

trotzt ihres mitunter expliziten Verweisens auf Gewalthandlungen durch ihre spezifischen Darstellungsweisen die Gewalttätigkeiten im Nordirlandkonflikt im unmittelbar Sichtbaren verbergen. Sie verweisen indexikalisch auf Gewalt, stellen diese aber nicht dar.

Historische Entwicklung der Murals[7]

Die kulturelle Praxis, ethno-nationalistische Botschaften auf Wände und Mauern zu malen, entstand in Nordirland Anfang des zwanzigsten Jahrhunderts auf Seite der Protestant_innen. Die Murals entstanden zumeist zum Zweck der Dekoration protestantischer Stadtteile in Vorbereitung des Nationalfeiertags, des Jahrestags der Schlacht am Boyne am 12. Juli (*The Twelfth*). Ihre Motive nahmen in der Regel Bezug auf diesen Gründungsmythos und zeigten *King Billy Crossing the Boyne*, d.h. den Sieger der Schlacht am Boyne 1690, König Wilhelm III. von England, beim Überqueren des Flusses im Verlauf der Schlacht.[8] Die Darstellungsweise dieses Bildthemas folgt bis zum heutigen Tag immer Ölgemälden aus dem 17. und 18. Jahrhundert von Jan Wyck und Benjamin West, die den König auf seinem Pferd und mit gezogenem Säbel zeigen.[9] In der Wyck'schen Variante bäumt sich das Pferd auf, der König hält seinen Säbel neben sich; in der West'schen Variante zeigt der König mit seinem Säbel nach vorne, das Pferd geht im sogenannten Spanischen Schritt.[10]

1981 wurde das Malen von Murals auf Seiten der Katholik_innen während des Hungerstreiks republikanischer Gefangener zu einer

7 Für eine ausführlichere Zusammenfassung des Forschungsstands die Geschichte und Entstehung der Murals betreffend vgl. Stefan Solleder: *Die Visualisierung symbolischer Ordnungen im Kontext gewalttätiger Konflikte*. Diss., Humboldt-Universität zu Berlin 2015, S. 23–38, oder die entsprechenden Seiten der erscheinenden publizierten Fassung.

8 Vgl. Rolston: *Drawing Support* (2010), S. i.

9 Vgl. Belinda Loftus: *Mirrors. William III & Mother Ireland*. Dundrum: Picture 1990, S. 18.

10 Für ein Mural, das in den 1920er Jahren in der Donegall Road in Belfast gemalt wurde, 1984 in West'scher Variante existierte und 1989 in Wyck'scher Variante, vgl. Tony Crowley: Murals of Northern Ireland. http://ccdl.libraries.claremont.edu/cdm/landingpage/collection/mni (Zugriff am 29.04.2016), mni00421, mni00350. Die Fotografien in der Online-Sammlung Tony Crowleys sind frei zugänglich; http://ccdl.libraries.claremont.edu/cdm/search/collection/mni führt zu der Suchseite der Sammlung. Dort können die in diesem Artikel zitierten Fotografien per Suchfunktion aufgerufen werden (als Suchwort die komplette ID des jeweiligen Murals, z. B. mni00421, eingeben).

typischen Praxis der politischen Kommunikation. Vorläufer waren Graffitis in Textform, die zunächst mit grafischen Elementen kombiniert wurden. Dies führte schließlich zur Entstehung der ersten elaborierteren Wandbilder. Auf Seite der Protestant_innen wurden Anfang der 1980er Jahre allmählich neue Motive entwickelt.[11] Das Bildmotiv *King Billy Crossing the Boyne* verschwand bis zum heutigen Tag nicht völlig, wurde aber relativ selten.

Zugleich dienten seit dieser Zeit Murals auf beiden Seiten nicht mehr nur dem Zweck, anlässlich von Feiertagen Straßenzüge mit rituell festgelegten Bildern zu dekorieren; vielmehr wurden sie zu einem zeitlich und inhaltlich flexiblem Medium, das jederzeit verwendet werden konnte, um je nach momentaner Konfliktsituation und -kampagne aktuelle politische Botschaften zu kommunizieren. Sie hatten somit in erster Linie nicht (mehr) den Charakter von Repräsentationen kollektiver historischer Gewissheiten, sondern wurden zu Mitteln der fortwährenden politischen Mobilisierung in einem laufenden Konfliktprozess mit unbekannter Zukunft und ungewissem Ausgang.[12]

Gemalt wurden und werden Murals hauptsächlich in den Arbeiter_innenvierteln der Städte Belfast und Derry/Londonderry. In diesen Gegenden hatten die loyalistischen und republikanischen paramilitärischen Hauptakteur_innen des Konflikts und in späterer Zeit (seit dem Ende des gewalttätigen Konflikts) diesen nahestehende oder andere ethno-nationalistische Organisationen (z. B. Sinn Féin) große Unterstützung in der Bevölkerung. Diese Stadtteile sind zugleich dadurch gekennzeichnet, dass sie von Gewalthandlungen während des Nordirlandkonflikts am meisten betroffen waren.[13] Kurz zusammengefasst: Gemalt wurde und wird in der Regel in den ethnokonfessionell (fast) homogenen Hochburgen ethno-nationalistischer Organisationen.

11 Vgl. Rolston: *Drawing Support* (2010), S. ii–iv.

12 Vgl. Jarman: *Material Conflicts*, S. 212; ders.: Shrouded Signs and Obscured Symbols. In: Eoghan McTigue (Hrsg.): *All Over Again*. Belfast: Belfast Exposed Photography 2004; Rolston: *Drawing Support* (2010), S. vi–viii. Zum Bestand, Niedergang und Ende von Murals als physische Artefakte vgl. z. B. Jonathan McCormick / Neil Jarman: Death of a Mural. In: *Journal of Material Culture* 10,1 (2005), 49–71; McTigue (Hrsg.): *All Over Again*; Stefan Solleder: Unfinished Artefacts: The Case of Northern Irish Murals. In: *continent*. 5,1 (2016), S. 61–77. http://www.continentcontinent.cc/index.php/continent/article/view/230 (Zugriff am 28.04.2016).

13 Vgl. Jarman: *Material Conflicts*, S. 209.

Meistens sind die Wandbilder so positioniert, dass sie nur von innerhalb der jeweiligen Viertel gesehen werden können. In selteneren Fällen hat es ebenfalls von außen sichtbare Murals an den Grenzen dieser Viertel gegeben. Die Orte der Malereien spiegeln somit wieder, dass diese in erster Linie – wenn auch nicht ausschließlich – dem Zweck der internen politischen Kommunikation dienen.[14] Ihre Urheberschaft ist in dem Sinne kompliziert, dass sie selten von den Malenden und den Finanzierenden/Auftraggebenden signiert werden. Der Blog *Extramural Activity,* der seit 2012 Murals dokumentiert, merkt hierzu an, dass ein Mural in der Regel von der „local community" gefördert wird, „at least in the minimum sense that it has community approval, and might be financially or materially supported".[15]

Der Begriff „community" ist jedoch problematisch, zumal er die Abwesenheit von Machtstrukturen und -kämpfen in den jeweiligen Stadtvierteln suggerieren könnte. Murals sind nicht (immer) unumstritten.[16] Letztlich beruht ihre Existenz darauf, dass die Malenden und die Finanzierenden/Auftraggebenden über ausreichend Macht und Unterstützung verfügen, um über die Farbe(n) auf den Wänden zu bestimmen. Die Orte der Wandbilder – Hochburgen – deuten bereits an, dass es die jeweils vor Ort dominanten Organisationen und deren Unterstützer_innen sind, die diese Kontrolle ausüben. Die Mobilisierungsfunktion der Bilder kann vor diesem Hintergrund so interpretiert werden, dass sie einerseits in vertikaler Richtung als Propaganda weitere Teile der Bevölkerung für die Sache gewinnen (sollen). Anderseits kann geschlossen werden, dass sie ebenfalls in horizontaler Richtung im Sinne einer immer wieder erneuten Selbstvergewisserung der ohnehin schon Aktiven und (zumindest minimal) Mobilisierten wirken.

Im Verlauf des Nordirlandkonflikts gehörten Murals neben Graffitis, in den jeweiligen Nationalfarben (rot-weiß-blau und grün-weiß-orange) bemalten Bordsteinen und Laternenmasten sowie Flaggen, Wimpelgirlanden, Plakaten und Gedenktafeln und -stätten (z.B. *memorial gardens*) zu den Mitteln der visuellen politischen Kommunikation

14 Vgl. Jarman: *Material Conflicts*, S. 209; ders.: Shrouded Signs and Obscured Symbols.

15 Vgl. Extramural Activity: About. http://extramuralactivity.com/about/ (Zugriff am 29.04.2016).

16 Vgl. Jarman: Shrouded Signs and Obscured Symbols; McCormick/Jarman: Death of a Mural, S. 63–67.

im öffentlichen Raum. Darüber hinaus bedienten sich die Protagonist_innen des Konflikts und deren Unterstützer_innen ebenfalls weiterer Medien. Zu nennen sind Zeitungen, Zeitschriften, Broschüren, Bücher, Flugblätter, Versammlungen, (Protest-)Märsche, Ansprachen und Reden aber auch politische Ephemera wie Postkarten, Kühlschrankmagnete, T-Shirts, Anstecknadeln/Buttons und Kalender. Murals sind in diesem Kontext zu sehen. Ein Fokus auf sie lässt sich methodologisch dadurch begründen, dass sie als „barometer of political ideology“[17] einen direkten Einblick in die (temporären) Kernbestände der symbolischen Welten der Malenden und ihrer Unterstützer_innen gewähren. „Not only do they articulate what republicanism or loyalism stand for in general, but, manifestly or otherwise, they reveal the current status of each of these political beliefs.“[18] Die empirische Untersuchung von Murals erlaubt daher einen klar strukturierten und relativ schnellen Zugriff auf das Wesentliche der symbolischen Ebene des Nordirlandkonflikts und die in seinem Verlauf stattfindenden Mobilisierungsprozesse.

Paramilitärische Murals

Anfang der 1980er Jahre kamen auf beiden Seiten Murals auf, die eindeutige Bezüge zu paramilitärischen Organisationen enthielten: vermummte, bewaffnete Paramilitärs,[19] Waffen, (National-)Flaggen[20] sowie Namen und Embleme paramilitärischer Organisationen[21]. Bilder dieses Typs werden bis zum heutigen Tag gemalt – wenn auch auf Seiten der Republikaner_innen seit Einsetzen des Friedensprozesses

17 Vgl. Rolston: *Drawing Support* (2010), S. i.

18 Vgl. ebd.

19 Für ein jüngeres Bild dieser Art vgl. Crowley: Murals of Northern Ireland, mni02219 (UVF-Mural, gemalt 2001), für Beispiele aus den 1980er Jahren vgl. ebd., mni00075 (IRA-Mural, gemalt 1987); mni00138 (UVF-Mural, gemalt 1987).

20 Bill Rolston: *Drawing Support. Murals in the North of Ireland*. Belfast: Beyond the Pale 1992, Plate 75, dokumentiert z. B. ein Mural aus dem Jahr 1984, das verschiedene von der IRA verwendete Waffentypen zusammen mit dem Slogan „VICTORY TO THE IRA“ vor dem Hintergrund der irischen Trikolore darstellt.

21 Republikanische paramilitärische Organisationen verwenden keine Symbole im Stile von Emblemen und Abzeichen staatlich-offizieller militärischer Einheiten, loyalistische Organisationen dagegen schon. Für Beispiele (Embleme der UVF und YCV) vgl. Crowley: Murals of Northern Ireland, mni02219. Die YCV (Young Citizens' Volunteers) ist die Jugendorganisation der UVF (vgl. Melaugh / Lynn / McKenna: Abstracts on Organisations that Were Prominent during "the Troubles", Abschnitt: "Y": "Young Citizens' Volunteers (YCV)").

Anfang der 1990er Jahre in deutlich veränderter Darstellungsweise.[22] Insbesondere dominierte dieses Bild-Genre lange Zeit – fast bis zum heutigen Tag – die Wände der Hochburgen loyalistischer paramilitärischer Organisationen und deren Art und Weise der visuellen Selbstdarstellung.
Das Malen von *King-Billy*-Murals verlieh seit Beginn des zwanzigsten Jahrhunderts dem historisch-mythologischen Anlass des Feiertags eine sichtbare Präsenz weit über diesen hinaus. Die Wandmalereien besaßen eine territorial markierende Wirkung, die jene der Oranierparaden am 12. Juli mit ihren Bannern, Wimpelgirlanden, Flaggen und *orange arches* übertraf. Im Gegensatz zu Paraden markieren Murals – auch wenn sie nicht ewig Bestand haben – physischen Raum über einen vergleichsweise langen Zeitraum hinweg. Der Effekt des Malens auf protestantischer Seite seit Beginn des zwanzigsten Jahrhunderts war, dass Gegenden, in denen Protestant_innen lebten, dauerhaft und explizit als protestantische Gegenden markiert wurden und Gegenden, in denen Katholik_innen lebten, implizit (d. h. im Umkehrschluss) als katholische Gegenden. „Streets could now declare their faith throughout the year."[23] Paramilitärische Wandbilder dagegen machen klar, dass der Ort ihrer Entstehung nicht in einem katholisch oder protestantisch geprägten Viertel liegt, sondern aller Wahrscheinlichkeit nach in einer republikanischen oder loyalistischen Hochburg.[24] Zu beachten ist in diesem Kontext, dass letztlich erst alle zeitgleich existierenden Murals in einer Gegend zusammen einen Hinweis darauf geben, welche Ideologien und Organisationen momentan vor Ort in welchem Ausmaß Unterstützung haben und präsent sind.

22 Zu dieser Zeit wurden republikanische Wandbilder, die nur republikanische Paramilitärs bewaffnet, maskiert oder in Aktion zeigen, immer seltener. Darstellungen dieser Art traten schließlich nur noch in Kombination mit Verweisen auf eigene Verluste im Verlauf des Konflikts auf. So war die Szene der drei bewaffneten IRA-Mitglieder auf dem auf S. 56–57 diskutierten IRA-Mural (vgl. Crowley: Murals of Northern Ireland, mni02180) bereits 1981 zusammen mit dem Slogan „VICTORY TO THE IRA" und den mit der irischen Trikolore ausgefüllten Umrissen der irischen Insel auf einer Wand im Westen Belfasts zu sehen (vgl. ebd., mni00303; Rolston, *Drawing Support* (2010), Plate 78).

23 Vgl. für direktes Zitat und Absatz Jarman: Painting Landscapes, S. 83–84. *Orange arches* sind bemalte und mit Symbolen des Oranierordens dekorierte Torbögen, die an exponierter Stelle in protestantischen Gegenden über Straßen errichtet werden.

24 Vgl. Santino: *Signs of War and Peace*, S. 36–37.

Im Allgemeinen sind die Murals Nordirlands immer auf drei Arten und Weisen Medien der Sichtbarmachung. Erstens visualisieren sie Immaterielles, d. h. ethnische Grenzziehungen, ethno-nationalistische Ideologien und kollektive Mythen (kurz: „symbolic boundaries“[25]). Diese Ebene der Sichtbarmachung bezieht sich auf das, was sie inhaltlich immer darstellen und bildet damit sozusagen den grundlegenden Aspekt der Visualisierung. Zweitens sind sie Indikatoren für die Präsenz von Unterstützer_innen des Visualisierten im jeweiligen Stadtteil. Sie indizieren somit den ideologischen Zustand zumindest eines Teils der dortigen Bevölkerung und demonstrieren dessen Verfügungsgewalt über die öffentliche visuelle politische Kommunikation vor Ort. Sichtbar wird dies jedoch nur dann, wenn der/dem Betrachtenden die typische Entstehungsweise der Wandbilder und damit der Zusammenhang zwischen Bildern und Orten bekannt ist – für die meisten Nordir_innen kann hiervon ausgegangen werden. Drittens sind sie ebenfalls Indikatoren im Sinne von territorialen Grenzmarkierungen und drücken als solche lokale Besitzansprüche aus. Die meisten Murals machen diese nur relativ implizit sichtbar. Andere dagegen explizieren solche Ansprüche. Ein Beispiel ist ein Wandbild, das 2001 am nördlichen Ende der Sandy Row im Süden Belfasts gemalt wurde. Es zeigt neben einem maskierten, bewaffneten Loyalisten den Slogan

> YOU
> ARE NOW
> ENTERING
> LOYALIST SANDY ROW
> HEARTLAND OF SOUTH BELFAST
> ULSTER-FREEDOM FIGHTERS [*sic*][26]

25 Zum theoretischen Konzept der „symbolic boundaries“ vgl. Michèle Lamont / Virág Molnár: The Study of Boundaries in the Social Sciences. In: *Annual Review of Sociology* 28 (2002), S. 167–195; Charles Tilly: Social Boundary Mechanisms. In: *Philosophy of the Social Sciences* 34,2 (2004), S. 211–236.

26 Vgl. Crowley: Murals of Northern Ireland, mni02679, sowie zur Datierung Jonathan McCormick: A Directory of Murals in Northern Ireland. http://cain.ulst.ac.uk/mccormick/ (Zugriff am 29.04.2016), Album 28, Mural 946; Bill Rolston: *Drawing Support 3. Murals and Transition in the North of Ireland*. Belfast: Beyond the Pale 2003, Plate 87. Ulster Freedom Fighters (UFF) ist ein „cover-name“ der UDA (vgl. Melaugh / Lynn / McKenna: Abstracts on Organisations that Were Prominent during “the Troubles”, Abschnitte: “U”: “Ulster Defence Association (UDA)”, “Ulster Freedom Fighters (UFF)”).

Ähnliches drückt ein Graffiti aus, dass im Jahr 2004 im Osten Belfasts auf einer unbemalten Wand zu sehen war (Beobachtung St. S., 24.07.2004). Es bestand aus dem Text

> WALL
> RESERVED
> Y.C.V [*sic*]

Ob auf die Reservierung der Wand das Malen eines YCV/UVF-Murals oder Ähnlichem folgte, ist unbekannt. Obgleich es sich in diesem Fall nur um die Ankündigung eines Wandbilds per Graffiti handelte, verdeutlicht dieser Fall die genannten Aspekte der Sichtbarmachung. Das Graffiti formuliert einen Kontrollanspruch über die visuelle Gestaltung der betreffenden Wand und damit zugleich über die unmittelbare Umgebung. Ferner kann es als Indikator für die Anwesenheit von Mitgliedern oder Unterstützer_innen der YCV/UVF verstanden werden.

Unsichtbarkeiten ‚erzeugen' Murals im Kontext dieser drei Dimensionen der Sichtbarmachung letztlich nur in Hinblick darauf, was sie nicht darstellen (etwa die Präsenz der Nicht-Unterstützer_innen des Gemalten und deren politische Sichtweisen), und nicht durch die Verweisstruktur dessen, was sie darstellen.

Die paramilitärischen Murals verweisen als Marker und Indikatoren nicht nur auf größere lokale Unterstützung für das Gemalte, sondern ebenfalls auf die lokale Präsenz von Paramilitärs und deren Macht- und territoriale Ansprüche.[27] Neu war somit an ihnen, dass sie nicht mehr nur kollektive Mythen und ethno-nationalistische Ideologien visualisierten und die Anwesenheit von Unterstützer_innen des Visualisierten anzeigten, sondern ebenfalls die zeitgenössischen Protagonist_innen des gewalttätigen Konflikts vor Ort des Geschehens, d. h. in deren Hochburgen, sichtbar machten. Die paramilitärischen Murals brachten somit Darstellungen der Akteur_innen und Anführer_innen der zeitgenössischen gewaltsamen Auseinandersetzungen in das öffentlich Visualisierte ein.

27 Vgl. z. B. Jarman: *Material Conflicts*, S. 220–223; McCormick / Jarman: Death of a Mural, S. 67; Bill Rolston: Changing the Political Landscape: Murals and Transition in Northern Ireland. In: *Irish Studies Review* 11,1 (2003), S. 3–16, hier S. 7–8.

Geheimhaltung und Sichtbarkeit[28]

Die paramilitärischen Bilder verliehen ‚Unsichtbaren', d. h. den Paramilitärs, die im sogenannten Untergrund agierten und sich aufgrund der Übermacht der Sicherheitsorgane des britischen Staates und der beständigen Bedrohung durch paramilitärische Organisationen des gegnerischen Lagers nicht öffentlich und dauerhaft zeigen konnten, permanente visuelle Präsenz. So schreibt J. Bowyer Bell in einem seiner Bücher über die IRA:

> In theory, if not always in practice, one of the enormous assets of a secret army is secrecy. On one side looms the authorized power of the state, blocks of soldiers, armor at the corner [...]. On the other side there is nothing or nothing much visible, a few posters, scrawled slogans, perhaps a closely monitored legal party, perhaps not. Mostly nothing.[29]

Die Murals erfüllten in diesem Kontext die Funktion der stellvertretenden Sichtbarmachung von Akteur_innen, die aus (para-) militärisch-technischen Gründen nicht sichtbar sein konnten, aus propagandistisch-legitimatorischen Gründen aber sichtbar sein mussten. Das Malen war in diesem Zusammenhang – wie alle Formen der Öffentlichkeitsarbeit der nordirischen Paramilitärs – Ausdruck dessen, was David Moss als „organizational division of labour, separating the producers of violence from the producers of meanings",[30] bezeichnet. Es gehörte zu der Seite der Produktion von Bedeutungen und wurde von denen ausgeführt, die im Gegensatz zu den Produzent_innen von Gewalt sichtbar sein konnten (Unterstützer_innen, zivile Aktivist_innen etc.).

Sichtbar wurde die Notwendigkeit der Geheimhaltung im nordirischen Fall u.a. anhand der für Paramilitärs typischen Maskierung. So wie Verschwiegenheit impliziert, gegnerischen Organisationen kein Wissen über die Namen der Angehörigen der eigenen paramilitärischen

28 Für eine ausführlichere Darstellung der Murals im Kontext paramilitärischer Geheimhaltung vgl. Solleder: *Die Visualisierung symbolischer Ordnungen im Kontext gewalttätiger Konflikte*, S. 38–43.

29 Vgl. J. Bowyer Bell: *IRA Tactics and Targets. An Analysis of Tactical Aspects of the Armed Struggle 1969–1989.* Swords: Poolbeg 1990, S. 1.

30 Vgl. David Moss: Italian Political Violence 1969–1988. The Making and Unmaking of Meanings. UNRISD Discussion 41. Genf: UNRISD, 1993. http://www.unrisd.org/80256B3C005BCCF9/%28httpPublications%29/68B7486CD6288D3C80256B67005B6475?OpenDocument (Zugriff am 29.04.2016), S. 11, und zu einer ähnlichen Unterscheidung J. Bowyer Bell: *The IRA 1968–2000. Analysis of a Secret Army.* London / Portland: Cass 2000, S. 101.

Organisation zukommen zu lassen, so impliziert die Maskierung, diesen Organisationen kein Wissen über visuelle Erkennungsmerkmale von Angehörigen, konkret: Gesichter, zukommen zu lassen. Die Maskierung ist zugleich als Maske zu verstehen und damit als ein Mittel der Sichtbarmachung einer Rolle durch die Unsichtbarmachung eines Individuums. Gerade der Akt des Maskierens des Gesichts deutet auf ein Mitglied einer paramilitärischen Organisation hin.

Masken, Maskierungen und paramilitärische Verluste

Die paramilitärischen Wandbilder spiegeln die Notwendigkeit der Geheimhaltung und Unsichtbarkeit der Paramilitärs wieder. Das bereits erwähnte jüngere Mural[31] zeigt die drei Mitglieder der UVF maskiert. Gleiches gilt für die ebenfalls dort erwähnten IRA- und UVF-Wandbilder aus den 1980er Jahren.[32]

Das Mural Nr. mni02180 (gemalt 2002) aus Crowleys Sammlung[33] stellt im oberen Zentrum eine Gruppe von drei bewaffneten IRA-Mitgliedern dar. Bei zwei IRA-Mitgliedern ist nicht erkennbar, ob ihre Gesichter maskiert sind. Das Gesicht des IRA-Mitglieds links im Bild (eine Frau?)[34] ist zwar – da größtenteils hinter einem Raketenwerfer verborgen – nicht erkennbar, scheint allerdings nicht maskiert zu sein. Andere Bilder stellen Mitglieder paramilitärischer Organisationen ebenfalls nicht maskiert und obendrein so dar, dass ihre Gesichter komplett und (relativ) eindeutig erkennbar sind. Ein Beispiel hierfür ist das Mural Nr. mni02168 (gemalt 2000) aus der Sammlung Crowleys[35]. Die Paramilitärs rechts im Bild sind maskiert, die links im Bild scheinen lediglich ihre Gesichter ein wenig geschwärzt zu haben für den Nachteinsatz.

Bei diesen Paramilitärs handelt es sich wahrscheinlich nicht um konkrete, tatsächlich existierende Individuen. Darstellungen dieser Art können als Symbolbilder gedeutet werden, die fiktive Paramilitärs darstellen und diese als solche jenseits einer Maskierung durch andere Attribute wie Uniformen, Bewaffnung und Embleme kenntlich machen. Im

31 Vgl. Anm. 19; Crowley: Murals of Northern Ireland, mni02219.

32 Vgl. ebd., mni00075, mni00138.

33 Vgl. ebd., mni02180.

34 Die langen Haare der Person sind nicht der Grund für diese Vermutung, jedoch das sichtbare Auge der Person, dessen Lider geschminkt zu sein scheinen. Im nordirischen paramilitärischen Kontext legt dies die genannte Vermutung nahe.

35 Vgl. ebd., mni02168.

Umkehrschluss bedeutet dies nicht, dass es sich bei maskierten Paramilitärs auf Murals um konkrete, zeitgenössische Individuen handelt. Vermutlich handelt es sich hierbei ebenso um Symbolbilder – auch wenn Fotografien oder eigene Sichtungen von vermummten Paramilitärs den Malenden sehr wahrscheinlich als Vorlage dienten. Bilder maskierter Paramilitärs verweisen eher auf eine politisch-paramilitärische Rolle denn auf konkrete Individuen.

Bestimmte Individuen werden erst dann sichtbar und als solche identifizierbar, wenn sie als Verluste aus dem bewaffneten Kampf ausgeschieden sind – entweder als Inhaftierte oder als Todesopfer des Konflikts. Die explizite Benennung und das Porträtieren stellen in diesen Fällen keinen Geheimnisverrat mehr dar. Die betreffenden Personen stehen ohnehin für den bewaffneten Kampf der jeweiligen paramilitärischen Organisationen nicht mehr zur Verfügung. Murals dieser Art verweisen anhand der konkret dargestellten Personen auf deren Biografien und somit konkrete Geschichten, ohne diese komplett darzustellen. Sie deuten per Indizes unmissverständlich etwas an, das sie aber nicht zeigen.

Ein Beispiel hierfür ist das Mural Nr. mni02180 aus der Sammlung Crowleys.[36] Die sieben Porträts stellen Mitglieder der IRA dar, die im Einsatz ums Leben kamen (durch Aktionen gegnerischer Organisationen oder Unfälle beim Hantieren mit Waffen).[37] Sie werden zu Lebzeiten und in Zivil porträtiert (nicht maskiert, keine Waffen, allem Anschein nach zivile Kleidung). Lediglich die Bezeichnungen ‚Vol.' (= ‚Volunteer'), die Namen und die Gesichter zeigen, dass es sich um IRA-Mitglieder handelt. Bei den Paramilitärs im oberen Teil des Bildes scheint es sich nicht um die Porträtierten zu handeln, gleichwohl deuten sie deren ehemalige Rolle an. Andere Wandbilder in Erinnerung an gefallene republikanische Paramilitärs stellen diese zu Lebzeiten in ihrer Rolle als Paramilitärs dar, so beispielsweise ein Mural aus dem Jahr 2001 in Erinnerung an die IRA-Kämpfer James Bryson und Patrick Mulvenna,[38] die 1973 bei einer Schießerei von der britischen Armee getötet wurden.[39] Im Zentrum zeigt das Bild die beiden Männer

36 Vgl. ebd., mni02180.

37 Vgl. ebd.; McCormick: A Directory of Murals in Northern Ireland, Album 46, Mural 1585; Malcolm Sutton: Sutton Index of Deaths. http://cain.ulst.ac.uk/sutton/index.html (Zugriff am 29.04.2016).

38 Vgl. Crowley: Murals of Northern Ireland, mni02041.

39 Vgl. Sutton: Sutton Index of Deaths.

unmaskiert und gelassen mit Waffen posierend, am linken und rechten Rand Porträts der beiden. Die Geschichten, auf die diese beiden Murals verweisen, sind klar: Es geht um Paramilitärs, die im Einsatz gewaltsam ums Leben kamen. Die Wandbilder stellen diese Geschichten jedoch nicht dar. Sie zeigen Porträts lebender Paramilitärs in ziviler Aufmachung und lebende, bewaffnete Paramilitärs, die nicht unmittelbar in Kampfhandlungen verwickelt sind und Gelassenheit ausstrahlen. Dargestellt wird ebenfalls nicht, wie genau die Toten zu Lebzeiten als Paramilitärs in die Ausübung von Gewalt involviert waren. Das Mural liefert somit sichtbare Verweise auf Geschichten des Ausübens und Erleidens physischer Gewalt. Die Schlüsselmomente dieser Geschichten bleiben jedoch unsichtbar.

Ein anderes Beispiel ist ein Mural aus dem Jahr 1988 in Unterstützung des IRA-Mitglieds Joe Doherty. Er wurde wegen der Tötung eines britischen Soldaten zu einer Gefängnisstrafe verurteilt. 1981 entkam er aus dem Gefängnis und flüchtete in die USA. 1983 wurde er dort inhaftiert und 1992 schließlich an Großbritannien ausgeliefert. Das Bild stellt Doherty mit strahlendem Lächeln und einem Lichtschein hinter seinem Kopf dar, der wie ein Heiligenschein anmutet. Was er als Paramilitär getan hat, wird nicht thematisiert. Der begleitende Text auf dem Mural stellt ihn, als Kämpfer für die Unabhängigkeit von der britischen Krone, in eine historische Analogie zu George Washington.[40]

Das Wandbild Nr. mni01896 (gemalt 1999) aus Crowleys Sammlung[41] ist ein Beispiel für die loyalistische Darstellung von Mitgliedern paramilitärischer Organisationen, die im Einsatz ums Leben kamen (im konkreten Fall durch Aktionen gegnerischer Organisationen, Unfälle beim Hantieren mit Waffen oder beim Ausbruch aus dem Gefängnis)[42]. Im linken Teil zeigt das Mural einen der toten Paramilitärs, Cecil McKnight, wie er zu Lebzeiten vor einem anderen Wandbild der UDA steht, das sich nur wenige Meter entfernt (Bond's Place) von dem hier diskutierten Mural befand und teilweise

40 Vgl. zur Geschichte Joe Dohertys und dem genannten Mural Crowley: Murals of Northern Ireland, mni00109, mni00110.

41 Vgl. ebd., mni01896. Gemalt wurde es von der Gruppe Attitude Artwork (vgl. *Murals of Derry*. Derry: Guildhall 2008, S. 72). Für die Datierung vgl. ebenfalls Rolston: *Drawing Support 3*, Plate 92.

42 Vgl. Martin Melaugh: Violence – Draft List of Deaths Related to the Conflict from 2002. http://cain.ulst.ac.uk/issues/violence/deathsfrom2002draft.htm (Zugriff am 29.04.2016); Sutton: Sutton Index of Deaths.

auf das Jahr 1991 datiert werden kann[43] (McKnight wurde 1991 von der IRA in seiner Wohnung getötet, die sich unweit des Wandbildes befand, vor dem er porträtiert wird)[44]. Die Darstellung McKnights liefert einen sichtbaren Verweis auf eine Geschichte, die vom Leben und Sterben eines Paramilitärs handelt. Diese Geschichte wird aber nicht dargestellt. Das Mural zeigt McKnight zu Lebzeiten (nicht maskiert, ohne Waffen, ohne Uniform) in der Gegend, in der er wohnte. Es ist somit wieder ein Beispiel dafür, wie paramilitärische Murals in Erinnerung an gefallene oder inhaftierte Paramilitärs sichtbare Verweise auf Geschichten der Gewalt liefern, diese jedoch unsichtbar lassen.

Täter, Taten und Opfer

Eine seltene Ausnahme bildet in Zusammenhang mit dem vorherigen Abschnitt ein Mural, das 1989 zu Ehren von Michael Stone in der Tavanagh Street in Belfast gemalt wurde.[45] Stone war Loyalist und griff am 16. März 1988 den Trauerzug einer Beerdigung von drei IRA-Mitgliedern auf dem Milltown Cemetery im Westen Belfasts an. Er tötete drei Menschen und verletzte fünfzig. Unmittelbar nach der Tat wurde er von britischen Sicherheitskräften verhaftet.[46] Das Mural zeigt Stone – er war auch bei Ausübung der Tat nicht maskiert[47] –, wie er neben drei Grabsteinen steht und über diese hinweg mit seiner Pistole auf etwas schießt (angedeutetes Mündungsfeuer). Ein Text in der rechten Bildhälfte benennt ihn namentlich sowie den Ort, Milltown Cemetery, und das Jahr des Ereignisses, 1988. Die Grabsteine muten einerseits wie eine Darstellung des Ortes des Geschehens, des Milltown Cemeterys, an. Andererseits erzeugt die Anzahl der Grabsteine zwei weitere Assoziationen: erstens mit den drei IRA-Mitgliedern, deren Beerdigung Stone angriff, zweitens mit den drei Todesopfern des Attentats. Aus dieser zweiten Perspektive ist zwar sichtbar, was das Bild andeutet, auf welche Geschichte der Gewalt es durch mehrere Indizes

43 Vgl. Rolston: *Drawing Support* (1992), Plate 13, für den linken Teil des Murals. Die Entstehungsdaten des mittleren und rechten Teils sind unbekannt.

44 Vgl. Sutton: Sutton Index of Deaths.

45 Vgl. Crowley: Murals of Northern Ireland, mni00530.

46 Vgl. Martin Melaugh: A Chronology of the Conflict – 1968 to the Present. http://cain.ulst.ac.uk/othelem/chron.htm (Zugriff am 29.04.2016), Abschnitt: "1988": "Mar": "Wednesday 16 March 1988. Milltown Cemetery Killings".

47 Vgl. Michael Stone Kills Three at IRA Funerals. http://www.bbc.co.uk/history/events/michael_stone_kills_three_at_ira_funerals (Zugriff am 02.06.2016).

verweist. Es macht diese Geschichte als Ganzes aber nicht sichtbar. Der Gang der Ereignisse, sozusagen der Pfad zwischen dem Mündungsfeuer der Pistole Stones und dem Tot- und Beerdigtsein seiner drei Opfer ist nicht sichtbar. Er schießt auf dem Wandbild anscheinend über das Resultat seiner Handlungen (drei beerdigte Menschen / Gräber) hinweg ins Leere. Weder die Panik, die auf dem Friedhof ausbrach, noch die Verletzungen der Opfer sind auf dem Mural sichtbar.

Das Michael-Stone-Mural ist eine Ausnahme, da es einen paramilitärischen Verlust (hier: einen Inhaftierten) zusammen mit relativ klaren Hinweisen auf dessen Taten als Paramilitär darstellt. Solch klare Hinweise auf Gewalttaten der eigenen Organisation sind selten – und dies nicht nur, wenn tote oder inhaftierte Paramilitärs namentlich genannt oder wiedererkennbar gemalt werden.

Eine Ausnahme bildet ebenfalls ein Mural aus dem Jahr 1981, das vermummte IRA-Mitglieder bei einem Angriff auf britische Truppen im Jahr 1979 zeigt, bei dem 18 britische Soldaten ums Leben kamen (in die Geschichtsschreibung als *Narrow Water* oder *Warrenpoint Ambush* eingegangen).[48] Das Bild liefert keinen expliziten Hinweis darauf, welches Ereignis es darstellt. Lediglich aufgrund der Position der Paramilitärs in der Szene (im Bildvordergrund am Rande eines breiten Gewässers) sowie der Berge, des Feuers und der Rauchschwaden im Bildhintergrund am anderen Ufer des Gewässers kann vermutet werden, um welches Ereignis es sich hier handelt. Die Darstellungsweise wirkt komplett und ikonisch, da das Mural einen Anblick nachzuahmen scheint, der sich Augenzeug_innen des Geschehens geboten hätte. Der Trick der Darstellungsweise besteht jedoch in der Auswahl der Szene und darin, dass die Resultate der Gewaltanwendung durch die IRA in weiter Ferne und nur als Feuer und Rauchschwaden dargestellt werden. Es sind keine zerfetzten Militärfahrzeuge, keine Blutlachen, keine (zugedeckten) leblosen Körper etc. sichtbar.[49] Die konkrete Kopplung von Tätern, Tat und Opfern wird letztlich dadurch unsichtbar gemacht, dass das

48 Vgl. Crowley: Murals of Northern Ireland, mni00646; Melaugh: A Chronology of the Conflict, Abschnitt: "1979": "Aug": "Monday 27 August 1979. Warrenpoint Attack and Mountbatten Killing"; Rolston: *Drawing Support* (1992), Plate 65.

49 Die Fotografie eines völlig zerstörten Militärfahrzeugs lässt erahnen, welche sonstigen Anblicke sich den Rettungskräften am Ort des Geschehens boten (vgl. Gardai "Told Not to Aid Bombings Case". In: *News Letter*, 14.03.2012. http://www.newsletter.co.uk/news/northern-ireland-news/gardai-told-not-to-aid-bombings-case-1-3620830 (Zugriff am 29.04.2016)).

Mural authentisch eine Geschichte wiederzugeben scheint, in der dargestellten Szene aber die meisten der Anblicke verbirgt, die sich Augenzeug_innen tatsächlich vor Ort des Geschehens am anderen Ufer geboten haben.

Zukunft, Vergangenheit und kollektive Mythen

Wandbilder, die bewaffnete, einsatzbereite oder im Einsatz befindliche Paramilitärs anonymisiert und ohne Verweis auf ein konkretes Ereignis darstellen, zeigen diese typischerweise ebenfalls ohne klar erkennbare Ziele und Gegner.[50] In diesen Fällen demonstrieren sie, dass Paramilitärs präsent, kampfbereit, aktiv, mächtig und siegesgewiss sind, machen jedoch deren konkrete Gewalthandlungen (Taten und Resultate) nicht sichtbar. Als Unsichtbarmachung kann dies jedoch nicht unbedingt gedeutet werden, da Verweise auf konkrete Geschichten der Gewalt fehlen (abgesehen von Verweisen auf unspezifische, zukünftige Geschichten in Form von Drohungen). Vielmehr können Bilder dieser Art in erster Linie als Indikatoren für Präsenzen verstanden werden, die letztlich aber auch das Ungewisse der jeweiligen Konfliktsituation andeuten. Das Sichtbare ist somit ambivalent und drückt zugleich sichere Präsenz und ungewisse Zukunft aus.

Es gibt jedoch auch Murals, die Bezug auf die Vergangenheit vor dem Nordirlandkonflikt nehmen, dazu gehören solche, die den Kampf der IRA in eine Tradition mit dem Irischen Osteraufstand von 1916 stellen.[51] Ähnliche Bilder auf loyalistischer Seite stellen die 1966 neu gegründete UVF in eine Traditionslinie mit der 1912 gegründeten alten UVF.[52] Ebenso wie die Murals, die auf konkrete Geschichten im Verlauf des Konflikts verweisen, stellen diese Bilder Versuche der Schaffung von Gewissheiten in der Gegenwart mit Bezug auf die Vergangenheit dar. Unterschiedlich sind jedoch erstens der zeitliche Bezugsrahmen und zweitens der Grad an Etabliertheit der Geschichten. Die Bezüge auf die Ereignisse in den Jahren 1916 und 1912 bedienen sich bereits bekannter kollektiver Mythen. Die Visualisierungen jüngerer Ereignisse dagegen scheinen Versuche der Schaffung solcher Erzählungen zu sein. Erfolgreich waren hierbei Murals, die den Hungerstreik republikanischer

50 Vgl. z. B. folgende, bereits diskutierte Murals: Crowley: Murals of Northern Ireland, mni00075, mni00138, mni00303, mni02168, mni02219.

51 Für ein Mural aus dem Jahr 1982 vgl. ebd., mni00429.

52 Für ein Mural aus dem Jahr 1987 vgl. ebd., mni00119.

Gefangener (IRA und INLA) im Jahr 1981 thematisierten. Ziel des Streiks war die Wiedererlangung des Sonderstatus paramilitärischer Häftlinge, der 1976 abgeschafft worden war.[53] Inzwischen hat sich der Hungerstreik als kollektiver Mythos etabliert[54] und ist – wie der Osteraufstand – ein immer wiederkehrendes Motiv von Wandbildern.

Insbesondere die Murals, mit denen die republikanische Tradition des Malens 1981 begann, stellten das Leiden der Hungerstreikenden mitunter relativ explizit dar. Einige enthielten religiöse Bildelemente und rückten den Hungerstreik dadurch in eine Analogie zur Passion Christi, andere gaben der britischen Regierung die unmittelbare Verantwortung für das Sterben.[55] Sie waren die einzigen Wandbilder, die das Leiden von Paramilitärs überhaupt darstellten, allerdings nur in der Form von Symbolbildern: Es wurden keine bestimmten Hungerstreikenden beim Leiden und Sterben gemalt. Viele jüngere Bilder in Erinnerung an die Todesopfer stellen diese zu Lebzeiten, lächelnd und in Zivil dar. Auffällig ist, dass sie nie als Paramilitärs gezeigt, sondern maximal als solche benannt werden (‚Vol.'/‚Volunteer') – im Gegensatz zu denen, die im bewaffneten Kampf starben (vgl. das Bryson-Mulvenna-Mural).[56] Dies scheint zu betonen, dass die paramilitärischen Gefangenen durch den Hungerstreik in eine neue Phase eintraten: vom bewaffneten Kampf zum Kampf um den Status des bewaffneten Kampfes. Die Unsichtbarmachung und damit Konstruktionsleistung der Hungerstreik-Bilder besteht darin, dass sie in dieser Betonung die Komplexität der Kette von Ereignissen verbergen, an deren Ende erst der Hungerstreik stand. Vor lauter Kampf um die Anerkennung des bewaffneten Kampfes als politisch und nicht-kriminell ist dieser kaum noch zu sehen (so u. a. auch die gewalttätige Kampagne der IRA gegen Gefängniswärter_innen während der Häftlingsproteste, die dem

53 Vgl. einführend Fionnuala McKenna / Martin Melaugh: Key Events – The Hunger Strike of 1981. http://cain.ulst.ac.uk/events/hstrike/hstrike.htm (Zugriff am 27.05.2016), Abschnitt "Summary of main events".

54 Vgl. Paul Arthur: "Reading" Violence: Ireland. In: David E. Apter (Hrsg.): *The Legitimization of Violence*. New York: New York UP 1997, S. 234–291, hier S. 283–284.

55 Vgl. z. B. Crowley: Murals of Northern Ireland, mni00317, mni00627, mni00687.

56 Vgl. z. B. ebd., mni01999. Gemalt wurde dieses Mural in Erinnerung an den Anführer und das erste Todesopfer des Hungerstreiks, Bobby Sands, im Jahr 2000 von Danny Devenney und Marty Lyons (vgl. McCormick / Jarman: Death of a Mural, S. 65). Ein anderes Beispiel ist ein Mural in Erinnerung an Kieran Doherty aus dem Jahr 2001 (vgl. Crowley: Murals of Northern Ireland, mni02561).

Hungerstreik vorangingen)[57]. Inhaftierte Täter werden als Opfer einer Politik dargestellt, die ihre Taten nicht als politische anerkennen will. Die Bilder in Erinnerung an Paramilitärs, die im Einsatz umkamen, schufen ebenfalls Opferrollen. Auch wenn der paramilitärische Hintergrund der Gefallenen klar benannt (z. B. ‚Volunteer') oder sogar gezeigt wird (vgl. Bryson-Mulvenna-Mural), so bleibt ihre konkrete Involviertheit in Gewalthandlungen im Dunkeln.

Der besondere propagandistisch-legitimatorische Erfolg der Hungerstreik-Murals kann damit erklärt werden, dass diese Bilder in besonders starkem Maße eine moralisch überlegene Opferrolle der eigenen Organisation, Bewegung und Gruppe konstruierten. J. Bowyer Bell schreibt über die Bilder von 1981: „There in giant illustrations was the battle, the Irish as victims, martyrs, wronged but right."[58] 1986 merkte Gerry Adams (Sinn Féin) an, dass die britische Regierung 1976 versucht habe, die republikanischen Gefangenen zu kriminalisieren, 1981 jedoch selbst von diesen kriminalisiert worden sei.[59] Das Konzept Sichtbarmachung/Unsichtbarmachung ermöglicht die Spezifizierung der visuellen Darstellungstechnik, mit der die Murals diese Wende vollzogen: Sie visualisierten die Kriminalisierung der eigenen Gewaltausübung als Akt der Gewalt gegen Wehrlose und kriminalisierten und delegitimierten sie dadurch. Der eigene bewaffnete Kampf wurde hierdurch im Umkehrschluss als im Sichtbaren Verborgenes legitimiert.

Resümee

Die paramilitärischen Murals Nordirlands sind Indikatoren für die lokale Präsenz der Unterstützer_innen des Gemalten und der Paramilitärs gewesen. Eng hiermit verknüpft haben sie deren territoriale Machtansprüche angezeigt.

Auf inhaltlicher Ebene haben sie symbolische Grenzen sichtbar gemacht und dabei eine zentrale Rolle in Bezug auf die Legitimation des Konflikts und seiner Akteur_innen gespielt. Die Verweise auf alte kollektive Mythen sowie die Schaffung neuer Mythen sind in diesem Kontext

57 Vgl. Jonathan Bardon: *A History of Ulster*. Neue, aktual. Aufl. Belfast: Blackstaff 2005, S. 742.

58 Vgl. J. Bowyer Bell: *The Secret Army. The IRA*. 3., überarb. Aufl. Dublin: Poolbeg 1998, S. 500.

59 Vgl. Gerry Adams: *The Politics of Irish Freedom*. Kerry: Brandon 1986, S. 87, zit. n. Arthur: "Reading" Violence, S. 279.

Versuche gewesen, den zeitgenössischen Konflikthandlungen Sinn zu verleihen. Aus den unmittelbar sichtbaren Realitäten in den Straßen Nordirlands folgte nicht automatisch die Legitimation der Protagonist_innen des Konflikts (etwa als Verteidiger_innen oder Rächer_innen ihrer ethnischen Gruppe). Vielmehr waren es rückwärtsgewandte Deutungs-, Vergewisserungs- und Imaginationsangebote, die eine Fortsetzung des Konflikts durch seine paramilitärischen Protagonist_innen und diesen nahestehende Organisationen ermöglichten.[60]

Unsichtbarmachung durch Sichtbarmachung ist das Mittel gewesen, durch welches sich die Darstellungsweise vieler paramilitärischer Wandbilder kennzeichnen lässt. Typisch sind Verweise auf Geschichten des Erleidens und Ausübens physischer Gewalt, die jedoch nicht dargestellt werden. Der gewalttätige Konflikt scheint etwas gewesen zu sein, das zum Zweck der Legitimation und Mobilisierung Gegenbilder verlangte, die nicht nur durch Auswahl bestimmte Motive und Themen ausklammerten, sondern ebenfalls Gewalthandlungen nur verweisend oder andeutend und in der Regel nicht durch explizite Darstellung thematisierten.

Auf Geschichten über die eigene Ausübung von Gewalt wird auf Murals nur selten verwiesen und explizite Darstellungen (verletzte oder zerstörte menschliche Körper) fehlen völlig. Meistens wird die eigene Gewalttätigkeit als Möglichkeit, als Fähigkeit zu Verteidigung und Angriff sichtbar gemacht.

Eigene Verluste werden häufig thematisiert, wobei oftmals das Sichtbare (lebendige Paramilitärs in Zivil oder kampfbereit) in einer Diskrepanz zu den Geschichten steht, auf die verwiesen wird und die von toten Paramilitärs berichten. Auffällig ist, dass es mit Ausnahme der Hungerstreik-Bilder insbesondere aus der Zeit des Streiks keine zumindest ansatzweise expliziten Visualisierungen von Paramilitärs gibt, die physische Gewalt erleiden. Diese Bilder verbargen mit ihrer Darstellungsweise die frühere aktive Rolle der Leidenden als Paramilitärs und beantworteten die Frage nach der Legitimation der eigenen Gewaltausübung indirekt per Delegitimierung ihrer Kriminalisierung.

Insgesamt ist somit erkennbar, dass die paramilitärischen Murals durch die Technik der Unsichtbarmachung durch Sichtbarmachung Opferrollen konstruierten.

60 Vgl. zu einer ausführlichen Ausarbeitung dieser These Solleder: *Die Visualisierung symbolischer Ordnungen im Kontext gewalttätiger Konflikte.*

Die Unsichtbarkeiten der Hysterie

Paula Muhr

Hysterie gilt als eine der ältesten medizinischen Diagnosen und ist seit der Antike ein medizinisches Rätsel.[1] Sie wird als „mimetische Erkrankung" bezeichnet, da sie Erscheinungsbilder von anderen bekannten Krankheiten nachahmen kann, ohne dass dabei organische Ursachen diagnostizierbar sind.[2] Die Betroffenen leiden an einer verblüffenden Vielzahl von Symptomen wie z. B. Müdigkeit, Schmerzen, Lähmungen, Zuckungsanfälle, Lach- oder Weinkrämpfe, Bewusstseins- und Gedächtnisverlust, Sprachstörungen, Blindheit, Taubheit und Halluzinationen.

Antike Theorien suchten die Ursache dieser auffälligen Krankheit in der Gebärmutter (altgr.: *hystera*). Obwohl diese Theorien im Verlauf der Medizingeschichte verworfen wurden, betrachtete man Hysterie noch im 19. Jahrhundert als eine vorwiegend weibliche Krankheit.[3] Zu dieser Zeit war sie zudem eine unbeliebte Diagnose, die als ‚Ablagefach' für nicht erklärbare Symptome benutzt wurde.[4] Diese Situation

1 Mark S. Micale: *Approaching Hysteria. Disease and its Interpretations*. Princeton: Princeton UP 1995, S. 19.

2 Elaine Showalter: *Hystories. Hysterical Epidemics and Modern Culture*. London: Picador 1998, S. 15.

3 Ebd., S. 22–24.

4 Elisabeth Bronfen: *The Knotted Subject: Hysteria and Its Discontents*. Princeton: Princeton UP 1998, S. xi.

änderte sich, als Jean-Martin Charcot und Sigmund Freud die Hysterie zum Objekt ihrer wissenschaftlichen Forschungen machten. Ihre Forschungsansätze haben maßgeblich dazu beigetragen, dass am Ende des 19. und Anfang des 20. Jahrhunderts Hysterie den Höhepunkt ihrer wissenschaftlichen und gesellschaftlichen Sichtbarkeit erreichte.

Charcot definierte Hysterie als eine neurologische Erbkrankheit und postulierte, dass sie auf einen zu seiner Zeit nicht messbaren Defekt des Gehirns – eine sogenannte „funktionelle Läsion" – zurückzuführen sei.[5] Seine Forschung integrierte verschiedene Visualisierungstechniken, besonders das damals neue Medium der Fotografie. Sigmund Freud behauptete hingegen, dass Hysterie ausschließlich durch psychische Faktoren wie Erinnerungen an traumatische Erlebnisse oder ungelöste emotionale Konflikte verursacht wird, die ihren symbolischen Ausdruck in diversen somatischen Symptomen finden. Im Unterschied zu Charcot diente Freud dabei nicht das Bild, sondern die Sprache als Hauptinstrument der Untersuchung und der Behandlung von Hysterie. Freuds Erforschung der Hysterie lieferte den Ausgangspunkt für die Entstehung der Psychoanalyse, die im 20. Jahrhundert zur maßgeblichen Therapie für diese Krankheit avancierte.[6]

Im Laufe des 20. Jahrhunderts klang jedoch das wissenschaftliche Interesse an der Erforschung der Hysterie allmählich ab, bis es, so soll im Folgenden gezeigt werden, durch neue Forschungsansätze in den letzten zwei Jahrzehnten wieder belebt wurde. Die aktuelle Sichtbarmachung der Hysterie durch medizinische Erforschung ist aber paradoxerweise, wie hier argumentiert wird, mit Unsichtbarkeiten auf mehreren Ebenen verbunden. Im Mittelpunkt dieses Beitrags steht die Analyse dieser unsichtbaren Aspekte der zeitgenössischen Hysterieforschung, die die Diagnose der Hysterie, den Körper des Patienten, die Durchführung des Experiments, die Auswertung und Interpretation der Ergebnisse und letztlich die Zuschreibung zu einem Geschlecht betreffen.

5 Christopher G. Goetz / Michel Bonduelle / Toby Gelfand: *Charcot. Constructing Neurology*. Oxford / New York: Oxford UP 1995, S. 207.

6 Micale: *Approaching Hysteria*, S. 27–28.

Die Unsichtbarkeit der Diagnose

In der aktuellen geisteswissenschaftlichen Literatur gilt Hysterie als nicht mehr existierendes Phänomen, welches lediglich noch von historischer Relevanz sei.[7] Diese Sichtweise teilen auch einige PsychiaterInnen und PsychologInnen indem sie argumentieren, dass Hysterie sogar nie als ‚echte' Krankheit existiert hätte, sondern lediglich von Ärzten konstruiert bzw. erfunden wurde.[8] Alternativ wird oft auch behauptet, dass Hysterie eine Ausdrucksform der repressiven gesellschaftlichen Lage der Frauen im 19. Jahrhundert gewesen sei und sich durch die zunehmende Gleichstellung der Geschlechter erledigt habe.[9] Derartige Argumente für das behauptete Verschwinden dieser Krankheit, beziehen sich, wie es in diesem Abschnitt demonstriert wird, grundsätzlich auf das Bild dieser Krankheit, wie es durch die Forschung des 19. Jahrhundert, vor allem durch Charcot und Freud, maßgeblich generiert wurde.

Aus theoretischer Sicht hatten Charcot und Freud gemeinsam, dass sie hysterische Symptome von den weiblichen Geschlechtsorganen ätiologisch abgekoppelt und in höhere Zentren des Gehirns bzw. der Psyche verortet sahen. Das hatte zur Folge, dass sich die beiden Forscher auch verschiedenen Formen männlicher Hysterie widmeten. Dessen ungeachtet fokussierte Freud bei den von ihm veröffentlichten Studien auf Frauen. Gleichzeitig – wie Mark Micale zeigte –, hielt er durch Nichtveröffentlichung das Material zur männlichen Hysterie zurück, das maßgeblich zu seiner Entwicklung der Psychoanalyse beigetragen hat.[10] Er unterstützte damit – gewollt oder ungewollt – das Bild der Hysterie als vorwiegend weiblicher Krankheit, die durch emotionale Instabilität gezeichnet sei.

Im Gegensatz zu Freud veröffentlichte Charcot zahlreiche Studien zur männlichen Hysterie. Dennoch betonten auch seine Fallstudien und das in seiner Klinik generierte Bildmaterial eine Dichotomie zwischen extremer emotionaler Expressivität weiblicher Patientinnen einerseits und der weit weniger ausgeprägten Affektivität männlicher Patienten

7 Siehe z. B. Micale: *Approaching Hysteria*, S. 29; Bronfen: *Hystories*, S. xi.

8 Siehe z. B. Thomas S. Szasz: *Geisteskrankheit – ein moderner Mythos? Grundzüge einer Theorie des persönlichen Verhaltens*. Freiburg i. Br.: Olten 1972.

9 Mark S. Micale: The 'Disappearance' of Hysteria. In: *Isis* 84,3 (1993), S. 496–526, hier S. 499.

10 Mark S. Micale: *Hysterical Men. The Hidden History of the Male Nervous Illness*. Cambridge / London: Harvard UP 2008, S. 269.

andererseits.[11] Darüber hinaus avancierten die Fotografien Charcots weiblicher Patientinnen, besonders zum Höhepunkt ihrer hysterischen Episoden – in spontanen oder durch Hypnose ausgelösten Zuständen der Ekstase, Wut und Angst – zu „ikonischen Bildern" des geschlechtsstereotypischen Konzepts von Hysterie.[12]

Durch große Aufmerksamkeit, die Freuds und Charcots Fallstudien der Hysterie selbst außerhalb medizinischer Kreisen erreichten, verbreitete und befestigte sich das Bild der Hysterie als in erster Linie weibliche, durch übertriebene emotionale Expressivität geprägte Ausdrucksweise. Es ist insbesondere dieses Konzept der Hysterie, das in der geisteswissenschaftlichen und vor allem feministischen Literatur stark kritisiert wie auch als stigmatisierend und für obsolet erklärt wurde.[13] Wie prägend jedoch dieses Stereotyp blieb und bleibt zeigt die Tatsache, dass das Wort ‚Hysterie' heutzutage umgangssprachlich weiterhin benutzt wird, in der Regel zur abschätzigen Bezeichnung für weibliches affektbetontes oder emotional unkontrolliertes Verhalten.

Der einheitliche – und auch von zeitgenössischen Ärzten als stigmatisierend empfundene – Begriff der ‚Hysterie' wurde 1980 schließlich aus dem Vokabular der medizinischen Diagnostik und Forschung offiziell gestrichen. Er wurde aber in den aktuellen internationalen diagnostischen Klassifikationssystemen (DSM und ICD) durch neue taxonomische Kategorien wie ‚Konversionsstörung', ‚somatische Störungen', ‚dissoziative Störungen' u.a. ersetzt.[14] Die neuen, ‚mehr wissenschaftlich klingenden' Begriffe haben – wenigstens an der Oberfläche – das Phänomen von seinem ursprünglichen Bezug zum weiblichen Geschlechtsorgan endgültig befreit.[15] Da die neue, ständig wechselnde Taxonomie aber nicht von allen Ärzten akzeptiert wird, werden heutzutage im medizinischen Kontext häufig alternative Termini wie psychosomatische oder funktionelle Störungen eingesetzt.

11 Micale: *Hysterical Men*, 156–161. Siehe auch Susanne Holschbach: K(l)eine Differenzen? Weibliche und männliche Körper in der fotografischen Ikonografie der Hysterie. In: *WerkstattGeschichte* 47 (2008), S. 23–39.

12 Andrew Scull: *Hysteria. The Biography*. Oxford / New York: Oxford UP 2009, S. 104.

13 Siehe z. B. Edward Shorter: *From Paralysis to Fatigue. A History of Psychosomatic Illness in Modern Era*. New York: Free Press 1993, S. 200; Showalter: *Hystories*, S. 8.

14 Deepa Pothalil / Selma Aybeck: Validity of the Clinical Examination in the Diagnosis of Functional Neurological Symptoms (Conversion Disorder). In: *Psychiatrie & Neurologie* 4 (2014), S. 20–25, hier S. 20.

15 Micale: *Approaching Hysteria*, S. 292.

Obwohl das klassische Bild der weiblichen Hysterie durch die Umbenennung dieser Krankheit für nicht mehr zeitgemäß erklärt wurde, scheint jedoch das proklamierte Verschwinden der hysterischen Beschwerden, wie im Folgenden argumentiert wird, unbegründet zu sein. Im Gegensatz zur aktuellen geisteswissenschaftlichen Literatur kommen verschiedene zeitgenössische medizinische Studien zur Erkenntnis, dass bis zu einem Drittel aller Patientinnen und Patienten neurologischer Kliniken in westlichen Ländern an hysterischen Symptomen leidet.[16] Die Symptomatiken würden sich dabei im Wesentlichen nicht von jenen, die aus Charcots Forschung bekannt sind, unterscheiden.[17] Dessen ungeachtet bleibt in vielen Fällen heute dennoch eine entsprechende offizielle Diagnose der Hysterie aus. Der Grund dafür ist, dass Hysterie, trotz ihrer Umbenennung und inklusive ihrer neuen taxonomischen Formen, mittlerweile eine äußerst unbeliebte Diagnose in Medizin bzw. Psychiatrie darstellt.[18]

Das akute Problem für die zeitgenössische Diagnose von Hysterie im medizinischen Kontext wurde durch die Neuorientierung der Psychiatrie ausgelöst: Im Rahmen einer immer stärkeren biologischen Ausprägung der Psychiatrie wird aktuell die ätiologische Signifikanz psychologischer Faktoren – wie sie die Psychoanalyse in den Vordergrund gerückt hatte – in Frage gestellt.[19] Da es aber nach wie vor keine eindeutigen Tests gibt, mit denen man objektiviert diese Krankheit feststellen könnte, basiert die zeitgenössische Diagnostik auf den subjektiven sprachbasierten Schilderung der PatientInnen und dem Ausschließen von allen anderen möglichen Krankheiten mit entsprechender Symptomatik. Heutzutage vermuten Ärzte in der Regel, dass es sich bei den PatientInnen mit hysterischen/funktionellen Symptomen um Simulanten handelt und weniger um ‚echte' Kranke.[20]

So ist es festzustellen, dass Hysterie mit allen ihren aktuellen nosologischen Ersatzbegriffen eine äußerst widersprüchliche Position im zeitgenössischen medizinischen Diskurs einnimmt: Trotz der hohen Zahl

16 Jon Stone et al.: The 'Disappearance' of Hysteria: Historical Mystery or Illusion. In: *J R Soc Med* 101 (2008), S. 12–18, hier S. 13.

17 Ebd., S. 15.

18 Timothy Nicholson / Jon Stone / Richard Kanaan: Conversion Disorder: A Problematic Diagnosis. In: *J Neurol Neurosurg Psychiatry* 82 (2011), S. 1267–1273.

19 Ebd., S. 1269–1270.

20 Richard Kanaan et al.: In the Psychiatrist's Chair: How Neurologists Understand Conversion Disorder. In: *Brain* 132 (2009), S. 2889–2896.

der Betroffenen, die weiterhin mit entsprechender Symptomatik in Kliniken erscheinen, ist die Diagnose – durch ihre vermuteten, nicht beweisbaren psychologischen Ursachen und das nicht Messbare ihrer organischen Faktoren – geradezu unsichtbar geworden.

Die neue wissenschaftliche (Un)Sichtbarmachung der hysterischen PatientInnen

Der generellen Tendenz eines schwindenden medizinischen Interesses an zeitgenössischen Formen der Hysterie laufen seit den späten 1990er Jahren und verstärkt im ersten Jahrzehnt des 21. Jahrhunderts einige medizinwissenschaftliche Studien zuwider. Der aktuelle Forschungsansatz basiert auf der Anwendung neuartiger bildgebender Technologien, vor allem der funktionellen Magnetresonanztomographie (fMRT).[21] Diese Studien belebten erstens Charcots Ansatz wieder, demzufolge Hysterie eine neurologische Krankheit sei, die mit einer Störung der Funktionsweise des Gehirns zusammenhängt, und setzten zweitens analog zu Charcot das Bild als Hauptmedium für die Erforschung hysterischer/funktioneller Symptome ein.

Charcot vermutete seinerzeit, dass Hysterie durch eine „funktionelle Läsion" der Großhirnrinde verursacht sei, besaß aber keine technologische Möglichkeit, das lebende Gehirn direkt zu untersuchen.[22] Stattdessen generierte er in systematischer Weise Fotografien als äußere Bilder unterschiedlicher physiologischer Aspekte hysterischer Symptome seiner PatientInnen. HysterieforscherInnen können heute durch die fMRT Bilder aus dem Inneren des Kopfes ihrer Patienten konstruieren. fMRT visualisiert dabei als Ergebnis komplexer mathematischer Prozesse lokale neuronale Aktivitäten, die dann als Basis für Rückschlüsse und potentiell neue Einsichten über die Funktionsweise des Gehirns dienen.

Das lebende menschliche Gehirn im intakten Inneren des Kopfes hat sich bis vor kurzem nichtinvasiven medizinischen Untersuchungsmethoden

21 Siehe z. B. J. C. Marshall et al.: The Functional Anatomy of a Hysterical Paralysis. In: *Cognition* 64 (1997), S. B1–B8; Patrik Vuilleumier et al.: Functional Neuroanatomical Correlates of Hysterical Sensorimotor Loss. In: *Brain* 124 (2001), S. 1077–1090; Jon Stone et al.: fMRI in Patients with Motor Conversion Symptoms and Controls with Simulated Weakness. In: *Psychosomatic Medicine* 69,9 (2007), S. 961–969; Mircea Ariel Schoenfeld et al.: Neural Correlates of Hysterical Blindness. In: *Cerebral Cortex* 21,10 (2011), S. 2394–2398.

22 Goetz / Bonduelle / Gelfand: *Charcot. Constructing Neurology*. S. 207.

entzogen. Durch den Einsatz der fMRT wird das Innere des Kopfes heute ‚durchleuchtbar' und die im Gehirn stattfindenden neuronalen Prozesse werden als messbar, beschreibbar und damit auch als lesbar verstanden. Bislang unsichtbare Zusammenhänge zwischen hysterischen/funktionellen Symptomen und deren vermuteten Auslösern im Gehirn können mittels der fMRT visuell modelliert und ‚sichtbar' gemacht werden. Außerdem wird diese Technologie eingesetzt, um zu untersuchen, ob es durch fMRT-Bilder feststellbare Unterschiede in der Funktionsweise des Gehirns zwischen den ‚echten' hysterischen PatientInnen und jenen, die Symptome lediglich simulieren, gibt.[23] Daher wird fMRT – trotz einer nur kleinen Anzahl bis jetzt durchgeführter Studien – als technischer Meilenstein gefeiert, der durch neue Einblicke ins lebende Gehirn das Rätsel zeitgenössischer Formen der Hysterie zu entschlüsseln verspricht.[24]

Diese neue technologisch-basierte Sichtbarmachung des Inneren des Kopfes eines hysterischen Patient setzt jedoch die Einbettung der zu untersuchende Person in einer völlig anderen Mess- und Versuchsanordnung im Vergleich zu Charcots Zeiten voraus. Charcots situatives Setting der Forschung wird beispielsweise in André Brouillets oft reproduzierten und analysierten Gemälde *Une leçon clinique à la Salpêtrière* dargestellt. Patientinnen waren hier in einer Verschaltung von Vorlesung und Experiment nicht nur im direkten Blickfeld der männlichen Ärzte, sondern in diesen Situationen oft auch unterschiedlichen Arten von direktem körperlichen Kontakt und verschiedenen Formen der Manipulation ausgesetzt – von Berührung bis hin zur Hypnose.

In einem heutigen fMRT-basierten Messverfahren befinden sich die WissenschaftlerInnen in einem Raum vor Computermonitoren, während die Versuchsperson in einem anderen, angrenzenden Raum in einer engen Röhre im Inneren eines großen Scanners auf dem Rücken liegt. Der Kopf der Versuchsperson ist in einer helmartigen Kopfspule platziert und in den meisten Fällen auch fixiert. Im rund 45- bis 60-minütigen Prozess der experimentellen Messung muss die Versuchsperson so ruhig wie möglich und ohne jede Kopfbewegung liegen, da

23 Stone et al.: Patients with Motor Conversion Symptoms.

24 Siehe z. B. Patrik Vuilleumier: The Neurophysiology of Self-Awareness Disorder in Conversion Hysteria. In: Steven Laureys / Guilio Tononi (Hrsg.): *The Neurology of Consciousness. Cognitive Neuroscience and Neuropathology*. Amsterdam: Elsevir 2009, S. 282–302, hier S. 300.

die Messdaten sonst nicht verwendet werden können. In diesem Setting bleiben Versuchsperson und WissenschaftlerInnen für die Dauer der Messung durchgehend füreinander unsichtbar. Da das technische Messverfahren des Apparats sehr laut ist, trägt die Versuchsperson zusätzlich einen wahrnehmungseinschränkenden Gehörschutz. So ist die Kommunikation zwischen ihr und den WissenschaftlerInnen nur in Messpausen durch eine entsprechende technische Einrichtung möglich.

Die Produktion der digitalen Bilder des lebenden Gehirns basiert also auf einer konsequenten räumlichen Trennung zwischen den WissenschaftlerInnen und der Versuchsperson. In diesem Prozess ist jedoch die Unsichtbarmachung des individuellen materiellen Körpers des/der PatientIn nicht nur durch die technische Einrichtung generiert. Sie wird zusätzlich durch die Handlung der WissenschaftlerInnen verstärkt. Da eine direkte Beobachtung des Körpers der Versuchsperson für das Experiment und seine Zielsetzung völlig irrelevant ist, fokussieren die WissenschaftlerInnen ihre Aufmerksamkeit ausschließlich auf die digitalen Bilder des Gehirns, die nach der abgeschlossener Messung auf ihren Bildschirmen erscheinen.

Diese Analyse verdeutlicht, dass in der Versuchsanordnung die auf den Einsatz der fMRT beruht, die Unsichtbarmachung des realen Körpers des hysterischen Patienten und die Sichtbarmachung des Inneren seines Kopfes situativ miteinander verschränkt sind. Was im zeitgenössischen Kontext aber im Vergleich zur Versuchssituationen zu Zeiten Charcots sowohl auf situativer als auch technischer Ebene an der Oberfläche wie eine konsequente Objektivierung einschlägiger Forschung anmutet, ist tatsächlich nur eine Verlagerung weiterhin vorhandener subjektiver Faktoren ‚unter die Oberfläche' eines technisch basierten, wissenschaftlichen Verfahrens, wie im Folgenden gezeigt werden soll.

Die Unsichtbarkeiten der experimentellen Datenerhebung

Die neu gewonnene Sichtbarmachung der neuronalen Basis von Hysterie ist nicht nur auf den wissenschaftlichen Kontext begrenzt, denn über die Ergebnisse fMRT-basierter Studien wird auch in Zeitschriften wie der *New York Times* und im Internet berichtet.[25] Besonders

25 Erika Kinetz: Is Hysteria Real? Brain Images Say Yes. In: *New York Times*, 26.09.2006; Inside the Brain of a Woman with Conversion Paralysis. In: *Research Digest* 03.08.2009. http://digest.bps.org.uk/2009/08/inside-brain-of-woman-with-conversion.html (Zugriff am 19.01.2016); Jason Gale: Freud's Hysteria Theory

in populärwissenschaftlichen Darstellungen bleiben aber oft wichtige Grundeigenschaften der Technologie unausgesprochen und führen so zu einer teilweise verzerrten öffentlichen Wahrnehmung aktueller Forschungsergebnisse. Daher soll es im nächsten Schritt darum gehen, einige grundsätzliche Aspekte der Anwendung der fMRT zu erläutern – vor allem in Bezug auf die Mittelbarkeit der gemessenen neurologischen Vorgänge innerhalb der zeitgenössischen Hysterieforschung. Besonders wichtig ist dabei die Analyse der praktischen und theoretischen – impliziten wie auch expliziten – Einschlüsse und Auslassungen, die im Verfahren der Generierung bildbasierter Forschungsergebnisse und ihrer wissenschaftlichen Auswertung bzw. Interpretation eine Rolle spielen. Das Wesentliche dabei ist, dass diese Aspekte in der Regel für den nichtwissenschaftlichen BetrachterInnen verborgen bleiben.

Die in der Öffentlichkeit bekanntesten fMRT-Bilder sind jene schwarz-weißen Gehirnschnitte, in denen einzelne als aktiv deklarierte Areale üblicherweise durch einen rot-weißen Farbverlauf gekennzeichnet sind. Diese Bilder werden von Nicht-ExpertInnen oft als ‚Schnappschüsse' bezeichnet, die vermeintlich wie eine Fotokamera das ‚Aufleuchten' entsprechender Gehirnaktivitäten wiedergeben.[26] Es handelt sich jedoch nicht um direkte Aufnahmen aus dem Inneren des Kopfes. Vielmehr sind diese Bilder das Ergebnis hochkomplexer, nicht-optischer Messprozesse und einer mehrstufigen Datenanalyse.

Bei den fMRT-basierten Studien wird die Technik des sogenannten *BOLD fMRT* (BOLD: Blood Oxygenation Level Dependent) besonders häufig zur Erforschung hysterischer/funktioneller Symptome eingesetzt. Sie misst nicht ‚direkt' die Gehirnaktivität eines Menschen, sondern sogenannte Magnet-Resonanz-Signale. Diese Art von Signalen liefern Informationen über das magnetische Verhalten von Wasserstoff-Ionen im Gehirn, die zu Messzwecken einer Kombination von statischen und dynamischen Magnetfeldern ausgesetzt werden.[27] Dabei wird die Veränderung in der lokalen Konzentration sauerstoffreichen

Backed by Patients' Brain Scans. In: *Bloomberg*, 17.02.2014. http://www.bloomberg.com/news/articles/2014-02-17/freud-s-hysteria-theory-backed-by-patients-brain-scans (Zugriff am 19.01.2016).

26 Siehe z. B. Christian Nordqvist: Female Orgasm – Brain Activity Captured In fMRI Imaging Device. In: *Medical News Today* 20.11.2011. http://www.medicalnewstoday.com/articles/237976.php (Zugriff am 19.01.2016).

27 Scott A. Huettel / Allen W. Song / Gregory McCarthy: *Functional Magnetic Resonance Imaging*. Sunderland: Sinauer 2003, S. 2.

Blutes gemessen – denn aktive Nervenzellen müssen mit frischem Blut versorgt werden, so dass dieser Prozess ein relevanter Indikator für das Ausmaß der Aktivität in einem konkreten Gehirnbereich ist.[28] Die Signale werden so erzeugt, dass sie mithilfe spezieller mathematischer Algorithmen die räumliche Rekonstruktion des gemessenen Gehirns ermöglichen.

In der aktuellen Hysterieforschung ist der Einsatz von fMRT in genau geplante experimentelle Prozesse eingebettet. In einem fMRT-basierten Experiment innerhalb der Erforschung der Hysterie geht es grundsätzlich um die Bestimmung sogenannter *neuronaler Korrelate* eines spezifischen hysterischen Symptoms, z. B. hysterisch basierter Paralyse oder Blindheit.[29] Bei diesen Korrelaten handelt sich um deutlich identifizierbare, neuronale Aktivitätsmuster, denen für die Steuerung hysterischer Prozesse und Symptome eine besondere Bedeutung zugemessen wird. Viele Areale im Gehirn sind jedoch simultan und fortlaufend aktiv. Daher müssen in fMRT-basierten Experimenten durch Aufgabenstellung lokal eingegrenzte Gehirnaktivitäten zu konkret festgelegten Zeitpunkten gezielt stimuliert werden. Dabei werden Versuchspersonen im Messverlauf einem strikt kontrollierten Ablauf entsprechender Reize ausgesetzt oder alternativ aufgefordert, aktiv für das Experiment relevante Aufgaben durchzuführen.

Stimuli und Aufgaben werden im Verlauf der Experimente von Computerprogrammen gesteuert und in genau bestimmten Abständen ausgelöst. So werden z. B. Versuchspersonen, die an Anästhesie leiden, verschiedenen taktilen Reizen ausgesetzt.[30] Oder Versuchspersonen, die von hysterischer/funktioneller Paralyse betroffen sind, werden aufgefordert, gelähmte Körperteile zu bewegen.[31] Versuchspersonen werden auch Bilder präsentiert – z. B. Fotografien von emotional aufgeladenen Gesichtsausdrücken. Auf diese Bilder sollen sie dann je nach festgesetzter Regel per Knopfdruck reagieren.[32] Die eingesetzten

28 S. Ogawa et al.: Brain Magnetic Resonance Imaging with Contrast Dependent on Blood Oxygenation. In: *Proc. Natl. Acad. Sci. U. S. A.* 87 (1990), S. 9868–9872.

29 Siehe z. B. Stone et al.: Patients with Motor Conversion Symptoms; Schoenfeld: Neural Correlates of Hysterical Blindness.

30 A. Mailis-Gagnon et al.: Altered Central Somatosensory Processing in Chronic Pain Patients with "Hysterical" Anesthesia. In: *Neurology* 60 (2003), S. 1501–1507, hier S. 1502.

31 Stone et al.: Patients with Motor Conversion Symptoms, S. 962–963.

32 Valerie Voon et al.: Emotional Stimuli and Motor Conversion Disorder. In: *Brain* 133 (2010), S. 1526–1536, hier S. 1528.

Aufgaben und Stimuli sind weder inhaltlich noch in Bezug auf Dauer und Abfolge standardisiert – die WissenschaftlerInnen entwickeln sie für jede Versuchsanordnung abhängig von den gegenständlichen hysterischen Symptomen, dem Zustand der Versuchsperson und den konkreten Fragestellungen und Zielsetzungen.

So wird deutlich, dass zwischen der hysterischen/funktionellen Symptomatik als Anfang und den Daten, die im experimentellen fMRT-Messverfahren als Ergebnis erzeugt werden, ein Handlungsrahmen mit einer hohen Anzahl verschiedener Variablen entsteht: Zu den unmittelbar wirksamen Variablen gehören unter anderem die Auswahl der ProbandInnen, die verwendeten Messparameter, die Festlegung des jeweiligen experimentellen Paradigmas, die Art und der zeitliche Ablauf der eingesetzten Stimuli. Darüber hinaus existiert eine Anzahl mittelbarer Variablen, die sich aus dem Forschungskontext ergibt: WissenschaftlerInnen treffen sowohl bei der Definition des Gegenstands und der Zielsetzung ihrer Experimente als auch bei der experimentellen Erzeugung der Messdaten Entscheidungen, die vom institutionellen und organisatorischen Rahmen ihrer Arbeit und von verfügbaren Budgets abhängig sind.

Auch die wissenschaftstheoretischen Ausrichtungen der ForscherInnen – von denen ihre konzeptionelle Auffassung der Hysterie abhängig ist – nehmen direkten Einfluss auf die Gestaltung des experimentellen Designs. So setzten die WissenschaftlerInnen, die in Anlehnung an Freud psychischen Faktoren eine potenziell große Bedeutung in der Entstehung der hysterischen/funktionellen Symptomatik zuschreiben, in ihren Experimenten eher affektiv betonte Reize ein – wie die oben genannten Fotografien von stark ausgeprägten emotionalen Ausdrücken.[33] Diejenigen ForscherInnen, die das psychologische Modell der Hysterie als nicht zutreffend erachten, entscheiden sich hingegen in der Regel für vergleichsmäßig affektiv weniger eindeutige Reize – wie z. B. eine Animation, die den zeitlichen Ablauf einer Körperbewegung darstellt.[34]

33 Ebd.; Selma Aybek et al.: Emotion-Motion Interactions in Conversion Disorder: An fMRI Study. In: *PLoS One* 10 (2015). http://journals.plos.org/plosone/article/asset?id=10.1371%2Fjournal.pone.0123273.PDF (Zugriff am 13.07.2016).

34 Siehe z.B. Markus Burgmer et al.: Abnormal Brain Activation during Movement Observation in Patients with Conversion Paralysis. In: *NeuroImage* 29 (2006), S. 1336–1343.

Alle hier analysierten experimentellen Entscheidungen sind jedoch den erhobenen Daten nicht mehr anzusehen. In wissenschaftlichen Publikationen werden die genauen experimentellen Bedingungen tatsächlich in der Regel aufgelistet. Sobald aber über die aktuellen Hysteriestudien in der Öffentlichkeit berichtet wird, werden solche Details ausgelassen und ihr Einfluss auf die Validität der Forschungsergebnisse unsichtbar gemacht.

Die unsichtbaren Aspekte der Datenauswertung und -interpretation

Nach einem abgeschlossenen fMRT-basierten Messverfahren entstehen Datensätze, die im weiteren Verlauf in einem mehrstufigen mathematisch-statistischen Prozess durch hochspezialisierte Computerprogramme ausgewertet werden. Im Prozess der Auswertung wird berechnet, welche Gehirnareale im Verlauf des Experiments durch die eingesetzten Stimuli aktiviert worden sind. Dabei werden auch die Effekte verschiedener aufgetretener Störfaktoren wie minimale Kopfbewegungen, Atmen und Herzschlag herausgerechnet und ebenso alle jene gemessenen Gehirnaktivitäten, die nicht als Reaktion auf die eingesetzten Stimuli identifiziert werden. Mathematische Grundlage aller dieser Auswertungs- und Filterungsprozesse sind statistische Berechnungen.

fMRT-basierte Studien sammeln in der Regel die Daten mehrerer Versuchspersonen und generieren Visualisierungen, die individuelle Personendaten miteinander kumulieren.[35] Vor der statistischen Auswertung der stark unterschiedlichen Gehirne findet eine sogenannte *Normalisierung* der verschiedenen Personendaten statt. Durch die Normalisierung wird die individuelle Anatomie auf einen Standard angepasst. Erst dadurch wird der statistische Vergleich individueller Aktivitätsmuster innerhalb einer Versuchsgruppe und zwischen Versuchsgruppen möglich. Individuelle Differenzen zwischen einzelnen Versuchspersonen werden als Rauschen definiert. Jede Art von Variabilität, die durch Messung zwischen verschiedenen am Experiment teilnehmenden Individuen festgestellt wurde, wird also als Störfaktor betrachtet und herausgefiltert.

Als Ergebnis einer abgeschlossenen fMRT-basierten Hysteriestudie entsteht eine sogenannte *statistische Karte* der Aktivitäten. Sie visualisiert

35 Siehe z. B. Voon: Emotional Stimuli.

lediglich die statistische Wahrscheinlichkeit, dass ein Gehirnareal bei den im Rahmen des jeweiligen Experiments gemessenen Versuchspersonen durch ein experimentelles Paradigma aktiviert wurde. Das daraus generierte statistische Aktivitätsmuster wird farbkodiert und auf ein nichtindividuelles *Standard-Gehirnbild* oder auf ein ermitteltes Durchschnittsbild der Gehirne der Versuchspersonen gelegt. Letztendlich wird erst durch diesen Schritt das in der Öffentlichkeit gemein bekannte fMRT-Bild in Form eines schwarz-weißen, mit bunten Punkten versehenen Hirnschnitts generiert.

Diese grundsätzlichen Beschreibungen einiger wesentlicher Verfahrensaspekte in fMRT-basierten Untersuchungen zeigen deutlich, dass fMRT nur äußerst mittelbar hysterische/funktionelle Symptome und entsprechende neurophysiologische Vorgänge miteinander korrelieren kann. Daraus resultiert die Erkenntnis, dass fMRT-basierte Analyse- und Berechnungsverfahren einen hohen Anteil interpretativer Faktoren beinhaltet. In jedem konkreten Verfahren ist immer wesentlich, wie man Rauschen und ergebnisrelevante Signale definiert und voneinander trennt, welches Forschungsinteresse bzw. welche Hypothese zugrunde liegt und welche konkreten statistisch-mathematischen Verfahren eingesetzt werden.

Insgesamt zeigt sich die stark konstruierte Verfasstheit des gesamten Verfahrens, die insbesondere durch die komplexen technisch-mathematischen Prozesse einerseits unvermeidlich ist, andererseits aber einen Handlungsspielraum für Auswahl (der Signale), Interpretation (der Daten) und Konstruktion (der Bilder und ihrer Aussagen) eröffnet. Alle hier genannten Faktoren – die aber in den populärwissenschaftlichen Darstellungen der zeitgenössischen Hysteriestudien in der Regel ausgeblendet werden – sind in der einschlägigen Erforschung hysterischer Symptome und in der Entstehung von entsprechenden Gehirnbildern sowie bei der (Weiter-)Entwicklung des ‚Bildes des Hysterie' von nicht zu unterschätzender Bedeutung. Diese variablen Annahmen und Entscheidungen sind auch Gründe dafür, dass sogar in Bezug auf das gleiche Symptom – wie z. B. hysterische/funktionelle Paralyse – zeitgenössische fMRT-Studien bis heute zum Teil sehr divergente Befunde in Form unterschiedlicher Aktivierungsmuster geliefert haben.[36]

36 Für eine Übersicht der divergenten Ergebnisse siehe Vuilleumier: The Neurophysiology of Self-Awareness Disorder in Conversion Hysteria, S. 292–298.

Die größte Herausforderung innerhalb des hier aufgespannten Spektrums der fMRT-basierten Untersuchung hysterischer Symptome ist letztendlich das Interpretieren der resultierenden statistischen Gehirnkarten. Sie sind der Ausgangspunkt, von dem aus wissenschaftliche Aussagen über hysterisch/funktionell basierte Störungen auf der Ebene der *höheren mentalen Prozesse* (Denken, Erinnern, Planen, emotionale Steuerung, willentliche Umsetzung von Handlungen, Aufmerksamkeit) getroffen werden. Diese Aussagen beruhen auf der umstrittenen und durchaus reduktionistischen ‚kartografischen' Annahme, dass für eine Vielzahl komplexer und sehr unscharf definierter mentaler Prozesse jeweils konkrete anatomisch lokalisierbare Gehirnregionen oder Gehirnnetzwerke zuständig sind.[37]

So versprechen mehrere aktuelle Studien einen wichtigen Erkenntnisgewinn, der auf der Interpretation der Messdaten zu den Gehirnaktivitäten basiert. Dem zugrunde liegt die Annahme, dass die Fehlfunktion verschiedener Gehirnareale, die für emotionale Steuerung verantwortlich gemacht werden, eine wichtige Rolle in der Entstehung verschiedener hysterischer/funktioneller Symptome spielt.[38] Es besteht aktuell noch kein Konsens unter den HysterieforscherInnen, welche konkreten Gehirnareale eine zentrale Bedeutung als potentielle Auslöser der hysterischen Symptome hätten und wie genau der neuronale Mechanismus der vermuteten emotionalen Fehlsteuerung ablaufen könnte.

Auch wenn die fMRT-basierte Forschung bis jetzt teilweise widersprüchliche Ergebnisse generiert hat, ist festzustellen, dass eine Reihe von Studien die von Charcot implizit und von Freud explizit angenommene Verschränkung von Hysterie und übersteigerter Emotionalität wiederbeleben und anscheinend sogar durch funktionelle Gehirnbilder bestätigen. Die entscheidende Frage ist jedoch, ob die zeitgenössische Forschung tatsächlich neue datenbasierte Belege für alte Sichtweisen auf Hysterie liefert. Es könnte hingegen genauso vermutet werden, dass das klassische implizit erhaltene Bild dieser Krankheit ihre aktuelle technik-basierte medizinische Erforschung prägt, indem schon Aspekte

37 Für eine kritische Analyse siehe z. B. Amir Raz: From Neuroimaging to Tea Leaves in the Bottom of a Cup. In: Suparna Choudhury / Jan Slaby (Hrsg.): *Critical Neuroscience: A Handbook of the Social and Cultural Contexts of Neuroscience*. Chichester: Wiley-Blackwell 2012, S. 265–271.

38 Vuilleumier: The Neurophysiology of Self-Awareness Disorder in Conversion Hysteria.

wie das experimentelle Design, die Auswahl der ProbandInnen die Auswertung und Interpretation der fMRT-Daten von der Auffassung der Hysterie als eine Form emotionaler Hypersensibilität geleitet werden. Sollte diese Vermutung in einzelnen Fällen tatsächlich zutreffen, würde der Einfluss des tradierten Konzepts der Hysterie auf die jeweiligen Studienergebnisse dennoch in der objektiv anmutenden statistischen Gehirnkarte nicht sichtbar sein.

Die wiederkehrende (Un)sichtbarkeit der hysterischen Frau

Da Hysterie in der langen Geschichte ihrer medizinischen Erforschung wiederholt – entweder explizit oder implizit – mit dem weiblichen Geschlecht in Verbindung gebracht wurde, ist es besonders wichtig zu analysieren, wie diese Relation in den zeitgenössische fMRT-basierten Studien verhandelt wird. Auf den ersten Blick bewirken der technologiebasierte Kontext und die generelle gezielte Objektivierung des gesamten Verfahrensprozesses bei der fMRT-gestützten Erforschung hysterischer Symptomatik eine Neutralisierung des Geschlechts innerhalb dieser Forschung. Vor allem wurde die für Charcots Zeiten typische und oft kritisierte Geschlechterdichotomie zwischen fast ausschließlich männlichen Ärzten und vorwiegend weiblichen Patientinnen längst aufgehoben: Zeitgenössische Studien werden von Forschern genauso wie von Forscherinnen durchgeführt. Darüber hinaus ist im Unterschied zu Charcots Fotografien hysterischer Patientinnen heute das Geschlecht der Versuchspersonen aus den fMRT-generierten Gehirnbildern nicht ablesbar.

Die Einschreibung der Geschlechtsaspekte in die aktuellen Forschungsergebnisse schleicht sich jedoch durch eine Hintertür wieder ein, da die Anzahl der weiblichen Testpersonen wesentlich höher ist als die der männlichen Probanden.[39] Dadurch wird Hysterie auch in der aktuellen Forschung implizit als Frauenkrankheit konstruiert und konstituiert. Es bleibt dabei intransparent, ob der Anteil der an Studien teilnehmenden weiblichen Probanden dem Anteil der in Kliniken erscheinenden Patientinnen mit hysterischer Symptomatik entspricht oder

39 Vgl. z. B. Matthew J. Burke: Functional Neuroimaging of Conversion Disorder: The Role of Ancilliary Activation. In: *Neuroimage: Clinical* 6 (2014), S. 333–339, hier S. 334; Stone et al.: Patients with Motor Conversion Symptoms, S. 963; Voon et al.: Emotional Stimuli, S. 1529.

inwiefern diese geschlechtliche Konnotation möglicherweise durch die unterschwelligen Annahmen über Hysterie geprägt ist. Die aktuelle Forschung scheint – trotz der vermeintlichen visuellen Neutralität ihrer Bilder – letztendlich alte Geschlechterstereotype zu reanimieren, indem Hysterie erneut als gesteigerte und außer Kontrolle geratene Affektivität indiziert wird, die gleichzeitig durch die Studien statistisch häufiger im weiblichen Gehirn verortet wird.

Aus Sicht einer gender-kritischen Analyse darf hier also durchaus gefragt werden, ob nicht im Rahmen des *Brain Imaging* der Hysterie eine Art Geschlechterzuschreibung vollzogen wird – dies- oder jenseits der Bewusstseinsschwelle einer auch von sozialen und geschlechtsbezogenen Normen und Stereotypen beeinflussten Wissenschaft. Die fMRT-basierte Hysterieforschung bietet – trotz ihrer vermeintlich technologisch-objektivierten Oberfläche – ausreichend Handlungsrahmen, in dem – wie oben analysiert – WissenschaftlerInnen eine ganze Reihe von durchaus subjektiven Entscheidungen treffen müssen, die direkte Auswirkung auf ihre Befunde und deren Interpretationen haben. Dieser Handlungsrahmen der Wissenschaft wird für Nicht-ExpertInnen nicht sichtbar. Daraus entsteht die Gefahr, dass auch hysterie-bezogene Gehirnbilder und ihre von der Wissenschaft mitgelieferte Interpretation in der Öffentlichkeit als biologisch-essentialistische Bestätigung und sogar als Steigerung des klassischen Konzepts der Hysterie rezipiert werden. Als Ergebnis könnten die zeitgenössischen Formen der Hysterie wiederholt mit Stigma aufgeladen werden, indem sie als im weiblichen ‚Durchschnittsgehirn' veranlagte und/oder festgeschriebene emotionale Labilität wahrgenommen werden. Um dies zu vermeiden, müssten die in diesem Beitrag analysierten unsichtbaren Aspekte der zeitgenössischen Hysterieforschung – wie auch die explizite und implizite Annahmen, die die einzelnen Studien prägen – auch außerhalb wissenschaftlich-medizinischer Kreisen offengelegt und diskutiert werden.

Abb. 1–2
Jana Želibská:
Möglichkeit des Entdeckens,
Environment, 1967.

Möglichkeit des Entdeckens

Bemerkungen zur Installation von Jana Želibská

Andrea Bátorová

Erkenne dich selbst!
(*Inschrift auf dem Apollo-Tempel in Delphi*)

Das Ziel dieser Studie ist es, die Installation *Möglichkeit des Entdeckens* (1967) von Jana Želibská[1] zu analysieren, die aus folgenden Einzelteilen bestand: *Toilette I*, *Toilette II* (1966), *Striptease* (Ohr) (1966), *Haare* (Dyptichon, 1967), *Brüste* (Dyptichon, 1967), *Nase* (Dyptichon, 1967), *Objekt I* (1967), *Venus* (1967), *Objekt II* (1967)und *Sie* (1967).[2] Diese

1 Die Ausstellung dauerte vom 6.12.–31.12.1967. (Vgl. Radislav Matuštík: *Výstava Jana Želibská. Výber z rokov 1966–1996*. Žilina: PGU 1996; Vladimíra Büngerová / Lucia Gregorová (Hrsg.): *Zákaz dotyku. Jana Želibská*. Bratislava: SNG 2012.)

2 Diese Information wurde dem Faltblatt zur Ausstellung entnommen (Jana Shejbalová-Želibská, Galéria Cypriána Majerníka, Bratislava, 1967). Der Titel der Ausstellung *Möglichkeit des Entdeckens* erscheint nicht auf dem Faltblatt, allerdings im Katalog und auf dem Poster. Die Installation wurde zum Teil bei der monographischen Ausstellung von Želibská *No Touching* in der Slowakischen Nationalgalerie (2012–2013) reinszeniert. Ähnlich wie bei der ursprünglichen Aufstellung wurden einzelnen Teile der Installation an die räumlichen Bedingungen angepasst. Ebenso wurde nicht auf die Reihenfolge geachtet (zum Teil sind die ursprünglich als Diptychon installierten Werke getrennt gehängt worden (z. B. wurden *Haar I* und *Haar II* 1967 übereinander gehängt, 2013 nebeneinander. *Toilette I* und *Toilette II* wurden ursprünglich nicht als Diptychon installiert. In der Vergangenheit wurden auch einzelne Teile der Installation als selbstständige Kunstwerke wie beispielsweise *Venus* bei der Ausstellung *Gender Check* (MUMOK, Wien 2009–2010) ausgestellt.

Komponenten der Installation sind sowohl als Einzelwerke zu betrachten wie auch als Bestandteile eines Environments. Während die Bilder an den Wänden aufgehängt waren, befanden sich im Raum auch drei freistehende Objekte. *Venus* – ein dreiteiliges, zusammenfaltbares Bild, das man aus- und zuziehen konnte. *Objekt I* – eine viereckige, von außen schwarz gestrichene Kabine mit kleinen Öffnungen, durch die man ins Innere schauen und auf den gegenüberliegenden Wänden Konturen eines nackten weiblichen Körpers sehen konnte. *Objekt II* – eine Art Schrank mit Vorhang auf der vorderen Seite und der Kontur eines weiblichen Körpers im Inneren. Die Einzelteile bildeten ihren gegenseitigen Bezug nicht primär durch räumliche Verbindungen und Strukturen, sondern eher durch Inhalt, gemeinsame Ikonographie und stilistische Affinität.

Die vorgestellte Installation war Teil der ersten Einzelausstellung der damals 26-jährigen Künstlerin und wurde medial weitreichend rezipiert. Im Vordergrund stand der menschliche (zumeist weibliche) Körper. Zudem verwendete die Künstlerin ‚gefundene' Objekte wie beispielsweise Spiegel. *Möglichkeit des Entdeckens* erzeugte eine szenographische Wirkung, die dadurch entstand, dass Želibská die einzelnen Komponenten des Environments ähnlich dem Aufbau von Bühnenkulissen in den Raum stellte. Diesen bühnenartigen Charakter unterstützen auch die auf die Einzelteile gerichteten Scheinwerfer und die in der Galerie installierten Gardinen, die von der Künstlerin als raumkonstruierendes Element eingesetzt wurden.[3]

Die einzelnen Komponenten befinden sich zurzeit in verschiedenen Sammlungen und werden als Einzelwerke gezeigt. Die Originaltitel der Einzelteile lauten: *Toilette I* (Toaleta I), *Toilette II* (Toaleta II), *Striptease* (Striptíz), *Haare* (Vlasy), *Brüste* (Prsia), *Nase* (Nos), *Objekt I* (Objekt I), *Venus* (Venuša), *Objekt II* (Objekt II), *Sie* (Ona).

3 Zu verweisen wäre auf die Art, in der die einzelnen Komponenten installiert waren. Diejenigen, welche als ein zum Aufhängen gedachtes Bild geschaffen worden waren, wurden im Galerieraum an mobile Wände gehängt. Želibská passte die Installation an die konkrete räumliche Situation an und beförderte dadurch die dreidimensionale Wahrnehmung. Teilweise wurden die Werke auch von der hinteren Seite bemalt, wobei die meisten auf der Rückseite schwarz gestrichen wurden. Einen bühnenartigen Charakter hat auch die Gestaltung von späteren Installationen der Künstlerin. Im Jahre 1973 zeigte Želibská eine Ausstellung mit dem Titel *Geschmack des Paradieses* im Musée d'Art Moderne de la Ville de Paris, welche von Pierre Restany kuratiert wurde. Da sie zu der gegebenen Zeit nicht in Frankreich ausstellen durfte, schmuggelte sie die Installation als Theaterkulissen über die Grenze.

In der Folge soll die Installation *Möglichkeit des Entdeckens* in Hinblick auf zwei Aspekte betrachtet werden: Erstens geht es um eine Untersuchung der Installation hinsichtlich ihrer Topographie des Voyeurismus, des Begehrens und des versteckten Subjekts (bzw. der Konstruktion des Subjekts) nach Jacques Lacan. Zweitens wird die Installation unter Berücksichtigung der Ausführungen Jean Paul Sartres über das Schauen durch ein Schlüsselloch und die daraus resultierende Erfahrung des "beobachteten Beobachters" diskutiert.[4]
Ikonographisch griff die Installation auf zwei zentrale (Haupt-)Motive der Geschichte des Voyeurismus zurück: Vorhang und Schlüsselloch. Bei dem Thema des Lochs, das wiederholt in der Installation vorkam, werden zwei Verweise auf historische Traditionen untersucht, insbesondere in Verbindung mit dem *Objekt I.* Zum einen entstand ein Bezug zu den Mechanismen der Rezeption mittels prä- kinematographischer Apparate wie den sogenannten *peepshows*, die als optische Instrumente in der Renaissance entwickelt wurden und im 18. und 19. Jahrhundert verbreitet waren. Zum anderen soll ausgehend von der These, dass beide Objekte versuchten, die Stereotype der Kunstwahrnehmung aufzuheben, ein näherer Blick auf die möglichen Analogien zum letzten Werk Marcel Duchamps *Étant donnés* (1946–66) geworfen werden. Sowohl die *peepshow* als auch Duchamps Arbeit wurden in ihrer Zeit als Innovationen betrachtet. Während die *peepshow* einerseits den Übergang vom desorientierten Sehen zum isolierten autonomen Subjekt des Betrachtenden, andererseits die Privatisierung des Ästhetischen repräsentierte,[5] war *Étant donnés* eine Weiterentwicklung des Dioramaprinzips in der Kunst der ersten Hälfte des 20. Jahrhunderts.
Der zweite Teil der Analyse widmet sich sowohl der Frage nach den räumlichen Strukturen und Dispositionen von *Möglichkeit des Entdeckens* als Gesamtinstallation als auch in Hinblick auf die einzelnen Elemente. Das Konzept des Raums und seiner Wahrnehmung von Michel de Certeau und Maurice Merleau-Ponty liefert hierfür die Hauptargumente. De Certeau schreibt der sinnlichen Wahrnehmung die Eigenschaften zu, einen Raum erzeugen zu können und die Wirklichkeit zu konstituieren. Im fundamental kinästhetischen Sinne sind Bewegung und die Wahrnehmung derselben miteinander

4 Jean-Paul Sartre: *Das Sein und das Nichts. Versuch einer phänomenologischen Ontologie.* Reinbek: Rowohlt 1991, S. 463.

5 Jonathan Crary: *Techniken des Betrachters. Sehen und Moderne im 19. Jahrhundert.* Dresden / Basel: Verlag der Kunst 1996.

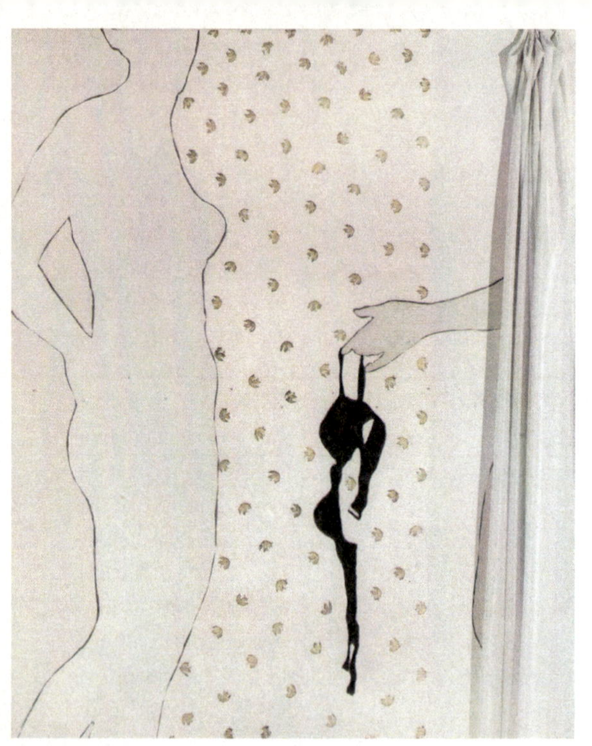

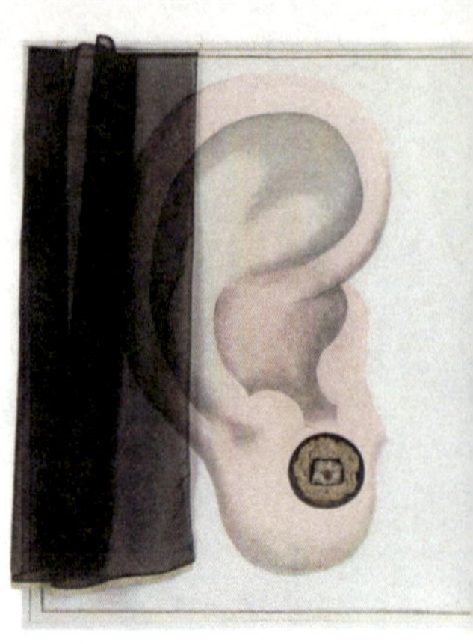

Abb. 3–5: Jana Želibská:
Möglichkeit des Entdeckens.
Oben:
Striptease (Ohr), 1966, gemischte Technik, Textil, Sololit, 120 x 100 cm.
Links & unten:
Toilette I & II, 1967, gemischte Technik, Textil, Sololit, 150 x 120 cm.

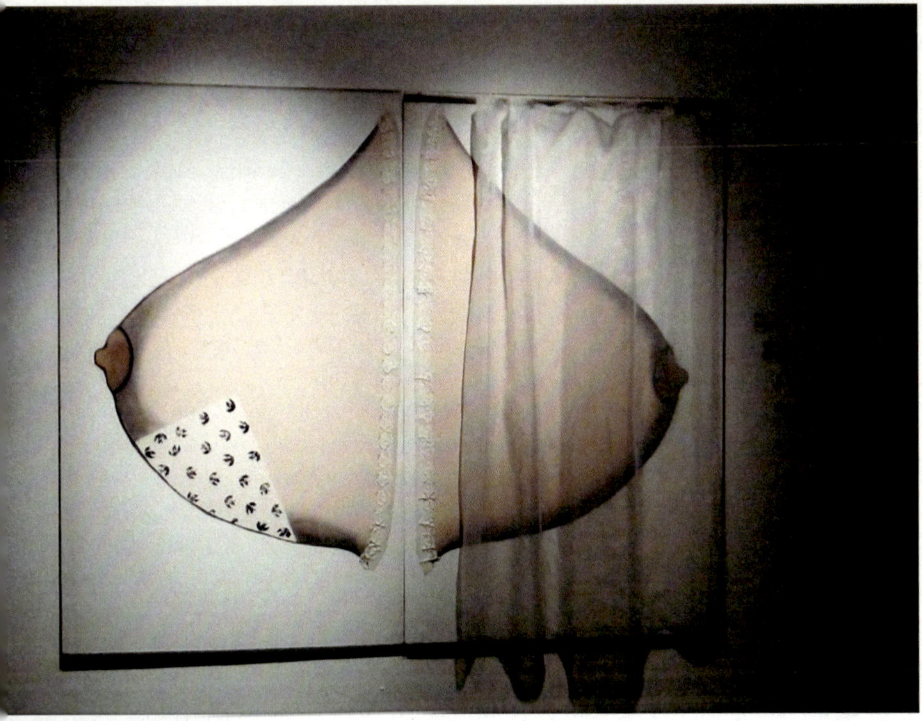

Abb. 6–8: Jana Želibská: *Möglichkeit des Entdeckens.*
Oben: Brüste, 1967,
gemischte Technik, Textil, Sololit, 123 x 73,5 cm.
Links: Haare, 1967,
Diptychon, gemischte Technik, Textil, Sololit, 2 x 120 x 70 cm.
Unten: Nase I & Nase II, 1967,
gemischte Technik, Textil, Sololit, jeweils 70 x 120 cm.

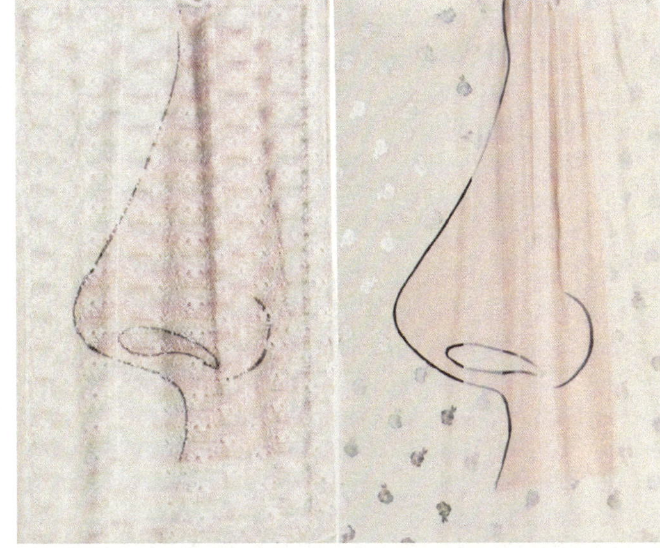

verbunden und bedingen einander.[6] Die zentrale Kategorie für den Begriff des performativen Raums ist die Verwirklichung der Handlungen historischer Subjekte. Der Handlungsvollzug spielt eine entscheidende Rolle. So sind zum Beispiel das Sprechen und Gehen Inszenierungen, die in konkreten dynamisch verlaufenden Situationen verwirklicht und zwischen demjenigen, der agiert und dem Publikum, das an dieser Inszenierung unmittelbar teilnimmt und diese aktiv mitgestaltet, realisiert werden.

Der Raum der Installation wird als ein performativer und illusorischer Raum untersucht, wobei dessen räumlich-spezifische Dimensionen wie auch seine szenischen und narrativen Aspekte einbezogen werden. Das Nachdenken über die möglichen Verknüpfungspunkte und Relationen des kinematographischen Dispositivs zur Logik und zu den Strategien der Gestaltung der Installation scheint mir ein produktives Modell der Untersuchung zu sein, weil das kinematographische Dispositiv eine Bewegung im Raum darstellt, welche der subjektiven Wahrnehmung, die sich in der Zeit entwickelt, ähnelt. Die Logik der Installation setzt die fließende Bewegung zwischen den Bilderebenen und den Raumkoordinaten voraus.[7]

Bei der Analyse der Installation gehe ich von der Definition des Mediums nach Juliane Rebentisch aus:

> Installationen sind empfindlich für den Kontext nicht nur im Bezug zum Interieur oder Exterieur, in dem diese ausgestellt werden, sondern auch im Bezug zu den gesellschaftlichen Rahmenbedingungen, welche im Allgemeinen die Wahrnehmung der Kunst beeinflussen.[8]

Das bedeutet, das Augenmerk richtet sich auf die Tatsache, dass nicht nur die Installation einen Raum im Raum darstellte, sondern dass auch ihre einzelnen Elemente (wie das erwähnte *Objekt I*) einen Raum im Raum erzeugten, der wie eine zusätzliche Illusion im Raum der Illusion fungierte. Dadurch wurde die gesamte Aufstellung zu einem performativen Raum und einer offenen performativen Struktur.

6 Erika Fischer-Lichte / Christoph Wulf: Vorwort. In: *Paragrana. Internationale Zeitschrift für Historische Anthropologie* 13,1 (2004): Praktiken des Performativen, S. 7–34, hier S. 27.

7 Ursula Frohne: Moving Image Space. Konvergenzen innerer und äußerer Prozesse in kinematographischen Szenarien. In: Dies. / Lilian Haberer (Hrsg.): *Kinematographische Räume. Installationsästhetik in Kunst und Film*. München: Fink 2012, S. 451.

8 Juliane Rebentisch: *Ästhetik der Installation*. Frankfurt am Main: Suhrkamp 2003, S. 232.

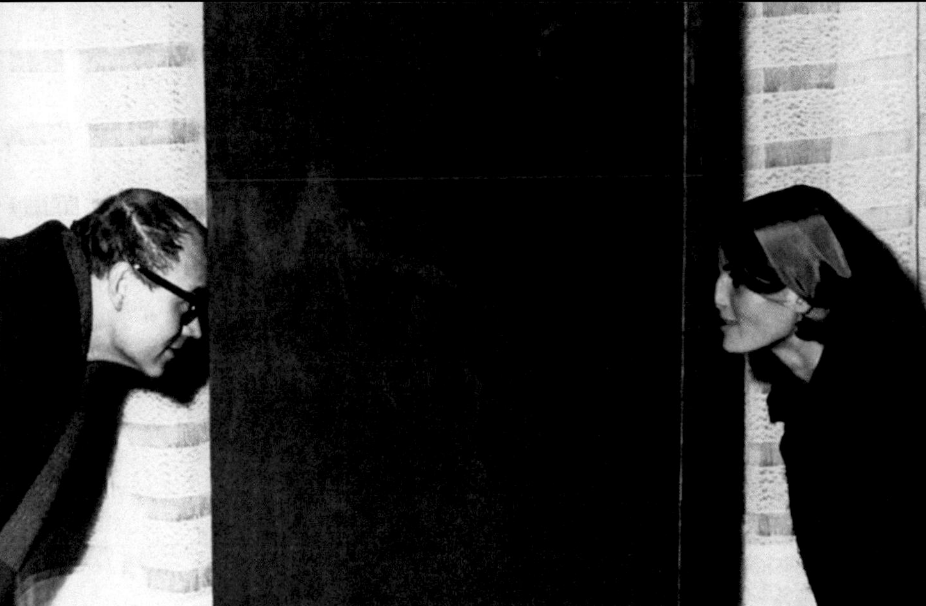

Abb. 9: Jana Želibská: *Möglichkeit des Entdeckens*, Objekt I, Außenansicht, 1967, gemischte Technik, Sololit, 180 x 60 x 60 cm.

Die Installation *Möglichkeit des Entdeckens* war ihrerzeit eine der ersten Ausstellungen in der Slowakei, die als eine szenographisch strukturierte und performative Installation gestaltet wurde. Sie war ein performatives Ereignis, da die BesucherInnen durch ihre räumliche und dramaturgische Konzeption zur Aktivität provoziert wurden. Im Rahmen des slowakischen Kontexts repräsentiert Želibská mit ihrem Environment, ähnlich wie ihre Zeitgenossen Alex Mlynárčik mit seinen *Permanenten Manifestationen I* und *II* oder Stano Filko und Juraj Meliš mit ihren Environments, den Weg der Befreiung vom statischen Medium der Malerei. Mit der Verschiebung des Schwerpunkts vom Kunstwerk zum Ereignis und vom Objekt in Richtung Prozesshaftigkeit erweiterte Želibská die Grenzen sowohl der Kunst als auch des Kunstdiskurses. Ihr Bestreben kann man im Einklang mit der Konzeption des Environments von Allan Kaprow Ende der 1950er Jahre sehen. Ebenso korrespondierte es mit der Verwandlung vom Tafelbild zum Raumbild, wie von Arnold Bode beschrieben und durch drei hängende Gemälde von E. W. Nay bei der *documenta III* 1964 anschaulich gemacht wurde.[9] Hier wurde die konventionelle Rezeption der BetrachterInnen im Sinne einer Konfrontation mit einem Gemälde als einem eindimensionalen

9 Vgl. Arnold Bode / Werner Haftmann (Hrsg.): *documenta III. Internationale Ausstellung.* 27. Juni – 5. Oktober 1964, Kassel, 2 Bde. Köln: DuMont 1964.

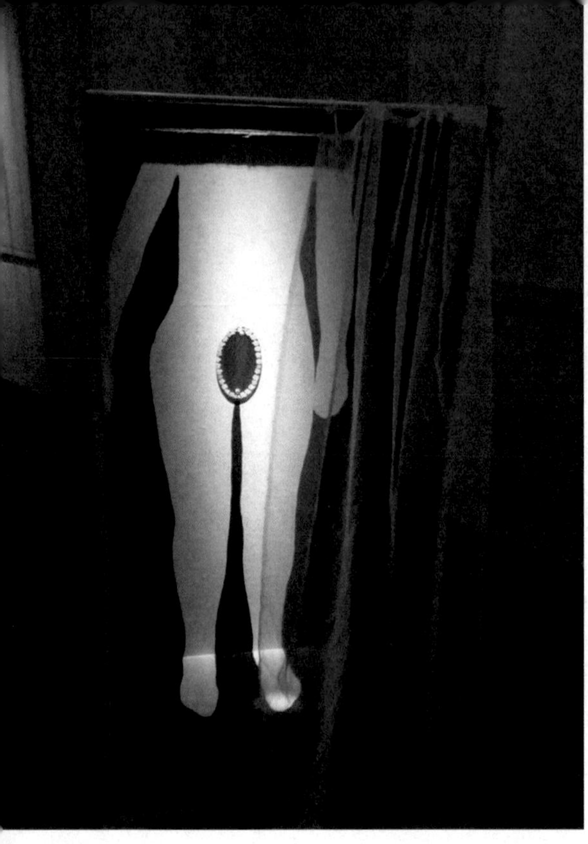

Abb. 10
Jana Želibská:
Möglichkeit des Entdeckens,
Objekt II, 1967,
gemischte Technik,
Textil, Sololit.

Medium durch die schräge Hängung im Raum über deren Köpfen aufgehoben. Želibská schuf Raum für performative Aktivitäten, indem sie ihre Kunstwerke nicht nur im Raum aufstellte, sondern auch dadurch, dass durch die räumliche Begehung der Faktor Zeit zur zentralen Kategorie der Rezeption wurde. Im Zuge dieser Delimitierung der Kunst unternahm die Künstlerin den Versuch, den Raum um die Objekte mit dem Ergebnis neu zu strukturieren, diesen zu ‚besetzen' und zu rhythmisieren. Die entstandene Struktur dynamisierte den Raum auch deswegen, weil sie auf die sinnliche Rezeption ausgerichtet war und auf die Bewegung des Betrachtenden direkten Bezug nahm. Während der Aktivitäten entstanden neue Verbindungen zwischen den Begriffen Innenraum und Außenraum, je nach Relation zur Art der Wahrnehmung und zum Ablauf der Mobilität des/der BesucherIn. Die dadurch zugewiesene aktive Rolle motivierte die Wahrnehmung mit dem gesamten Körper und mit allen Sinnen, das heißt: eine motorische und perzeptuelle Teilnahme.
Bei der Gestaltung der Installation, die im slowakischen Kontext einen hochgradig unkonventionellen Charakter hatte, wurde Želibská von

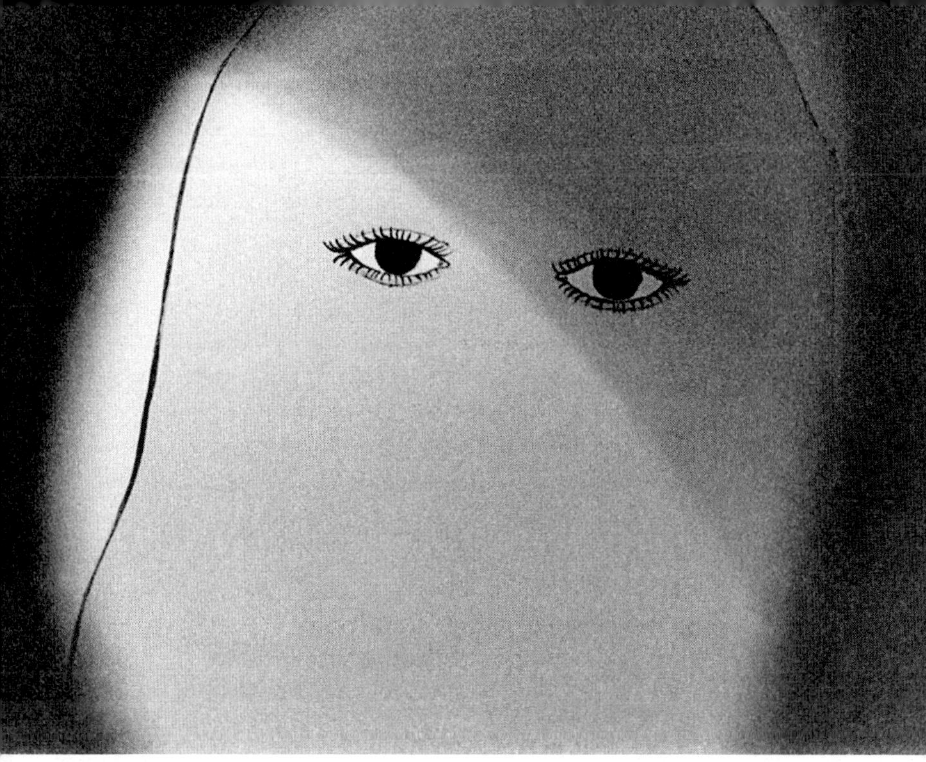

Abb. 11: Jana Želibská: *Möglichkeit des Entdeckens*, Objekt I, Innenansicht, 1967, gemischte Technik, Sololit, 180 x 60 x 60 cm.

der westeuropäischen Pop Art und der Philosophie des Nouveau Realisme inspiriert. Sie inszenierte die Ausstellung als eine dramatische Struktur. Dabei flossen in die Gestaltung der Installation nicht nur die erwähnten Ideen der westeuropäischen künstlerischen Praxis, sondern auch Erfahrungen aus dem experimentellen theatralischen und musikalischen Milieu Prags ein, in dem die Künstlerin in dieser Zeit verkehrte.

(Schlüssel-)Loch und Voyeurismus

Die Aussage „Neugier, das Lustprinzip des Gedankens", konstatiert Peter Springer, könnte man als „Neugier als Lustprinzip des Auges" paraphrasieren.[10] Diese Aussage weist auf zwei Mittel des Erkenntnisgewinns hin: Neugier und Eros. Den Erwerb von Erkenntnis im sowohl rational als auch emotionalen Sinne und eine eindeutig erotische Komponente kann man zu den elementaren Aspekten von Želibskás

10 Peter Springer: *Voyeurismus in der Kunst*. Berlin: Reimer 2008, S. 21.

Installation zählen. Diese sind nicht nur in der Typologie der Darstellung, sondern auch in der individuellen Erfahrung des Rezipierenden enthalten, auf welche die Installation in erster Linie abzielte. Seine/ihre Bewegung generierte dadurch verschiedene Blickwinkel, gleichzeitig wurden neben dem Sehen weitere Sinne aktiviert. Merleau-Ponty schreibt in seinen Theorien über das Sehen und die Sichtbarkeit, dass der Körper des Menschen zugleich sehend und sichtbar ist: „Er, der alle Dinge betrachtet, kann sich zugleich auch selber betrachten und in dem, was er gerade sieht, ‚die andere Seite' seines Sehvermögens erkennen."[11] In *Möglichkeit des Entdeckens* überschnitt sich der physisch-kinetische Aspekt mit dem emotional-psychologischen. In der Folge soll ein Blick auf die zentralen Elemente des Voyeurismus geworfen werden: den Vorhang und das (Schlüssel-)Loch. Beide Motive kamen in der Installation mehrfach und mehrschichtig vor. Curiositas – die Neugierde oder sogar der Zwang, Verstecktes, Nichtentdecktes oder dem Blick bisher Entzogenes zu sehen, war das Hauptvehikel der gesamten Installation.
Lacan unterscheidet im Rahmen seiner Theorie des Blicks als Form des Begehrens den Blick und das eigentliche Sehen.[12] Als ein grundsätzliches Zeichen des Voyeurismus bezeichnet Lacan die Geheimhaltung des Ichs, also die Tatsache, dass der Voyeur versteckt sein sollte. Ausgehend von den Theorien Sartres und Merleau-Pontys betont er, dass in der Dialektik von Auge und Blick keine Koinzidenz herrscht, sondern eine Täuschung, und dass „der Blick über das Auge triumphiert".[13] Ein Voyeur ist im Prinzip auf der Suche nach einem Objekt, das ihn zufriedenstellen kann. Die Zufriedenheit wird allein durch die Tatsache erreicht, dass er etwas beobachtet, was vor den anderen versteckt bleibt. Da der Voyeur nicht weiß, was er sehen möchte, ist es möglicherweise gerade das, was ihn erregt, was ihn in Spannung hält. Lacan kommentiert auch ein Beispiel Sartres, in dem der Voyeur bei seiner Tat ertappt wird und stellt fest, dass der Blick, um den es in der Situation vordergründig geht, vor allem die Anwesenheit des Anderen betrifft. Lacan betont, dass erst die Anwesenheit des Anderen den Voyeur als Voyeur entlarvt und ihm diese Rolle zuweist. Ebenso betont er die Prä-Existenz

11 Maurice Merleau-Ponty: *Das Auge und der Geist*. Reinbek: Rowohlt 1967, S. 16.

12 Jacques Lacan: *Die vier Grundbegriffe der Psychoanalyse. Das Seminar. Buch XI (1964)*. Olten / Freiburg i. Br.: Walter 1978, S. 77–126.

13 Ebd., S. 109.

des Blicks: „Ich sehe nur von einem Standpunkt, aber in meiner Existenz kann ich von überall gesehen werden."[14]

Objekt I war auf mehreren Ebenen eine Herausforderung für den visuellen und taktilen Sinn der RezipientInnen, wobei die physisch-kinetischen und die emotional-psychologischen Aspekte einander entgegengesetzt wirkten. Želibskás Gestaltung der Installation kalkulierte intentionell mit dem Reiz des Versteckten und des Geheimnisvollen. Sobald der/die BesucherIn sich zu der kleinen Öffnung neigte, konnte er/sie sowohl das Objekt von außen wie auch die restliche Installation nicht mehr sehen. Gleichzeitig blieben durch die kleinen Maße der Löcher die anderen drei Innenwände unsichtbar. Den gesamten visuellen Inhalt des Objekts konnte man nur durch eine Bewegung und erneutes Hineinschauen auf jeder Seite erfassen, indem man die gesehenen Bilder kombiniert. Eine gewisse Komplexität der Darstellung im Inneren war also nur durch den Prozess der Dekomposition und darauffolgenden mentalen Rekonstruktion zu erreichen.

Wenn man *Objekt I* unter dem Aspekt der kinematographischen Konstellationen des geführten Blicks analysieren würde, könnte man feststellen, dass hier Perspektiven in einer Art und Weise hergestellt wurden, wie es auch Kameras tun. Wenn man, wie Sotirios Bahtsetzis schreibt, der Logik der Rahmung (*framing*) folgt, wäre die Installation ein Kontinuum heterogener Blickachsen, eine subjektiv vom Betrachtenden wahrgenommene und von der Künstlerin bestimmte aneinandergereihte Blicksequenz – also wie ein Film.[15]

Bahtsetzis unternahm den Versuch, die Wirklichkeit der perzeptuellen Vorgabe des Blicks im festen Parcours zu verwenden und das Medium der Installation durch die filmeigenen Strukturen zu analysieren: durch Analogien zu Mechanismen der Kadrierung (*cadre*), dem Moment *off* oder *suture*, wie dieser von Lacan definiert wurde.[16] Anknüpfend an diese Theorie des kinematographischen Dispositivs lässt sich *Objekt I* als ein auf dem Blick ins Innere basierendes Objekt identifizieren, das gleichzeitig durch die permanente Anwesenheit einer Eigenschaft, die man mit dem sogenannten *off space* oder *hors champs* im Sinne von André Bazin im zweifachen Sinne vergleichen könnte – und zwar

14 Ebd., S. 78.

15 Satirios Bahtsetzis: Installation als meta-kinematographisches Dispositiv. In: Frohne / Haberer (Hrsg.): *Kinematographische Räume*, S. 18–39, hier S. 39.

16 Ebd., S. 70.

erstens im Bezug auf die Installation und zweitens im Bezug auf die restlichen Komponenten im Interieur. Bei dieser Überlegung spielen die Repräsentation des Nichtgesehenen und die Suggestion des Rezipierenden die Hauptrolle.

Auch das Interieur von *Objekt I* war wegen der formalen Verwandtschaft mit den prä-kinematographischen Apparaten interessant. *Objekt I* knüpfte durch sein Äußeres, seine Struktur und nicht zuletzt durch die Art seiner Nutzung an die optischen Experimente der Vergangenheit an und exponierte Präsentations- und Rezeptionsbedingungen der optischen Geräte wie die der sogenannten *peepshow*. Die Gemälde der weiblichen Körper auf den Innenwänden waren abstrahierte Umrisse der weiblichen Anatomie, wobei hier der für Želibská charakteristische reduzierte Malstil zum Einsatz kam. Alle Gemälde waren monoskopisch. Die Intention der Künstlerin, das gewohnte stereoskope Sehen zu stören, wurde dadurch erreicht, dass der/die BetrachterIn immer nur durch ein Loch und entsprechend mit nur einem Auge hineinschauen kann.

Die Verwendung von Apparaten die in England als *peepshow*, in Deutschland als ‚Guckkasten', in Italien als ‚mondo nuevo' oder in Frankreich als ‚boite d'optique' bezeichnet wurden, verbreitete sich bereits im 15. Jahrhundert. Der Höhepunkt der Verwendung dieser Geräte fällt in das 18. und 19. Jahrhundert.[17] Die Apparate wurden nicht nur als Jahrmarktsattraktion verwendet, sondern dienten auch der häuslichen Unterhaltung der Bourgeoisie. Diese Apparate hatten oftmals größere Maße und standen in den privaten Räumen wie ein Möbelstück. In einer Zeit, in der es noch keine Massenmedien mit bewegten Bildern gab, hatten diese eine beeindruckende Wirkung.[18] Die Menschen waren fasziniert – nicht nur von den attraktiven Motiven, sondern auch von dem dreidimensionalen Effekt, den diese optischen Apparate vermitteln konnten.[19]

17 Ulrike Hick: *Geschichte der optischen Medien*. München: Fink 1999, S. 216–235.

18 Die häufigsten Darstellungen waren Veduten, Szenen aus der Bibel, oder Szenen von Naturkatastrophen. Aus soziologischer Sicht waren auch die Menschen, die die Guckkästen von einem Ort zum anderen transportierten, interessant. Durch ihre beständige Bewegung trugen sie zur Verbreitung von Nachrichten, Geschichten und Legenden bei.

19 Zur Geschichte der Stereoskopie siehe Nic Leonhardt: *Durch Blicke im Bild. Stereoskopie im 19. und frühen 20. Jahrhundert*. Berlin: Neofelis 2016.

Bei der *peepshow* ist das Verhältnis von Außen und Innen, das direkt mit Öffentlichem/Privatem, Zugänglichem/Unzugänglichem zusammenhängt, eine der zentralen Fragen. Ebenso geht es um die Frage des nicht erlaubten Durchdringens oder des (nicht) autorisierten Blicks auf etwas. Für eine *peepshow* ist das offene Außen, das an einem öffentlich Ort wie einem Jahrmarkt (in diesem Fall im Kontext einer Galerie) zugänglich ist, und ein geschlossenes Inneres, das nur für diejenigen zugänglich ist, die bereit sind, aktiv etwas dafür zu tun (zum Beispiel zu bezahlen), charakteristisch. Neben dem bereits aufgeführten traditionellen Repertoire der Motive konnten durch dieses Medium auch erotische Inhalte vermittelt werden. Es gab sogar Schaukästen in Lebensgröße, in dem sich echte Frauen in verführerischen Posen präsentierten. In der ersten Hälfte des 19. Jahrhunderts wurden ebenso erotische Bilder zur Schau geboten, die unter der Bezeichnung *pièces curieuses* bekannt sind.[20]
Im Vergleich zum traditionellen Schaukasten waren die BetrachterInnen von Želibskás Installation schon mit wesentlich anderen optischen Erfahrungen vertraut. Das dreidimensionale Bild war nach den Erfahrungen mit Fotografie und Film als Sehgewohnheit etabliert. So erreicht die Künstlerin durch ihre flächige, reduzierte Malerei gezielt das Gegenteil – eine Destruktion des dreidimensionalen Bildes. Im Zeitalter der Medienexperimente kehrte Želibská zur analogen, traditionellen Art der Gestaltung und schuf in Anlehnung an die Mechanismen der stereoskopischen Apparate monoskopische Bilder, mit denen sie die Illusionskraft der klassischen Perspektive und der traditionellen Malerei bewusst störte. Im Gegensatz zum damaligen Streben nach Serialität, Industrialisierung und Mechanisierung der Gestaltung schuf sie ein Unikat. Zudem waren diese Einzelstücke versteckt hinter einer Barriere, die zu überschreiten fast ein Sakrileg darstellte – sie mussten aktiv entdeckt werden. In gewissem Sinne schuf die Künstlerin im Interieur eine Art heiligen Ort, an dem sich die weibliche Präsenz offenbarte. Diese Idee setzte die Künstlerin in ihrer nächsten Installation *Kandarya mahadeva* (1969) fort, deren zentrales Motiv ein eckiges beleuchtetes Objekt bildet, das mit multiplizierten Darstellungen des nackten weiblichen Körpers bedeckt ist.[21]

20 Springer: *Voyeurismus*, S. 192.

21 Die Installation bezieht sich auf den gleichnamigen indischen Tempel, dessen Außenwände ebenso mit Darstellungen des zumeist weiblichen Körpers geschmückt sind.

Neue Bezüge entstanden durch die Bewegung des Betrachtenden und den raumstrukturierenden Charakter der Installation. Durch die geometrische Struktur des Environments wurde der/die BesucherIn ‚gezwungen', sich vorzubeugen und durch die kleine Eröffnung hineinzusehen. Die klassischen Schaukästen hatten zumeist eine größere Öffnung für die Augen, was dem/der BetrachterIn eine größere Bewegungsfreiheit für den Kopf bot und ihn/sie einen breiteren Ausschnitt des Motivs wahrnehmen ließ. Wenn wie bei *Objekt I* ein kleines Loch vorhanden ist, wird der Kopf auf eine bestimmte Stelle fixiert, wodurch der Betrachtende nur ein gewisses Segment des Ganzen sehen kann. Želibská bestimmte somit die Grenze der Wahrnehmung, führte und kontrollierte den Blick.

Weiterhin ist bedeutend, dass die Künstlerin eine Möglichkeit schuf, das Innere ins Äußere zu verwandeln und vice versa. *Objekt I* bot die Möglichkeit des parallelen Schauens für vier Leute, deren Blicke sich im Inneren kreuzen konnten. Wenn also der Betrachtende die gegenüberliegende Wand anschaute, konnte durch das Loch auch ein kleiner Ausschnitt hinter dieser Wand gesehen werden – der Blick führte also durchs Interieur ins Exterieur, wobei währenddessen das Innere nur peripher wahrgenommen und das Äußere potentiell zum Teil des Gesehenen wurde. Zugleich ist das Exterieur immer noch das Interieur der gesamten Installation. Schaute auf der gegenüberliegenden Seite auch jemand hinein, konnten beide gegenseitig ihre Augen sehen. In einer solchen Situation könnte das Auge zum Teil einer weiblichen Anatomie werden, denn die Künstlerin integrierte zum Teil die Öffnungen in den gemalten Körper (zum Beispiel anstelle des Bauchnabels).

Bei dieser Beschreibung wird das Thema des ‚beobachteten Beobachters' relevant. Auf der ersten Ebene geht es um die mögliche Beobachtung durch den Betrachtenden, der gegenüber stand und potentiell zum Teil des vom anderen Beobachtenden wahrgenommenen Ausschnitts wurde. Auf der zweiten Ebene geht es um die Betrachtung der BesucherInnen der Galerie durch andere, die in das *Objekt I* hineinschauten und für welche die anderen zum Teil des visuellen Erlebnisses wurden.

Jean-Paul Sartre analysierte den Blick als Vermittler und die Frage, was es heißt, gesehen zu werden.[22] Nach Sartre ist Grundlage jeder Theorie über den Anderen das Verhältnis eines Selbst zum Anderen. Das

22 Sartre: *Sein und Nichts*, S. 466.

Auge wird nicht nur als Sinnesorgan des Sehens, sondern in erster Linie als Träger des Blicks erfasst. Der Andere ist im Prinzip derjenige, der das Selbst beobachtet. Im Moment, in dem man jemanden ansieht, der zurückblickt, füllen sich die Augen, das heißt, der Blick des Anderen „verbirgt seine Augen, scheint *vor sie* zu treten".[23] In der Bloßstellung des Daseins eines Selbst als eines Objekts für den Anderen kann man also die Anwesenheit eines Selbst als Subjekt erfassen.

In Hinblick auf das Thema der Beobachtung und des Blicks ist eine Veränderung von *Objekt I* durch die Künstlerin selbst von Bedeutung. In der überarbeiteten Version, die 2012 bei der monographischen Ausstellung präsentiert wurde, waren alle weiblichen Darstellungen im Inneren der Kabine ohne Gesichtszüge.[24] Aus den Aufnahmen der ursprünglichen Fassung von 1967 geht hervor, dass zumindest ein Kopf mit einem Gesicht mit großen, breit geöffneten Augen gestaltet war. Der Blick, umrandet von einem Fächer von Wimpern, war verführerisch direkt auf den/die BetrachterIn gerichtet. In der ursprünglichen Fassung kamen also zu den oben beschriebenen zwei Blicke der BetrachterInnen und der permanent anwesende Blick der gemalten Frau hinzu. Nicht nur der Beobachtende beobachtete sie, sondern es passierte genau das gleiche auch umgekehrt. Der Blick der Frauengestalt kann bezüglich der Topographie des Voyeurismus als sogenannte ‚onlooking person' betrachtet werden. In der Geschichte der Darstellung wurden jene Figuren im Bild so genannt, die (oft bei sexuellen Praktiken) aus dem Bild heraus den Betrachtenden anschauen. Wenn wir den Blick erfassen, schreibt Sartre, hören wir auf, die Augen wahrzunehmen. Die Augen bleiben im Zustand der „Ausschaltung".[25] Er meint damit primär die Tatsache, dass die angeblickten Augen als Objekte der Wahrnehmung in einer genauen Distanz zu einem Selbst bleiben – „während der Blick ohne Distanz auf mir ruht und mich zugleich auf Distanz hält, das heißt, dass seine unmittelbare Anwesenheit bei mir eine Distanz ausbreitet, die mich von ihm fernhält."[26]

Durch das Hineinschauen in *Objekt I* konnte der/die BesucherIn einen Blick erleben, der die Augen ‚verdeckte' (damit ist der Blick des

23 Ebd.

24 Es gibt bisher keine Erklärung zu dieser Veränderung, das Detail wurde im Katalog zur monographischen Ausstellung 2012 nicht erwähnt.

25 Sartre: *Sein und Nichts*, S. 466.

26 Ebd.

Betrachtenden auf der gegenüberliegenden Seite gemeint), und einen, der dies nur simulierte (der/die BesucherIn nimmt nicht den Blick wahr, sondern nur die Augen der dargestellten Frau, wodurch, von Sartres Theorie ausgehend, es nicht zu deren Destruktion kommt, sondern diese in seinem Feld der Wahrnehmung als Präsentation verbleiben). Der simulierte Blick ist der permanente Blick. Der, der ‚wirklich' ist, wäre dann der, dessen Vermittler – das Auge – mit dem Sehen nicht wahrnehmen kann.

Der Blick des Voyeurs, den man in der Installation einnahm, ist eng mit der Dialektik von nah und fern verbunden. Die Partizipation des Voyeurs war primär visueller Natur und erfolgte grundsätzlich aus der Ferne, ohne Berührung und entsprechend ohne taktile Erfahrung. Im Falle von erotischen Inhalten wird der Voyeur oft mit visueller Penetration assoziiert. Der Wunsch, in feste Körper oder geschlossene Räume hineinsehen zu können, schreibt Peter Springer, ist eine andere Form des Wunschs, das Verborgene und Verhüllte gegen den Widerstand des Bergenden oder Umhüllenden sehen zu können.[27]

Springer spricht weiter über psychoanalytische Topoi und Sigmund Freud, der auf die Tatsache hingewiesen hat, dass im Fall der visuellen Penetration das Auge metaphorisch dem Phallus gleichen würde. Das visuelle Eindringen und Durchdringen wird unterschieden durch die Intensität des Blicks.

Das Interieur von *Objekt I* wurde dadurch, dass sich in seinem Inneren weibliche nackte Figuren versteckten, zu denen man nur gelangte, indem man eine Barriere ‚durchdrang', von erotischer Natur. *Objekt I* könnte auch eine Analogie zu den sogenannten *chambre close* gewesen sein – kleinen Räume, die sich in sogenannten *maison close* (Bordellen) befanden – oder zu den Sexkabinen, die für die nahegelegene Stadt Wien typisch waren und in denen sogenannter Kabinensex praktiziert wurde – Selbstbefriedigung vor Bildern. Charakteristisch für diese waren die unmittelbare Nähe und gleichzeitig die Unmöglichkeit der Berührung, die man durch das Schauen überbrückte. „Das Schauen als eigentlich distanzüberbrückende Form der Wirklichkeitsaneignung träte demnach – im Gegenteil – als distanzierendes Mittel an die Stelle der unmittelbaren Berührung."[28] Die Schaulust wird dadurch zur

27 Springer: *Voyeurismus*, S. 271.
28 Ebd., S. 251.

Kompensation dieser Distanz. Der Blick des Betrachtenden ins Innere, der erwartet, etwas zu sehen, dabei aber selbst nicht gesehen zu werden, wurde erwidert durch die Augen des gemalten Frauenbildes, wobei der/die BesucherIn ebenso zum potentiellen Objekt der Penetration wurde, indem er von anderen jederzeit beobachtet werden konnte.
Das Innere des Objekts war geschlossen, wodurch der Betrachtende das Gefühl haben konnte, dass er oder sie draußen stünde. In Wirklichkeit bildete dieser aber das Zentrum von diversen Blicken. Er oder sie konnte denken, dass er/sie den Blick erzeuge und bestimme. Tatsache war jedoch, dass er/sie zum Ziel eines Blicks wurde. Wie Vladimíra Büngerová schreibt, bleibt die Wahrnehmung der Sexualität nicht auf der Oberfläche, sondern findet ihren Ausdruck in den anthropologischen und kulturellen Referenzen.[29] Die Künstlerin bediente sich jenen Symbolen, die aus dem sozialen Bewusstsein ausgegrenzt wurden, und machte durch das direkte Anstoßen tabuisierter Themen ihrer Zeit darauf aufmerksam, wie sehr diese durch Vorurteile geprägt war. Im Kontext der 1960er Jahre war dies ein radikaler Zugang, der aufgrund der impliziten Kritik an der kleinbürgerlichen Prüderie, geringe Unterstützung fand.
Mit der Problematik des männlichen Blicks und der Darstellung der Frau in der Kunst, die eng mit Machtpraktiken und Manipulation zusammenhängt und in den feministischen Theorien beispielsweise von Laura Mulvey oder Griselda Pollock analysiert wurde, setzt sich dieser Text auch auseinander, jedoch vor allem um sich von ihnen abzugrenzen. Erwähnte Theorien wurden bei den bisherigen Untersuchungen zur spezifisch ‚genderartigen' Ikonographie Želibskás meiner Meinung nach nicht adäquat verwendet. Es wird hier daher der Versuch unternommen aufzuzeigen, dass Želibskás Vorhaben nicht entlang der binären Achse des männlich aktiven Blicks und weiblicher Passivität konstituiert war. Die Künstlerin eruierte vielmehr archetype und tabuisierte Themen mit Offenheit für alle möglichen Perspektiven, Stimuli und emotionale Rührungen jedes Geschlechts. Dabei spielten die Neugierde und Schaulust als übergeschlechtliche Kategorien die Hauptrolle.

29 Vladimíra Büngerová: Sex, príroda a video. In: Dies. / Lucia Gregorová (Hrsg.): *Zákaz dotyku*, S. 21–45, hier S. 38.

Aufbauend auf den Ausführungen von Laura Mulvey in ihrem Essay „Visual Pleasure and Narrative Film" (1975)[30] interpretierte Jana Oravcová den oben beschriebenen Blick als Hinweis auf die Kastrationsangst.[31] Nach Mulvey stellt die Frau in der patriarchalen Kultur ein Signifikat des männlichen Anderen dar, gebunden an die symbolische Ordnung, in der Männer ihre Phantasien und Obsessionen mittels Herrschaft der Sprache ausleben können. Sie zwingen diese dem schweigenden Bild der Frau auf, welche zur Bedeutungsträgerin – nicht zur Bedeutungsproduzentin – wird.[32] Oravcová beruft sich auf Mulveys Theorie, dass der Mann (aktiv) die (passive) Frau als Objekt anschaut und mittels seines Blicks stimuliert wird. Oravcová interpretiert die Augen im Gesicht als „monströs", damit erwecken die weiblichen Akte in ihrer Lesart nicht Lust, sondern eher Angst.

Wie Kaja Silverman schreibt, sind alle Subjekte ein Teil des sichtbaren Feldes. Die Kunstwerke sind nicht allein für den männlichen Betrachter geschaffen, sondern auch für den weiblichen; somit erachtet Silverman die Annahme, dass man automatisch das Gesehene beherrsche, als einen Irrtum.[33] In diesem Sinne ist jegliche Begrenzung auf den männlichen und weiblichen Blick nur bedingt produktiv. Im Vordergrund steht, dass Želibská in ihrer Installation die Erlebnisse und Erfahrungen der Lust sowohl dem männlichen als auch dem weiblichen Publikum anbot. Gerade sie als Schöpferin war die Prä-Voyeurin, weil sie die vorhandene Konstellation konzeptionell und intentionell vorbereitet hatte. Das wird noch deutlicher, betrachtet man das Bild *Toilette I* der Installation, in dem nicht ein Mann eine Frau anschaute, sondern eine Frau eine Frau. In diesem Bild wurde die Logik von Mulvey über den aktiven Mann und die passive Frau ausgehebelt. Die weiblichen Figuren repräsentierten in ihrer sexualisierten Darstellung Geschöpfe, die nur existierten, damit man sie anschaut (Begriff: *to-be-looked-at-ness* von Mulvey), mit dem Unterschied, dass der Beobachtende, der stimuliert werden sollte, genauso ein Mann wie auch eine Frau sein kann.

30 Laura Mulvey: Visuelle Lust und narratives Kino. In: Gislind Nabakowski / Helke Sander / Peter Gorsen (Hrsg.): *Frauen in der Kunst*, Bd. 1. Frankfurt am Main: Suhrkamp 1980, S. 30–46.

31 Jana Oravcová, *Ekonómie tela v umeleckohistorických a teoretických diskurzoch*. Bratislava: Slovart 2011, S. 102.

32 Mulvey: Visuelle Lust, S. 390.

33 Martina Pachmanová: Rozhovor Martiny Pachmanovej s Kajou Silverman. Svět po nás touží. In: Dies. (Hrsg.): *Věrnost v pohybu*. Prag: One Woman 2001, S. 51–62, hier S. 57–58.

Die Installation von Želibská verführte wegen ihrer reichen geschlechterspezifischen Ikonographie, klar sexualisierten Motiven und erotischer Spannung zu feministischen Interpretationen. Die Künstlerin allerdings bediente meines Erachtens diese Lesart nicht, sondern stellte die Lust mit ihren Möglichkeiten unabhängig vom Geschlecht dar. Sie überschritt die klassische Aufteilung in weibliches Objekt und männlichen Beobachter und ging damit weiter, als Mulveys Argumentation impliziert. Wie Margaret Olin schreibt, geht die Macht des Blicks über den Kampf zwischen den Geschlechtern hinaus.[34] Im Prinzip ist die Frage, wer wen in der Installation erfüllt und wer vor wem Angst hat, zweitrangig. Es ist eine Frage der Interpretation in Bezug auf die Theorien der sexuellen Politik des Sehens. Gerade (die) *Möglichkeit des Entdeckens* wurde zum auschlaggebenden Impuls, sich auf den Weg der kritischen Untersuchung der weiblichen und männlichen Prinzipien in deren fließenden Identitäten und Geschlechterkonzeptionen zu begeben. In den darauffolgenden Jahren dekonstruierte sie mittels verschiedener Medien die gewohnten Schemata des Denkens und brachte eine alternative Sicht auf die Kategorien Körper und Identität.

Das Moment der Neugier und die Sehnsucht durch das Hineinschauen in ein Schlüsselloch, um ein Geheimnis zu entdecken, stellt eine Analogie zwischen *Objekt I* und Marcel Duchamps *Étant donné* dar. Nach Herbert Molderings war Duchamps Arbeit eine künstlerische Antwort auf den Status der Kunst der Avantgarde nach dem Zweiten Weltkrieg und der in ihr verhandelten Beziehung zwischen Künstler, Kunstwerk und Publikum.[35] Das letzte Werk Duchamps ist Ursprung vieldeutiger Interpretationen. Fast alle sind sich jedoch einig, dass Duchamp in *Étant donné* die Rolle des Betrachtenden und seine Position im Raum zum Thema macht. Das Kunstwerk ist wie ein Perspektivraum nach der klassischen Methode der Zentralperspektive aufgebaut und wurde inspiriert durch das Medium des sogenannten Klappbildes.[36] Es handelt sich im Prinzip um ein Diorama – man kann die Installation nur auf einem einzigen Wege erfassen – durch das Hineinschauen durch zwei Löcher in einer alten Tür, die zum festen Punkt für den Beobachtenden wird. Duchamp kreierte in *Étant donné* durch das Hineinschauen

34 Margaret Olin: Pohľad. In: Robert S. Nelson / Richard Shiff (Hrsg.): *Kritické pojmy dejín umenia*. Slovart: Nadácia – Centrum súčasného umenia 2004, S. 368–381.

35 Herbert Molderings: *Die nackte Wahrheit. Zum Spätwerk von Marcel Duchamp*. München: Hanser 2012, S. 33.

36 Springer: *Voyeurismus*, S. 192.

Bedingungen für einen regulierten, mit Absicht fragmentierten Blick. Das Sehfeld ist ähnlich wie bei den optischen Apparaten stereoskopisch verjüngt. Durch die vorhandene Beschränkung des Blicks kann beim Betrachtenden das Gefühl einer Frustration entstehen. Diese schürt das Verlangen, mehr sehen zu wollen, was allerdings nicht möglich ist: wegen den Öffnungen auf der Tür wie auch wegen der darauffolgenden zweiten Schicht der Blickverschränkung – des Lochs in einer Wand, die sich im Abstand hinter der Tür befindet.

Mit dieser absichtlichen zweifachen Beschränkung des Blicks hat Duchamp den Blick nicht nur begrenzt, sondern vielmehr eine Art ‚Tunnelblick' provoziert, wodurch ein deutlicher dreidimensionaler Effekt der Tiefe entsteht. Im Gegensatz zu Duchamp versuchte Želibská keine Illusion der Tiefe zu erzeugen, sondern blieb bei der Beschränkung durch die Öffnungen und malte die Darstellungen sehr flächig und reduziert. *Objekt I* korrespondiert mit *Étant donné* formal auf zwei Ebenen: 1. Beide beziehen sich in ihrer Konstruktion auf präkinematographische Apparate; 2. Im Innenraum wird ein nackter (weiblicher) Körper in sinnlicher Pose dargestellt.

Bei dieser vergleichenden Analyse ist der Inhalt beider Kunstwerke und deren psychologisch-rezeptionelle Ebene zentral. Der Künstler und die Künstlerin setzten sich explizit mit dem Thema des Voyeurismus auseinander und machten den Betrachtenden innerhalb der Installation zum Voyeur. Die Anspielung auf die dem Voyeurismus eigenen Mechanismen verbanden sie mit der gelenkten Rezeption und Perzeption, sowohl auf mechanischer wie auch auf psychischer Ebene. Sie manipulierten nicht nur den Körper des/der BesucherIn, sondern auch den Blick und damit das Bewusstsein. Ebenso verbanden sie die konkrete Situation, also die motorische und mentale Disposition des Beobachtenden, mit dem Raum der Installation, indem sie verschiedene Voraussetzungen für die Transformation des Subjekts zum Objekt des Betrachtens und vice versa schufen.

Das Element der Neugierde, die im Betrachtenden in dem Moment entstehen konnte, wenn dieser sich vor Duchamps Tür oder vor Želibskás *Objekt I* befand, wird zum gemeinsamen Ausgangspunkt. Wie oben beschrieben knüpften beide an das Format der *peepshow* und an die optischen Apparate, durch welche die sogenannten *pièces curieuses* präsentiert wurden, an.[37] Nachdem man die Neugierde des/der BesucherIn geweckt hatte, wurde diese/r un/freiwillig zum Voyeur

37 Springer: *Voyeurismus*, S. 192.

und in ihm die Seh(n)sucht nach dem im Inneren versteckten Geheimnis geweckt. Bei Duchamp geht das Gefühl der Frustration über das, was man nicht sehen kann, mit der Sehnsucht Hand in Hand. Gleichzeitig verweist die Sehnsucht auf die Möglichkeit eines potentiellen erotischen Amusements, was bei der Installation von Želibská überwog. Ihr Malstil war sehr flächig, spielerisch, reduziert, was die ‚kulissenartige' Darstellung und damit den Unterschied zwischen Repräsentation und realem Körper, unterstrich.

Im Gegensatz dazu benutze Duchamp für seine Installation eine Puppe, die aus Schweinehaut angefertigt wurde und wie ein echter Torso im Innenraum liegt. Der Betrachtende wird in eine etwas ungewöhnliche Perspektive gedrängt – er sieht dem Torso direkt zwischen die Beine. Die restlichen Bestandteile des Interieurs wie das gefundene Objekt, eine Gaslampe und ein Landschaftsbild rufen bei der Betrachtung die unangenehme Assoziation auf, womöglich gerade eine Leiche anzuschauen, was durch das dämmrige Licht verstärkt wird. Bei Duchamp evoziert die surreale Synthese verschiedener Objekte zu einem Ganzen etwas nicht Erlaubtes – man wird Zeuge von etwas, was man nicht sehen soll. Im Gegensatz dazu gestaltete Želibská einen Raum im Raum, so dass man von allen Seiten hineinschauen konnte. Dadurch erreichte sie eine Polyperspektivität und verschiedene Kombinationsmöglichkeiten in Hinblick auf die räumliche Disposition und die mentale Rezeption. In jenem Moment, in dem der/die BetrachterIn glauben könnte, er/sie wäre allein, bestand die Möglichkeit, dass er/sie von der gegenüberliegenden Seite beobachtet wurde. Damit wurde das Auge des Anderen zum Bestandteil der Installation, wobei dieser rein zufällig als ein reales Außen ins Blickfeld geriet. Die von außen eher unauffällige Kabine transformierte sich zur magischen Welt der möglichen Erlebnisse und Entdeckungen.

Duchamp war mit Jean-François Lyotard befreundet, und bei einem seiner Besuche sah er bei ihm das Bild *Ursprung der Welt* von Gustave Courbet, das zur Inspiration für *Étant donné* wurde. Als Lyotard dann die Installation sah, meinte er, dass hinter der Tür nichts anderes als das weibliche Geschlecht zu sehen sei, das im Gegensatz zu Courbets Arbeit aber durch die Verhüllung mit ‚unverschämtem' Blick betrachtet werden könne.[38]

38 Jean-Francois Lyotard: *Die TRANSformatoren DUCHAMP*. Stuttgart: Edition Schwarz 1987, S. 6.

Molderings setzt sich mit *Étant donné* aus einer kulturkritischen Perspektive auseinander und erklärt, wie Duchamp in diesem Werk auf die Tradition von Charles Baudelaires Essay *Fotografie und das moderne Publikum* anknüpfte und auf die Stereoskopie zurückgriff, die sowohl die Massen- als auch die öffentliche Voyeurismuskultur hervorbrachte.[39] In diesem Sinne kann man *Étant donné* als eine direkte Auseinandersetzung mit den fundamentalen Konstruktionsprinzipien des neuzeitlichen westlichen Bildes verstehen.[40]

Der Vorhang

Das zentrale Motiv von Želibskás Installation war neben dem (Schlüssel-)Loch der Vorhang. Seine Hauptaufgabe – aus historisch-anthropologischer Sicht – war den Blick auf etwas ‚Verbotenes' zu versperren. Dabei hatte der Vorhang als Materialisierung dieses Verbots einen ambivalenten Charakter: Auf der einer Seite diente er dazu, Dinge zu verhüllen, auf der anderen barg er in sich die permanente Möglichkeit der Abdeckung. Der Vorhang diente als optisch-räumliches Instrument zum Erhalt der Distanz. Diese Aufgabe der Separierung implizierte gleichzeitig die Möglichkeit, dieselbe zu überwinden – durch die Ignoranz des Verbots.[41] Die Möglichkeit, die Dinge hinter dem Vorhang zu sehen, war historisch gesehen nur für einen engen Kreis Auserwählter reserviert. In *Möglichkeiten des Entdeckens* kreierte die Künstlerin einen Raum innerhalb einer Galerie, in dem der/die ZuschauerIn aufgefordert wurden mitzuwirken und die Geheimnisse zu entdecken. Želibská setzte den Vorhang mehr in seiner enthüllenden Funktion als in seiner verdeckenden ein. Der Vorhang war in 8 Teilen der Installation zu finden (*Toilette I*, *Toilette II*, *Haare*, *Striptease (Ohr)*, *Nase I*, *Nase II*, *Sie*, *Objekt II*) und zumeist halb zur Seite geschoben, wodurch er seine Funktion negierte. Teilweise wirkte er dekorativ und lud den/die BesucherIn zur Interaktion ein – jede Verschiebung des Vorhangs ermöglichte die Entdeckung eines anderen Teils des Bildes und gleichzeitig seine Verdeckung. Der Vorhang hatte keine trennende Funktion, er war

39 Molderings: *Die nackte Wahrheit*, S. 48–49.

40 Ebd., S. 39. Molderings beschreibt die enge Zusammenarbeit und Freundschaft zwischen Duchamp und Friedrich Kiesler, der in seinem Laboratory for Design Correlation Experimente mit Apparaten machte, welche von den prä-kinematographischen Apparaten ausgingen.

41 Springer: *Voyeurismus*, S. 38.

die materialisierte Anwesenheit des tabuisierten nackten weiblichen Körpers. Ebenso war er Träger der Hauptidee – die Konzentration auf die sinnliche Wahrnehmung. Mit den Sinnen nimmt der Mensch nicht nur sexuelle Impulse wahr, sondern erkennt vor allem die Welt um sich herum. Das Wegschieben des Vorhangs war schon im Christentum eng verknüpft mit der Idee der Erkenntnis – *relevatio veritatis*.[42]
Exemplarisch wird im nächsten Abschnitt das Diptychon *Toilette I* und *Toilette II* analysiert. *Toilette II* zeigte zwei Figuren, die fragmentarisch zu sehen waren, als ob die Künstlerin die Ränder eines größeren Bildes abgeschnitten hätte. Die weibliche Figur rechts trug eine längere Unterhose und ein Unterhemd. Ausgehend von der Position des linken Arms war sie mit dem Rücken zum Betrachtenden gekehrt. Der Kopf war vermutlich im Profil zu sehen, allerdings nur im Ansatz. Ein bemerkenswertes Detail war die Spitzenbordüre am unteren Rand der Unterhose, die als *object trouvé* – ein Textilband entlang der Oberschenkel – in das Bild einkomponiert worden war. Die Farbigkeit war pastellartig, und die erhobenen Arme der Frau erweckten den Eindruck, dass sie sich gerade auszöge. Der Hintergrund war indifferent, beide Figuren befanden sich in einem nicht genau zu bestimmenden Raum. Die weibliche Figur rechts war allein durch Konturen und graubraune Farbe gestaltet. Wahrscheinlich war sie von hinten dargestellt, wie sie sich nach vorne beugt, während sie sich mit einem Arm auf ihren Oberschenkel stützte. Ihr Vorbeugen evozierte die Position einer Voyeurin, die durch ein Schlüsselloch in Richtung der anderen Frau schaute.
Bei der aktuellen Version der *Toilette II* fehlt ein kleines Detail, das allerdings von größerer Bedeutung für die Analyse ist. In der ursprünglichen Version, wie sie in der Galerie Cyprián Majerník (Bratislava 1967) ausgestellt wurde, befand sich oben links ein weiteres *objet trouvé* – eine Schlüssellochverdeckung ohne Griff, die ornamental umrandet und nach unten verjüngt war. Anstelle des Griffs befand sich eine runde, dekorierte Erhöhung. Die gesamte Form erinnerte an die Form der weiblichen Geschlechtsteile, wobei die Erhöhung demnach die Stelle der Klitoris einnehmen würde. Der schwarze Hintergrund kontrastierte stark mit der zarten Farbgebung des Bildes und könnte als eine Tür interpretiert werden.

42 Ebd., S. 40.

Das Schlüsselloch, schreibt Sartre, ist gleichzeitig ein Instrument und ein Hindernis, das im Fall einer Tür zwei Räume trennt. Es dient im Gegensatz zum Spion dazu, die Tür auf- und zu zuschließen. Auf dem Bild befindet sich ebenso ein Vorhang, der in der ursprünglichen Version von *Toilette II* dekorativ und dadurch auch weniger durchsichtig war. Komplett zugezogen bleibt das Bild aufgrund des dünnen Stoffs sichtbar, durch das Zusammenraffen des Vorhangs verliert dieser seine Transparenz. Je mehr der Betrachtende den Vorhang zusammenzog, desto klarer sah er den Rest der Darstellung und umso weniger den abgedeckten Teil davon. In der ursprünglichen Version verstärkte sich durch den Vorhang gerade die oben beschriebene Ambivalenz. Zu erkennen, in welcher Position sich die Figuren befanden und um was für eine Handlung es im Bild ging, wurde erschwert. Da nur Konturen zu sehen waren, war es im ersten Moment schwierig, genauer zu identifizieren, ob es sich um männliche oder weibliche Figuren handelte. Diese Unklarheit motivierte den Betrachtenden zur Interaktion, er musste den Vorhang zur Seite ziehen, hin und her schieben und die Details untersuchen.

In *Toilette II* (1967) kreierte Želibská drei Raumebenen: Als erste Ebene verbarg der Vorhang das Objekt, hinter dem Vorhang fand sich in der zweiten Ebene das Bild, die auf diesem aufgebrachte Schlüssellochverdeckung stellte eine fiktive dritte Ebene dar. Durch Einsatz von minimalen, reduzierten Mitteln überwand die Künstlerin die klassische Disposition der Malerei und ließ die Stereotype der traditionellen Darstellung zurück. Hinzu kam die Tatsache, dass das Bild Teil einer größeren, rahmenden und kontextualisierenden Installation war.

An dieser Stelle soll auf drei kleinere Objekte aufmerksam gemacht werden, die nur noch auf den Aufnahmen der Installation, wie sie 1967 präsentiert wurde, zu sehen sind.[43] Auf einem davon befand sich ein Spion, der den/die BesucherIn zum Hineinschauen animierte. Die Spannung zwischen den Einzelteilen der Installation, bei denen der Blick etwas im Inneren erfassen konnte (*Objekt I*), und jenen, bei welchen der Blick in die Tiefe nur eine Illusion war (*Toilette I*), dynamisiert die Rezeption des gesamten Raums.

43 Erhalten bis heute ist nur das Bild *Relief I* (1967), das mit einem *object trouvé* – einem Lockenwickler – ergänzt wurde.

Der Schwerpunkt der Installation lag in der sinnlichen Wahrnehmung, was auch in der Darstellung von einzelnen Sinnesorganen seinen Ausdruck fand. Wie Christoph Wulf schreibt, schaffen die menschlichen Sinne die Grenze zwischen dem Körper und der Welt, zwischen dem Inneren und dem Äußeren. Zugleich stellen diese eine Zwischenkörperlichkeit dar. Das Sehen und Hören sind Fernsinne, während Riechen, Schmecken und Tasten als Nahsinne bezeichnet werden.[44] In ihrem Text zum „Bodily Ego" beruft sich Kaja Silverman auf das Werk des österreichischen Psychoanalytikers und Neurologen Paul Schilder, demzufolge der menschliche Körper nicht nur das Produkt eines physischen Kontakts ist, sondern wesentlich dadurch geformt wird, wie sehr dieser von anderen begehrt und durch die Werte, die ihm durch Berührung vermittelt werden, bestimmt wird.[45] Anknüpfend an Henry Head benutzt Schilder zur Bezeichnung des physischen Ichs das „posturale Modell des Körpers", das die taktilen und kinästhetischen Wahrnehmungen beinhaltet.[46] Das posturale Modell des Körpers ist fließend, weil die Koordinaten nicht konstant sind, sondern sich stetig transformieren. Die Wahrnehmungen der Haut, das wesentliche Element dieses Modells, würden ohne soziale Kontakte nicht entstehen, deswegen kann man diese nur durch die Beziehung zwischen dem Körper und der Objektwelt definieren. Nach Schilder ist das sinnliche Ich ein Produkt der Beziehung zwischen dem Körper und dessen kultureller Umgebung. Die Oberfläche des Körpers kann nur dann wahrgenommen werden, wenn diese mit anderen Oberflächen in Kontakt tritt. Die Konturen der Haut lassen sich nicht wie eine glatte und feste Oberfläche empfinden. Der Umriss der Haut verliert sich – zwischen der Außenwelt und dem Körper existieren keine scharfen Grenzen.

Die Installation *Möglichkeit des Entdeckens* war ein performativer Raum, für den der kinästhetische, multisensorische und transtemporäre Handlungsvollzug eine zentrale Rolle spielte.[47] Während die BesucherInnen umherliefen, sahen, hörten und rochen, schufen sie eigene

44 Christoph Wulf: Das gefährdete Auge. Ein Kaleidoskop der Geschichte des Sehens. In: Dietmar Kamper / Christoph Wulf (Hrsg.): *Das Schwinden der Sinne*. Frankfurt am Main: Suhrkamp 1984, S. 21–45, hier S. 21.

45 Kaja Silverman: *The Threshold of the Visible World*. London: Routledge 1996, S. 11.

46 Paul Schilder: *Das Körperschema. Ein Beitrag zur Lehre vom Bewusstsein des eigenen Körpers*. Berlin: Springer 1923.

47 Fischer-Lichte / Wulf: Vorwort, S. 28.

Räume. Ihr Blick formte den Raum und gleichzeitig wurde dieser von der räumlichen Dispositionsordnung geführt. Mit dem Gehen verband sich nach de Certeau der „Stil der taktilen Wahrnehmung". Psychologische Untersuchungen legen nahe, dass taktile Wahrnehmung für den Raum wesentlich ist. Wenn man sich bewegt, dann verringert oder vergrößert man seine Distanz zu Dingen. Die räumliche Wahrnehmung beruht zum großen Teil auf der Möglichkeit des Greifens nach Objekten, ihren Formen und ihrer Positionierung in Hinblick auf den Betrachtenden. Man kann das übergreifende Konzept der Wahrnehmung als perzeptuellen Zyklus (*perceptual cycle*) bezeichnen. Dieser umfasst alle Sinne und entsteht im Zusammenspiel zwischen Wahrnehmung und Bewegung. Dieser Prozess ist nicht in einzelne Etappen teilbar, was auf die Tatsache verweist, dass jede aktuelle Wahrnehmung mit den vergangenen Erfahrungen verbunden ist und dadurch gleichzeitig einen antizipatorischen Charakter gewinnt.[48]

Das Bild *Striptease (Ohr)* war in erster Linie ein Hinweis auf das Gehör, das durch das Organ Ohr symbolisiert wurde. Die zweifache Darstellung der *Nase*, die als Diptychon komponiert wurde, wies auf den Geruchssinn hin. Freud bezeichnet den Wunsch nach Hören und Sehen (Skopophilie) als Ausdruck des Sexualtriebs, der im Vergleich zu anderen Trieben durch den Mangel an etwas oder durch die Abwesenheit von etwas gekennzeichnet sei. Sowohl das Ohr als auch das Auge bräuchten demnach die Entfernung zum Objekt des Begehrens. Aus diesem Grund charakterisiert Freud die Beziehung, in der das Sehen oder Hören zu den Objekten steht, als mehr oder weniger unbefriedigend. Während die anderen Sinne auf den direkten Kontakt mit dem Objekt angewiesen sind, funktionieren das Sehen und Hören primär auf Entfernung. Lacan weist darauf hin, dass Freud in *Triebe und Schicksale* den „Schautrieb" abgesondert hatte, weil dieser mit den anderen Trieben insofern nicht homologisch sei, als dieser am gänzlichsten den Begriff der Kastration meide.[49]

Für das posturale Modell des Körpers nach Schilder sind die Körperöffnungen zentral. Durch diese tritt der Mensch in Kontakt mit seiner nächsten Umgebung und aus diesem Grund sind sie zentral für das körperliche Begehren. In der Installation von Želibská fanden sich reale

48 Fischer-Lichte / Wulf: Vorwort, S. 25–28.

49 Lacan: *Die vier Grundbegriffe*, S. 84.

Öffnungen in diversen Ausprägungen: Schlüsselloch, Spion, Brustwarzen, Bauchnabel und Löcher wie in *Objekt I*. Ergänzend zu dieser Aufzählung könnte man hier die Darstellungen des Ohrs oder der Nase anführen. Das Ohr hatte an der Stelle, wo – wenn vorhanden – üblicherweise der Ohrring steckt, eine im Kreis geraffte Spitzenbordüre mit einer Brosche in ihrer Mitte. Das Ohr mit den umgebenden Raffungen des Stoffs verwies formal auf die weiblichen Geschlechtsteile. Erogene Zonen sind nach Schilder mehr als ein Bestandteil der Sexualität, sie sind auch ein Zug des physischen Ichs. Um sich selbst verstehen zu können, brauche man nicht nur die Anregungen visueller Bilder, sondern auch bestimmte physische Reize wie beispielsweise Berührungen, die eher durch soziale als durch physische Bedingungen bestimmt sind.

Ohr und Nase in der Installation waren nicht geschlechtsspezifisch,[50] die restlichen Darstellungen stellten ohne Zweifel eine weibliche Physiognomie dar (*Brüste, Venus, Toilette I* und *II*). Etwas unbestimmter war es im Bild *Striptease (Kopf)*, da nicht klar wurde, ob es sich um einen männlichen oder weiblichen Kopf handle und ob dieser von vorne oder von hinten zu sehen sei. Ein kleiner Hinweis auf eine weibliche Figur konnte die Spitzenbordüre am Kragen gewesen sein. Mitten im Kopf hatte die Künstlerin eine Unterhose gemalt, welche wie in *Toilette II* ebenso mit Spitze umrandet war. Anstelle vom Schoß wurde ein kleines Herz mit einem weiteren Element gezeigt, einer geflügelten auf einer Konsole stehenden Figur mit gespreizten Beinen und gekreuzten Armen. Ein weiteres Detail war ein Strumpfhalter, der als *objet trouvé* an die Unterhose komponiert wurde. Die Darstellung konnte als Anspielung auf das Träumen oder die Kraft der Imagination interpretiert werden und verwies darauf, dass sich Erotik in der Vorstellungskraft des Menschen abspielt. Durch das symbolische Auf- und Zuziehen des Vorhangs konnte der/die BesucherIn das, woran die dargestellte Person denken mochte, entdecken oder verstecken.

Eine weitere Dimension der programmatischen Nutzung des Vorhangs bei Želibská war seine transparente Form (meistens in weißer Farbe), was an einen Brautschleier erinnerte. Ein Schleier verbirgt in diesem Kontext etwas Wertvolles, Heiliges, Besonderes und dient der

50 Die bisherigen Texte gehen aus unbekannten Gründen davon aus, dass die dargestellten Organe weiblich sind.

auratischen Steigerung. Diese markiert eine Schwelle oder einen Durchgang. In Verbindung mit der Aktivität des/der BesucherIn und des sexuellen Charakters der Werke kreierte Želibská ein Feld der *concupiscentia* und gestaltete den Raum als Labyrinth der Sehnsucht, Leichtigkeit, Lust und Selbstreflexion. Im Hinblick auf die Tatsache, dass diese Bilder von Beginn an für eine Ausstellung bestimmt waren und in der Galerie Cyprián Majerník der Öffentlichkeit präsentiert wurden, wurde der private Charakter nur konzeptionell ‚vorgetäuscht'. Die pastellartige Farbigkeit und die reduzierten Linien lenkten die Aufmerksamkeit des Betrachtenden von jeglichem dokumentarischen Narrativ ab. Die einzelnen Komponenten der Installation wurden mit dem Ziel gestaltet, den Betrachter zu verführen, zu bezaubern und ihn gleichzeitig durch das Aufrufen widersprüchlicher Gefühle zu irritieren.

Alternative Sichtbarmachung

Zu Evidenz, Rhetorik und Distanzierung in Taryn Simons *A Living Man Declared Dead and Other Chapters I–XVIII*

Nina Kathalin Bergeest

Evidenz meint im allgemeinen Sprachgebrauch das, was unmittelbar einleuchtet, was klar vor Augen steht. Doch die Verwendung des Begriffs selbst ist alles andere als eindeutig und gewiss. Neben einer Vielzahl von Evidenzen lässt sich eine ebenso beachtenswerte Anzahl von Verfahren, Evidenz herzustellen, beschreiben. Im deutschsprachigen Raum ist das Evidenzphänomen im letzten Jahrzehnt zunehmend in den Fokus der Kultur-, Medien- und Bildwissenschaften gerückt. Dabei tauchen zwei Aspekte in den Debatten immer wieder auf: die Frage nach einer ikonischen Evidenz des Bildes sowie einer spezifisch fotografischen Evidenz.[1] Die Befragung der evidenzerzeugenden Kraft

1 Vgl. Sabine Becker / Barbara Korte (Hrsg.): *Visuelle Evidenz. Photographie im Reflex von Literatur und Film*. Berlin: de Gruyter 2011; Gottfried Boehm / Brigit Mersmann / Christian Spies (Hrsg.): *Movens Bild. Zwischen Evidenz und Affekt*. Paderborn: Fink 2008; Gabriele Wimböck / Karin Leonhard / Markus Friedrich (Hrsg.): *Evidentia. Reichweiten visueller Wahrnehmung in der Frühen Neuzeit*. Berlin: Lit 2007; Michael Cuntz / Barbara Nitsche / Isabell Otto / Marc Spaniol: Die Listen der Evidenz. Einleitende Überlegungen. In: Dies. (Hrsg.): *Die Listen der Evidenz*. Köln: DuMont 2008, S. 9–33.

Abb. 1: Taryn Simon: Ausstellungsansicht, *A Living Man Declared Dead and Other Chapters I–XVIII*, Neue Nationalgalerie, Berlin, 2011.

fotografischer Bilder sowie ihr Einsatz als Dokument bzw. Beweismaterial ist auch das zentrale Thema, das sich wie ein roter Faden durch die bisherigen Werke der US-amerikanischen Künstlerin Taryn Simon zieht. Ihre mehrteiligen Arbeiten bestehen aus Serien fotografischer Aufnahmen, die stets mit einer Bildunterschrift und einem beschreibenden Kurztext versehen sind.

Ihre raumgreifende Installation *A Living Man Declared Dead and Other Chapters I–XVIII*, die 2011 erstmals in der Neuen Nationalgalerie Berlin und der Tate Modern in London gezeigt wurde, erweist sich formal als besonders komplex. Ausgehend von Blutsverwandtschaften, den sogenannten „Bloodlines", die Simon ihrer Untersuchung als „absoluten Katalog" zugrunde legte, recherchierte die Künstlerin vier Jahre lang akribisch die individuellen Schicksale von Menschen aus aller Welt, die bereits von westlichen Medien mehr oder weniger ausführlich behandelt wurden.[2] In den resultierenden achtzehn Kapiteln materialisieren sich die Geschichten, meist

2 Taryn Simon: The Stories behind the Bloodlines. TEDSalon London, November 2011. http://www.ted.com/talks/taryn_simon_the_stories_behind_the_bloodlines (Zugriff am 23.09.2014), hier Min. 3:25–4:00.

Abb. 2: Taryn Simon: Ausstellungsansicht, *A Living Man Declared Dead and Other Chapters I–XVIII*, Tate Modern, London, 2011.

ausgehend von einer Hauptperson, in einem vielschichtigen Verweissystem von fotografischen Aufnahmen und textlichen Elementen. Der begleitende Ausstellungstext weist die Betrachter_innen daraufhin, dass in dieser repetitiven formalen Gesamtkomposition aus zwei äußeren Bild- und einer zentralen Texttafel die Stellung des Individuums im Kontext von Familie, Gesellschaft und Kultur sichtbar gemacht und durch die serielle Einheitlichkeit der Kapitel in eine direkte Vergleichbarkeit gebracht werden soll.[3] Dass dieser Vergleich keine Erkenntnis im Sinne einer systematischen Wahrheitsfindung liefern kann bzw. soll, wird bereits in den beiden Katalogtexten zur Ausstellung angedeutet. Simons Arbeiten würden konkrete Antworten verweigern und den Anspruch negieren, die Realität treu abzubilden.[4] Homi Bhabha kritisiert, dass Simons Werk bisher wiederholt mit Formen von Realismus in Verbindung gebracht und ihre fotografische Arbeit als dokumentarische Erfassung eines „real subject matters" charakterisiert worden sei.[5]

3 Siehe http://tarynsimon.com/works_livingmanindex.php (Zugriff am 14.12.2014).

4 Taryn Simon: *A Living Man Declared Dead and Other Chapters I–XVIII*. Ausstellungskatalog Neue Nationalgalerie. Berlin: Staatliche Museen 2011.

5 Homi Bhabha: Beyond Photography. In: Ebd., S. 7–21, hier S. 9.

Geoffrey Batchen argumentiert ergänzend, dass ihre Arbeitsweise vielmehr als facettenreiche Verbindung des – durch Walker Evans in den 1930er Jahren erstmals im amerikanischen Raum etablierten – dokumentarischen Stils mit den strukturalen und semiotischen Anliegen konzeptueller Kunst zu verstehen sei.[6] Im Sinne einer solchen Konzeptuellen Fotografie lasse sich *A Living Man Declared Dead and Other Chapters* nicht als eine fotografische Dokumentation menschlicher Schicksale verstehen, die einen bestimmten Anspruch auf universale Aussagen erhebe. Batchen hält dem das Negativbeispiel der fotografischen Ausstellung *The Family of Man* von Edward Steichen aus dem Jahr 1955 entgegen, in welcher der Versuch unternommen worden sei, die universale Bedeutung einer Conditio Humana herauszustellen. Simons Arbeit beziehe sich auf diese Versuchung, gerade um sie grundlegend zu hinterfragen.[7]

Wenn es also nicht um eine realistische Dokumentation globaler Schicksale geht, drängt sich die Frage auf, was durch die über eintausend fotografischen Aufnahmen und die mit ihnen eng verzahnten Texte sichtbar gemacht wird und auf welche Weise dies geschieht. Nach dem Bild-Text-Verhältnis in Simons Werken zu fragen, ist kein an sich neuer Ansatz.[8] Allerdings wurde die Relevanz des Zusammenspiels bisher nur benannt, ohne genau zu analysieren, wie sich dieses formal gestaltet.[9] Im Rahmen dieser Publikation zu *Räumen der Unsichtbarkeit* wird Taryn Simons bisher komplexeste Werkgruppe als ein Raum alternativer Sichtbarmachung gedeutet. Ausgehend von den skizzierten Interpretationsansätzen Bhabhas und Batchens soll gezeigt werden, dass sie ihre, an eine wissenschaftliche Analyse erinnernde Vorgehensweise durch die formale Gestaltung der Kapitel als prozessuale Arbeit offenlegt.

6 Geoffrey Batchen: Revenant. In: Ebd., S. 739–753, hier S. 751.

7 Ebd., S. 741.

8 U. a. weisen Batchen und Bhabha auf das Zusammenspiel von Bild und Text sowie die konstitutive Rolle des Betrachtenden hin.

9 Die bisherige Forschungsliteratur zu den Werken Simons ist bis zum jetzigen Zeitpunkt überschaubar. Neben den zwei im Ausstellungskatalog erschienenen Aufsätzen liegen einige Ausstellungsrezensionen und Kritiken vor, die das Werk weder formal noch inhaltlich angemessen erfassen. Siehe u. a. Erich Aichinger: Blutgruppen. In: *Texte zur Kunst*, 15.12.2011. http://www.textezurkunst.de/daily/2011/dec/15/taryn-simon-nationalgalerie-eric-aichinger/ (Zugriff am 01.02.2014); Daniel Baumann: That Black Hole. In: Taryn Simon: *Birds of the West Indies*. Ostfildern: Hatje Cantz 2013, S. 7–23.

Abb. 3: Taryn Simon: CHAPTER I,
A Living Man Declared Dead and Other Chapters I–XVIII, 2011,
gerahmte Farbdrucke von Archivmaterial und Text, 213,4 x 301,7 cm.

Dadurch wird sichtbar, was sonst zumeist hinter einer scheinbar unmittelbaren Offensichtlichkeit, Gewissheit oder Augenscheinlichkeit im Dunkeln bleibt: der Prozess der Evidenzherstellung.

A Living Man Declared Dead

Innerhalb der zwei formal sehr unterschiedlichen Ausstellungsinszenierungen, auf die später noch genauer einzugehen ist, gliedert sich *A Living Man Declared Dead and Other Chapters I–XVIII*, wie der Titel bereits erahnen lässt, in achtzehn Kapitel. Jedes dieser Kapitel besteht aus einem dreiteiligen Aufbau gerahmter Tafeln. Die beiden äußeren Bildtafeln werden durch eine mittlere, deutlich schmalere Texttafel zusammengehalten. Die von den Betrachter_innen aus gesehen linke Tafel zeigt eine Reihung gleichförmiger Porträts vor neutralem Grund, welche die „Bloodline", die genealogische Abfolge aller noch lebenden Verwandten eines Protagonisten, repräsentiert. Im oberen Teil der Texttafel sind zu jedem Porträt persönliche Angaben wie Name, Geburtsdatum, Profession und Wohnort aufgelistet. Unterhalb folgt eine Erzählung, die das persönliche Schicksal der sogenannten „Point Person", von der das Kapitel im Kern handelt, sachlich darstellt. Die Anmerkungen der nachgestellten Liste verweisen wiederum auf die Fotografien der rechten Bildtafel. Diese Tafel der „visuellen Fußnoten" ergänzt jedes Kapitel zu einem Triptychon. Im Gegensatz zu der strengen Ordnung der ersten beiden Rahmen wirkt die Anordnung der Fotografien aufgelockert und assoziativ zusammengestellt. Sie zeigen persönliche und zeitgeschichtliche Dokumente, Objekte, Porträts, Landschaft- und Stadtansichten sowie Gemälde oder Videostills.

Das erste Kapitel gibt der Werkgruppe ihren Titel und eignet sich für eine exemplarische Untersuchung der grundlegenden Struktur des Werkes. Die Porträttafel zeigt acht Männer, vier Frauen und sechs Jungen mit im Schoß liegenden Händen und einem ernsten, die Kamera fixierenden Blick. Die restlichen fünf Felder sind leer. Durch die Liste innerhalb der Texttafel ist zu erfahren, dass fast alle Abgebildeten den Nachnamen Yadav tragen und in den indischen Bundesstaaten Uttar Pradesh oder Punjab wohnen. Zudem gibt sie Aufschluss über die lückenhafte Porträtreihe und nennt Gründe für die Abwesenheit der Personen in einigen Aufnahmen wie beispielsweise: „Emergency/ 70 homes destroyed in village fire" oder „Participation not permitted for religious and social reasons".[10] Der nachfolgende Fließtext fügt den Bildern einen im Einzelnen fehlenden Kontext hinzu. Wir erfahren die nahezu unglaubliche Geschichte der Person, die den Beginn der Porträtreihe bildet: *A Living Man Declared Dead*. Der indische Bauer Shivdutt Yadav stellt bei einem Besuch des lokalen Grundbuchamts fest, dass die Behörden ihn und seine Brüder als verstorben führen. Dokumente belegen zudem, dass ihr Landbesitz auf entferntere Erben des Vaters übertragen worden ist. Die Todeserklärungen erreichten diese durch die Bestechung von Beamten. Die Versuche, ihren offiziellen Status als lebende und daher rechtmäßige Eigentümer zurückzuerlangen, scheiterten. Neben diesen persönlichen Angaben liefert der Text Informationen, die helfen, das Einzelschicksal gesellschaftlich und politisch zu verorten. Es heißt, in Indien komme es aufgrund der steigenden Bevölkerungszahl und dadurch verursachten Grundstücksengpässen häufig zu Bestechungen, mit dem Ziel, Menschen für tot erklären zu lassen, um das staatlich gesicherte Recht am Grundstück

10 Simon: *A Living Man Delcared Dead*, S. 35–36, 40–41.

zu erlangen. Die betroffenen Personen sind in Simons Text durch Nummern gekennzeichnet, und der Blick zurück zur Porträttafel gibt den Betroffenen ein Gesicht.

Die Erzählung wird zudem ergänzt durch die „visuellen Fußnoten“. Die Fotografie rechts oben zeigt das Ganzkörperporträt eines Mannes, der aufrecht vor einem aus dem Bild ragenden, kräftigen Baumstamm steht. Unterhalb befinden sich die Aufnahmen zweier Schriftstücke. Auf dem linken sind neben einem nicht ohne weiteres verständlichen Text vier schwarzweiße Brustporträts aufgebracht, die an Passbilder erinnern. Fingerabdrücke verbinden die Fotografien mit dem Papier. Das nebenstehende Schriftstück ist tabellenartig aufgebaut – mit handschriftlichen Ergänzungen in scheinbar derselben Sprache. Unterhalb der beiden Dokumente findet sich die Aufnahme eines auf einer ruhigen Wasseroberfläche treibenden leblosen Körpers. Für sich betrachtet scheinen diese vier Aufnahmen nicht viel mehr zu verraten als die Porträts der ersten Tafel. Wir können den Text der Dokumente nicht lesen, weder den Toten noch den Lebenden identifizieren, geschweige denn den genauen Ort oder Zeitpunkt der Aufnahmen ausmachen. Es ist wiederum die Texttafel, die Aufschluss bietet. Dort steht zu lesen, dass es sich bei dem oberhalb Porträtierten um Ram Seurat Yadav handelt, welcher ebenfalls behördlich als verstorben geführt wird. Jenes tabellarische Schriftstück ist das amtliche Dokument, das den Tod belegen soll. Der nebenstehende Brief mit Bildnissen und Fingerabdrücken zeigt den auch im Fließtext erwähnten Versuch der Dorfbevölkerung, das Gegenteil zu beweisen. Über die Abbildung des leblosen Körpers ist hingegen nur zu erfahren, dass es sich dabei um einen anonymen, auf dem Ganges treibenden Toten handelt. Die Verbindung zur Erzählung bleibt ungewiss.

Das erste Kapitel stellt dem gesamten Werk folglich einen eklatanten Widerspruch voran: Ein offizielles Dokument bescheinigt den Tod des Protagonisten, während seine Porträtaufnahme augenscheinlich das genaue Gegenteil beweist. Diesem Kapitel gebührt so nicht nur als Namensgeber der Arbeit besondere Aufmerksamkeit, sondern ähnlich einer Einleitung verdichten sich hier die zentralen formalen und inhaltlichen Strukturen, die sich durch das gesamte Werk ziehen. Kein Bild in *A Living Man Declared Dead* erscheint ohne sprachliche Kontextualisierung. Das Verweissystem der Texttafeln liefert zu jeder Fotografie identifizierende oder erklärende Informationen sowie die alles zusammenführende Erzählung. Die Brisanz des indischen Dokuments erfahren wir erst durch die beigefügte Beschriftung. Es sind zudem aber auch die Bilder selbst, die bei näherer Betrachtung ihre Kommentarbedürftigkeit als eine bewusst angelegte Abstraktion offenbaren. Die zahllosen Porträtaufnahmen aller Kapitel machen durch die Nivellierung des Hintergrunds eine Identifizierung von Zeit oder Ort der Aufnahme unmöglich. Da zudem die wenigsten der Betrachter_innen auch nur einen der zahllosen Porträtierten kennen werden, wird die Bildunterschrift als konstitutiver Rahmen zur Notwendigkeit, um die Dargestellten zu konkreten Referenten werden zu lassen und ihr Bildnis zu verorten.

Auch die Bilder der Fußnotentafel legen ihre Kommentarbedürftigkeit kompositorisch offen, wenn es auch auf den ersten Blick scheint, als sei das genaue Gegenteil der Fall. Der Funktion von Fußnoten entsprechend werden die Fotografien als Verweise bzw. Belege für die sprachlich gelieferten Informationen eingesetzt. Fußnoten werden in der Typografie als Anmerkung, Quellenangabe oder weiterführende Erklärung dem Haupttext angehängt bzw. bewusst ausgelagert, um ihn lesbarer zu gestalten.[11] Simon überführt diese schriftliche Funktion auf das fotografische Bild. Dies gilt nicht allein für das erste Kapitel: In allen Fußnotentafeln finden sich Bilder, die zunächst scheinen, als seien sie von sich aus gültiges Beweismaterial. Dies betrifft insbesondere die wiederholt vorkommenden fotografisch reproduzierten Dokumente wie Pässe, gerichtliche Beschlüsse und Zeitungsartikel sowie Briefe und Tagebucheinträge aus Archiven oder Familienakten. In Kapitel II wird beispielsweise die Geschichte des jüdischen Soziologen und Zionisten Arthur Ruppin erzählt, der 1908 in das britische Mandatsgebiet Palästina auswanderte und als Leiter des Palästinaamtes der Zionistischen Weltorganisation mitverantwortlich war für die Anfänge der jüdischen Besiedlung des Landes. In den Fußnoten findet sich dazu eine unleserliche Urkunde mit Stempel und Unterschrift, bei welcher es sich um ein „Land purchase certificate with Ottomann stamps, 1922. Central Zionist Archives, Jerusalem“ handeln soll, sowie die Fotografie eines in die Kamera gehaltenen Buchs, das als „Report for a possible Jewish settlement in British East Africa for the Zionist Organisation, 1905, Central Zionist Archives, Jerusalem“ ausgezeichnet ist.[12]

11 Vgl. Wolfgang Beinert: Fußnote. In: *Typolexikon*, 11.03.2011. http://www.typolexikon.de/f/fussnoten.html (Zugriff am 01.09.2014).

12 Simon: *A Living Man Delcared Dead*, S. 78–79, 82–83.

Scheinbar offizielle Dokumente dieser Art finden sich auch in Kapitel IV. Die Geschichte von Latif Yahia, der angibt, erzwungenermaßen über Jahre das Body Double von Uday Hussein, Saddam Husseins Sohn, gewesen zu sein, wird hier durch einen Brief Udays an den Direktor des irakischen Geheimdienstes beglaubigt. Darin fordert er Latif Yahias Rückkehr in den Irak mittels Androhung von Gewalt gegen dessen Familie. Ein offizieller Briefkopf sowie Datum und Unterschrift verleihen dem Dokument augenscheinlich Gültigkeit. In anderen Kapiteln sind es u. a. auch Fotografien von Betroffenen, die das jeweilige Schicksal zu belegen scheinen. Die Geschichte der in Großbritannien durch die Einnahme von Contergan körperlich beeinträchtigten Drillinge in Kapitel VIII wird durch auf den Porträtaufnahmen sichtbare Behinderungen ebenso wie durch Zeitungsartikel dokumentiert.
Die Liste ließe sich fortführen, anhand der genannten Beispiele kann allerdings bereits deutlich gemacht werden, dass Simon in den Fußnoten bewusst fotografisches Material verwendet, welches die Funktion von Beweismaterial übernehmen soll. Durch die gesonderten Bildlegenden innerhalb der Texttafel wird jedoch darauf verwiesen, dass die Fotografien für sich genommen mit der Verweis- bzw. Beweisfunktion überfordert sind. Auch ihr Referent, sei es eine Person oder ein nicht zu entzifferndes Dokument, muss zunächst benannt werden, um verständlich zu sein und Beweiskraft im Sinne des englischen Verständnisses von *evidence* zu entwickeln. Dabei ist es nicht nur die extrem kleine Schrift der Bildlegenden, sondern ebenso der große Abstand zwischen Bild und Bildunterschrift in den zwei getrennten Rahmen, welcher den Betrachtenden eine bewusste Bewegung abverlangt, um beides zusammenzubringen und die Bilder lesbar zu machen.
Betrachtet man die Fußnoten aller Kapitel im Vergleich wird zudem deutlich, dass die Bilder im Einzelnen weder ein Ereignis noch eine bedeutsame Situation zeigen. Wenn wir „bildinterne Narrativität", in Anlehnung an Lars Blunck, als Darstellung bzw. Implikation einer minimalen Zustandsveränderung im Bild verstehen, verweigern sich Simons Aufnahmen jedweder innerbildlichen Erzählung.[13] Kein Bild in *A Living Man Declared Dead* zeigt die in der beigefügten Erzählung sich manifestierende Brisanz oder kann ein relevantes Handlungsmoment visuell belegen. Sie zeigen stets nur isolierte und durch

13 Lars Blunck: Fotografische Wirklichkeiten. In: Ders. (Hrsg.): *Die Fotografische Wirklichkeit. Inszenierung, Fiktion, Narration.* Bielefeld: Transcript 2010, S. 9–36, hier S. 31.

kompositorische Strenge fixierte Personen, Orte oder Gegenstände, die erst durch die sprachliche Erzählung bzw. die Zusammenstellung der Bilder innerhalb der Tafeln mit Bedeutung aufgeladen und verbunden werden können. Kein Bild erinnert an einen Schnappschuss, ungewöhnliche Betrachtungswinkel fehlen und die Motive wirken durch den ausgewogenen Bildausschnitt bewusst komponiert. Simon etabliert neben der Systematik von Tafeln und Kapiteln so auch eine eigene Bildsprache, bei der die Handschrift der Fotografin erkennbar bleibt. Durch die Distanz und die teils eingesetzte Unschärfe lässt sich eine Tendenz zur Abstraktion bis hin zur Unkenntlichkeit des Bildgegenstandes feststellen. Die streng zentrierte, unbewegliche Bildkomposition verhindert nicht nur eine eindeutige Lesbarkeit, sondern legt ihre Abhängigkeit von einer kontextualisierenden Rahmung durch die sichtbare Inszenierung offen. Die auf ihnen gezeigten Details und Ansichten werden erst durch die textliche Rahmung in einen Dialog gebracht und visualisieren so die beschriebene Geschichte.

Evidenz ist mehr als *evidence*

So zeigt sich Evidenz hier nicht im Sinne einer vermeintlich unmittelbar gegebenen Selbstevidenz, sondern als ein durch bestimmte Inszenierungsstrategien hergestellter Effekt. Etymologisch geht der Begriff Evidenz auf das lateinische *evidentia*, eine Übersetzung des griechischen Begriffs *enérgeia*, zurück, der eine offenkundige Präsenz vornehmlich im Bereich der sinnlichen Wahrnehmung bezeichnete.[14] Aus der antiken Rhetorik stammend wurde Evidenz im ursprünglichen Sinn rhetorisch erzeugt und sollte einen fehlenden Augenschein fingieren. Dabei bediente sich die Rhetorik verschiedener Techniken des Vor-Augen-Stellens im Sinne einer Verlebendigung und Vergegenwärtigung des Abwesenden. Entscheidend ist dabei, dass diese fiktive Erzeugung nicht verdeckt, sondern die Techniken der erzielten Wirkungen durchschaubar gehalten und ihre Wirkungsmittel offengelegt wurden.[15] Neben der Rhetorik findet der Begriff im deutschen Sprachraum Anwendung in den Fachsprachen der Philosophie und des Rechtswesens und hat dabei unterschiedliche Funktionen. In der Philosophie wird er insbesondere

14 Ansgar Kemmann: Evidentia, Evidenz. In: *Historisches Wörterbuch der Rhetorik*, Bd. 3, hrsg. v. Gert Ueding. Tübingen: Niemeyer 1996, Sp. 33–47.
15 Ebd.

in erkenntnistheoretischen Zusammenhängen genutzt und meint im Sinne von Einsicht eine Form gesicherter Erkenntnis. Der juristische Gebrauch lehnt sich an diese philosophische Bestimmung an, entspricht aber in etwa der englischen Verwendung von *evidence* im Sinne von Beweis, Beleg oder auch Beweisführung.[16] Die Unterscheidung zwischen *evidence* und dem, was im Deutschen mit dem Zusatz Selbst-Evidenz präzisiert wird, charakterisiert Michael Cuntz zufolge die zwei wesenhaften Ausprägungen von Evidenz: „Evidenz spricht für sich selbst oder bürgt für anderes".[17] Sprachliche oder bildliche Ordnungssysteme also, die selbstevident sind, können scheinbar für sich selbst sprechen und bürgen. Was mit *evidence* gemeint ist, zeigt und verweist hingegen immer „beweisend und unwiderlegbar auf ein Anderes [...], zu dem bzw. der sie eine indexikalische Relation unterhält".[18]

Das ist insbesondere in Hinblick auf das fotografische Medium entscheidend. Ludwig Jäger konstatiert, dass weder die Fotografie, entgegen ihrer anfänglichen Setzung,[19] noch jegliche andere Medien selbstevident sind, sondern Bild und Text gleichermaßen zur Herstellung von Evidenzen genutzt werden können. Jäger führt Bild und Schrift auf die gemeinsame Basis ihrer Medialität zurück und betont, dass Medien grundsätzlich dadurch charakterisiert seien, dass „sie an der Hervorbringung des Sinns, der Bedeutung bzw. der Information konstitutiv beteiligt sind, die sie übertragen, speichern, distribuieren oder zum Ausdruck bringen".[20] Jedes Medium erzeuge aufgrund seiner spezifischen Medialität einen charakteristischen Eigensinn und damit genuine Evidenzen, die sich nicht verlustfrei in andere Medien übersetzen ließen. Dabei könne kein Medium für sich selbst bürgen, ohne sich auf die Leistung anderer Medien zu stützen.[21] Zunächst seien sie immer selbstbezüglich, inferentiell, bevor sie referentiell im Sinne ihrer

16 Evidence. In: *Oxford Dictionaries*. http://www.oxforddictionaries.com/definition/english/evidence?q=evidence (Zugriff am 13.07.2014).

17 Cuntz / Nitsche / Otto / Spaniol: Die Listen der Evidenz, S. 9.

18 Ebd., S. 17.

19 Vgl. William Henry Fox Talbot: *aus*: Der Zeichenstift der Natur (1844). In: Bernd Stiegler (Hrsg.): *Texte zur Theorie der Fotografie*. Stuttgart: Reclam 2010, S. 161–167.

20 Ludwig Jäger: Die Evidenz des Bildes. Einige Anmerkungen zu den semiologischen und epistemologischen Voraussetzungen der Bildsemantik. In: Enno Rudolph (Hrsg.): *Machtwechsel der Bilder. Bild und Bildverstehen im Wandel*. Zürich: Orell Füssli 2012, S. 95–125, hier S. 104.

21 Ebd., S. 109.

Repräsentationsfunktion seien. Jäger zufolge kann Evidenz einerseits dadurch gewonnen werden, dass das Verfahren zur Herstellung hinter der evidenzerzeugenden Wirkung des Mediums unsichtbar wird und dem Dargestellten damit den Anschein unmittelbarer und zweifelloser Gewissheit verleiht. Andererseits gebe es Evidenzen, deren Gültigkeit gerade auf der Offenlegung der Verfahren und der dafür notwendigen diskursiven Mittel wie Argumentation, Beweis oder Erklärung gründe. Jäger unterscheidet dafür zwei zentrale Konzepte, die sich aus der etymologischen Herleitung des Begriffs erklären und auch für Simons Werkgruppe Relevanz haben: die „epistemische" und die „rhetorische" Evidenz. Erstere sei als „Evidenz *durch* Verfahren" auf die Verschleierung ihrer Herstellungsverfahren angewiesen, während letztere als „Evidenz *als* Verfahren" erst durch die Offenlegung und Sichtbarmachung der evidenzerzeugenden Verfahren Gültigkeit erlange.[22] Die „epistemische Evidenz", in der Bild und Text heutzutage nicht selten erscheinen, ist folglich dadurch gekennzeichnet, dass sie die kulturellen Prozeduren ihrer Entstehung im Gegensatz zur „rhetorischen Evidenz" unsichtbar werden lässt.[23]

Simons Offenlegung der Evidenzerzeugung zwischen Bild und Text scheint eben diese Mechanismen bewusst zu brechen. Ihre Aufnahmen verweigern den Eindruck medialer Transparenz und wirken trotz des stechend scharfen und ideal ausgeleuchteten Bildergebnisses opak. In Anlehnung an die Frage nach einer spezifischen fotografischen Evidenz lässt sich Simons Installation als eine Offenlegung des konstitutiven Supplementierungsbedarfs des fotografischen Bildes deuten.[24] Schon die nähere Betrachtung des ersten Kapitels kann zeigen, inwiefern jede Fotografie in *A Living Man Declared Dead* ihre spezifische Aussagekraft erst durch intermediale Bezüge erhält. Durch die dreiteilige Rahmung wird veranschaulicht, dass eine Fotografie als für sich stehende, noch nicht kontextualisierte Spur keine spezifische Bedeutung hat. Im

22 Ludwig Jäger: Schauplätze der Evidenz. Evidenzverfahren und kulturelle Semantik. Eine Skizze. In: Cuntz / Nitsche / Otto / Spaniol (Hrsg.): *Die Listen der Evidenz*, S. 37–52, hier S. 46. Herv. i. O.

23 Jäger: Die Evidenz des Bildes, S. 120.

24 Ich beziehe mich hier auf den Begriff, wie ihn Tom Holert in folgendem Essay verwendet: Ders.: Evidenz-Effekte. Überzeugungsarbeit in der visuellen Kultur der Gegenwart. In: Matthias Bickenbach / Axel Fliethmann (Hrsg.): *Korrespondenzen. Visuelle Kulturen zwischen Früher Neuzeit und Gegenwart.* Köln: DuMont 2002, S. 198–225, hier S. 221.

Sinne Jägers zeigt sich die Notwendigkeit eines überindexikalischen Rahmens, der die Referentialität des fotografischen Bildes erst ermöglicht. Fotografien, ob analog oder digital, bedürften eines solchen Rahmens, da dieser eine Bezugnahme als Verweis ermögliche, der durch Übersetzungs- und Interpretationsverfahren gekennzeichnet sei. Im Konkreten sind damit semiologische Verfahren gemeint, bei denen Bilder einerseits auf Bilder, andererseits auf andere Medien wie beispielsweise Sprache Bezug nehmen.[25] Das fotografische Bild kann für sich genommen im Sinne der englischen *evidence* noch nichts beweisen: Es verrät nicht den Zeitpunkt der Aufnahme und hätte im Fall des ersten Kapitels auch vor Eintritt des Todes angefertigt worden sein können. Auch die Aufnahme des leblosen Körpers, durch eine andere Bildlegende als Leiche Shivdutt Yadavs betitelt, könnte eine gegenteilige Beweiskraft entwickeln. Die Betrachter_innen können all das letztendlich nicht überprüfen.

Simons Installation macht aber zudem deutlich: Evidenz ist mehr als *evidence*. Neben den scheinbar als Beweismaterial fungierenden, fotografisch reproduzierten Dokumenten beinhalten die Fußnoten auch Fotografien wie die des auf dem Fluss treibenden Toten, die keine für die Erzählung relevanten Fakten konkret visuell belegen. Sie fügen dem Fließtext keine Beweiskraft mittels ihrer vermeintlichen Indexikalität hinzu, vielmehr ergänzen ihre ikonischen Eigenschaften visuelle Details, die der Text so nicht liefert. Es lassen sich in allen Fußnotentafeln Bilder dieser Art finden. Dabei handelt es sich vor allem um fotografische Aufnahmen von Gegenständen, Porträts sowie unbelebten Innenräumen, Stadtansichten und Landschaften. In Kapitel XII wird beispielsweise die Geschichte zweier brasilianischer Familien, deren Leben durch eine Spirale gegenseitiger Blutrache seit Jahrzehnten gefährdet sind, u. a. durch eine Aufnahme offener Justizakten und die Innenansicht eines Bestattungsinstituts veranschaulicht. Diese Aufnahmen zeigen keine konkreten Vorgänge, Personen oder Dokumente. Sie sind der Erzählung als visuelles Zusatzmaterial beigefügt, um zunächst nebensächlich erscheinende Details zu zeigen und so Facetten der Geschichte sichtbar zu machen, die der Text auslässt. Die fotografischen Fußnoten des XVIII. Kapitels zeigen ganz in diesem Sinne mehrere Innenansichten von Unterrichts-, Essens- und

25 Jäger: Die Evidenz des Bildes, S. 114.

Abb. 4
Taryn Simon: Footnote Panel, CHAPTER XII, *A Living Man Declared Dead and Other Chapters I–XVIII*, 2011.

Schlafräumen eines ukrainischen Waisenheims und machen so bestimmte Lebensbedingungen der Kinder sichtbar. Im Sinne einer ikonischen Evidenz der Anschaulichkeit ergänzen sie den Text in seiner fehlenden Bildhaftigkeit und verankern ihn in einer spezifischen Sichtbarkeit.

Ebenso wie es den Bildern an Narrativität mangelt, verzichten die Texte gänzlich auf sprachliche Bilder und narrative Anschaulichkeit. Sie sind radikal reduziert auf das Faktische, Informationen werden in möglichst nüchterner und objektiver Sprache aneinandergereiht. Was im Sinne der ursprünglichen rhetorischen Evidenz als Verfahren der Verlebendigung genutzt wurde, wird hier bewusst vermieden. Keine Metaphern, keine Details veranschaulichen die Fakten. Auch wörtliche Rede, die als Mittel sprachlicher Verlebendigung ebenso genutzt wird wie zur Herstellung von Glaubwürdigkeit, wird in keinem der Kapitel eingesetzt. So erinnert die Sprache weniger an den Stil der journalistischen Reportage oder der literarischen Erzählung als an die faktische Sprache einer möglichst nüchternen Dokumentation. Durch den Einsatz der Fußnoten erinnert sie zudem an eine wissenschaftliche Sprache, die schon durch bestimmte formale Kriterien einen gewissen Anspruch auf Glaubwürdigkeit erhebt.

Durch diese spezifische Struktur des Textmaterials werden die bisher beschriebenen zwei Funktionen der fotografischen Bilder besonders betont: ihre den Text verifizierende visuelle Beweiskraft und ihre Anschaulichkeit. Im Vorangegangenen konnte gezeigt werden, dass erstere keine dem fotografischen Medium inhärente Eigenschaft ist, sondern durch externe Rahmungen erst erzeugt werden muss und hier als intermedial erzeugter Evidenzeffekt in Erscheinung tritt. Letztere hingegen ist auch im digitalen Zeitalter noch eine genuine Eigenschaft der Fotografie. Was das fotografische Bild als ikonisches Zeichen von der Sprache unterscheidet und auszeichnet, wird in Taryn Simons Werk insbesondere im Vergleich von Porträtreihe und Liste ersichtlich: Die Fotografien ähneln dem gezeigten Objekt, die Worte nicht. Als Reihung ikonischer Zeichen ermöglicht die fotografische Repräsentation der Blutlinie, im Gegensatz zu einer Namensliste oder einem Stammbaum in graphischer Form, beispielsweise erblich bedingte Merkmale durch einen Vergleich der Physiognomien ablesbar zu machen. Auch können durch die Detailliertheit der Aufnahmen gesellschaftliche Einwirkungen auf Kleidung und Haltung erkannt werden. Hier bestätigt sich, was bereits einer der Pioniere der Fotografie, William Henry Fox Talbot, zu einer spezifischen Eigenschaft des fotografischen Mediums erklärt hatte: Die Fotografie kann einen Reichtum an Details nicht nur deutlich einfacher, sondern auch anschaulicher darstellen als die Sprache.[26] Die textlichen Angaben zur Person können hingegen andere wichtige Informationen enthalten, die im Porträt nicht sichtbar werden – wie beispielsweise Profession und Wohnort. Deutlich wird, dass beide Medien nicht vollständig ineinander übersetzt bzw. transkribiert werden können, sondern je eigene medienspezifische Evidenzen erzeugen.

Zur Verdeutlichung dieses wesentlichen Argumentationspunkts ist noch eine Differenzierung der von Foto und Text erzeugten Evidenzen erforderlich. Sprache kann ihr mediales Gemachtsein niemals so augenscheinlich verleugnen, wie dies bei einem fotografischen Bild durch den ikonischen Aspekt der Anschaulichkeit möglich ist. Fotografische Evidenz im Sinne einer scheinbar unmittelbaren Einsicht wirkt direkter, was durch die bilderlos nüchterne Sprache in Simons Installation betont zu werden scheint. Diese wiederum liefert Evidenz eher als faktische Gegebenheit. Denn während die Bilder ihren Herstellungsprozess trotz ihrer unmittelbaren Anschaulichkeit durch die offensichtliche Inszenierung im Sinne einer rhetorischen Evidenz offenlegen, sind es die textlichen Elemente, die als epistemische Evidenz erscheinen. Die Listen machen die wesentlichen Informationen auf einen Blick ersichtlich und sind eine Möglichkeit, Evidenz zu erzeugen, ohne das Verfahren der Herstellung offenzulegen.[27] Auch die Erzählung beschränkt sich auf die wesentlichen Fakten, ohne ihre Bezugsquellen anzugeben. Fußnoten sind zwar vorhanden, entziehen sich aber dieser Funktion. Wo sie innerhalb wissenschaftlicher Abhandlungen auf Quellen verweisen, geben Simons visuelle Fußnoten keinen Hinweis über die Herkunft der Information. Sie beinhalten lediglich die von ihr selbst angefertigten Fotografien. Diese Form der Beweisführung ist also rückbezüglich und verläuft in einem tautologisch geschlossenen Kreis. Auch wenn es zunächst scheint, als verankere der Text die Bilder in einem konkreten Rahmen, können wir uns auf diesen nicht stützen. Indem er die Bilder als Quelle anführt, deren Aussage er zuallererst erklären muss, kann er selbst ebenso wenig für die Korrektheit der Informationen bürgen.

26 Vgl. Talbot: Zeichenstift der Natur, S. 164.

27 Vgl. Irmela Schneider: Die Liste siegt. In: Cuntz / Nitsche / Otto / Spaniol (Hrsg.): *Die Listen der Evidenz*, S. 53–64.

Auch seine Evidenz wird also als ein Resultat von Verfahren inszeniert. Die transkriptive Evidenzerzeugung zwischen Bild und Text wird uns innerhalb der Kapitel als eine selbstbezügliche und dadurch letztlich ins Leere laufende Konstruktion vorgeführt.

Die Rhetorik der Ausstellung

Inwiefern die Bewusstwerdung dieser zirkulären Bezugnahme von Foto und Text eine im Werk formal angelegte Strategie ist, soll im Folgenden gezeigt werden. Schon der vollständige Titel der Werkgruppe *A Living Man Declared Dead and Other Chapters I–XVIII* weist auf die Gliederung der Arbeit in 18 zusammengehörige Untereinheiten hin. Die Einheiten sind gedacht als zusammenhängendes Kompendium, das in gesonderten Räumlichkeiten mit eigens konzipiertem Mobiliar, Wandtexten und einem umfassenden Katalog eine ganzheitliche Betrachtung erforderlich macht und als eine in sich geschlossene Ausstellung zu begreifen ist. Den Blick von der kleinsten formalen Einheit des Werkes, den Bildern und Texten, auf die gesamte Installation gerichtet, lassen sich weitere Strategien finden, die Evidenzeffekte erzeugen, die über die einzelnen Kapitel hinausgehen oder diese bewusst brechen.

Die Räume in der Tate Modern betretend, werden die Besucher_innen von strahlend weißen Wänden und einem nahezu blendend hellen Licht empfangen. Die kühle, als laborähnlich beschriebene Präsentation der Kapitel in einem betont hellen White Cube mit siebenfach stärkerem Licht wurde von der Künstlerin selbst festgelegt und ist konzeptueller Bestandteil der Arbeit. Gänzlich anders werden die Besucher_innen in der Neuen Nationalgalerie empfangen. Hier dominiert nicht das Weiß von Ausstellungswänden, sondern das Schwarz von Pavillondecke und Schaukästen. Die Ausrichtung der Holzstrukturen sowie ihr breit überkragender Rahmen greifen die Form verschiebbarer Archivschränke auf, in dem sich jeweils eines der Kapitel verbirgt. Das Archiv wie auch das Labor sind Räume, die in einem direkten Zusammenhang zur Evidenzproblematik stehen. Es handelt sich bei beiden nicht um Orte der Evidenzpräsentation, sondern um Orte der Evidenzerzeugung. Während archivalische Sammlungen für die Evidenzsuche und Systematisierung relevant sind, sind Laboratorien als Arbeitsräume für wissenschaftliche Versuche Orte, an denen sich die noch im Prozess befindliche Untersuchung beobachten lässt. Das fotografische Medium ist dabei nicht selten beteiligt, etwa bei bildgebenden Verfahren in den Wissenschaften oder archivalischen Sammlungen fotografischer Dokumente.[28] Bezieht man diese assoziationsträchtige Inszenierung in die Deutung ein, ist festzustellen, dass die Betrachter_innen von *A Living Man Declared Dead* auch auf dieser übergeordneten Ebene nicht mit Evidenz im Sinne von klar vor Augen stehenden Ergebnissen konfrontiert werden. Was anstelle konkreter Untersuchungsergebnisse vorliegt, ist vielmehr eine noch unvollendete Analyse.

Den in diesem Zusammenhang zu untersuchenden Gegenstand skizziert die Künstlerin mit folgenden Worten:

> I was interested in ideas surrounding fate and whether our fate is determined by blood, chance or circumstance. [...] In each chapter you can see the external forces of governance, power and territory or religion colliding with the internal forces of psychological and physical inheritance.[29]

Hier scheint eine globale Perspektive auf menschliche Schicksale eröffnet zu werden, wobei die Abhängigkeit Einzelner von Familie und Gesellschaft sowie von erblichen und sozio-kulturellen Einflussfaktoren untersucht werden soll. Dies vermag der formalen Präsentation auf den ersten Blick zu entsprechen: Im Sinne einer systematischen Analyse wird ein Untersuchungsgegenstand in seine Einzelteile zergliedert und in eine neue Ordnung gebracht. Doch schon durch die unüberschaubare Menge an Bild- und Textmaterial ist es für die Betrachter_innen unmöglich, alles zu erfassen. Eine eindeutige synthetische Lesart wird formal verhindert. Durch diese Aufgliederung der Analyse wird die eigentliche Aussage des Werkes von konkreten inhaltlichen Erkenntnissen auf den Prozess des Erkenntnisgewinns und den daran beteiligten Ordnungs- und Repräsentationssystemen gelenkt.

Auch Geoffrey Batchen weist in seinem Katalogtext auf die Referenz zum Archiv hin und konstatiert:

> As a total ensemble, A Living Man Declared Dead locates the photograph's capacity to record exactly what is seen within the classification processes of the archive, a system of knowing that feigns neutrality while quietly imposing a framing decided in advance.[30]

28 Vgl. Elizabeth Edwards: Andere Ordnen. Fotografie, Anthropologie und Taxonomien. In: Herta Wolf (Hrsg.): *Diskurse der Fotografie. Fotokritik am Ende des fotografischen Zeitalters*, Bd. 2. Frankfurt am Main: Suhrkamp 2002, S. 335–355; Allan Sekula: Der Körper und das Archiv. In: Ebd., S. 265–334.

29 Simon: Stories behind the Bloodlines, Min. 1:49–2:38.

30 Batchen: Revenant, S. 743.

In Archiven werden Materialien nicht nur gesammelt, erhalten und zugänglich gemacht, sondern klassifiziert und somit bereits bestimmten *a priori* gesetzten Ordnungssystematiken unterworfen. Die resultierenden Taxonomien sind keinesfalls neutral oder natürlich, sie konstatieren spezifische Rahmungen, die den Archivalien Bedeutungen zuweisen. Es sind diese grundlegenden Rahmen, die in der Installation sowohl in ihrer konstitutiven Rolle als auch in der Begrenztheit ihrer Darstellungsmöglichkeiten reflektiert werden. Die Porträttafel des XIV. Kapitels zeigt beispielsweise ein Muster aus Wiederholungen und Lücken. Ribal Btaddini ist dem Glauben der Drusen zufolge die Reinkarnation seines Großvaters. Da jede Porträtreihe dem von der Künstlerin gesetzten „Ordering Principle" zufolge alle noch lebenden Vor- und Nachfahren der „Point Person" beinhalten muss, steht das Porträt Ribal Btaddinis nicht nur an seiner genealogischen Position, sondern ebenfalls an der seines Großvaters.[31] Das sich ergebende Muster ist selbst mithilfe der sprachlichen Kontextualisierung für Außenstehende nicht gänzlich zu erfassen. Simons genealogisches Ordnungsprinzip der Blutlinie wird durch den in diesem System nicht adäquat zu repräsentierenden Reinkarnationsglauben der Drusen ad absurdum geführt und dadurch als Konstrukt offengelegt. Die vorgegebene Ordnung kann das zu Repräsentierende nicht angemessen darstellen und es scheint eine nicht in die repräsentative Ordnung zu integrierende Facette einer dahinter liegenden Wirklichkeit auf. In Kapitel XVII hingegen blicken die Betrachter_innen in die Gesichter von 120 ungefähr gleichaltrigen Mädchen und Jungen. Anstelle der Namen erfahren wir, dass es sich um alle Insassen eines ukrainischen Waisenheims handelt. Hier wird die visuelle Blutlinie durch die abweichenden persönlichen Angaben sowie die sprachliche Erläuterung als Farce entlarvt. Die Abwesenheit einer tatsächlichen Verwandtschaftsbeziehung wird somit ebenso thematisiert wie die Bedeutung, die Blutsverwandtschaft und familiären Strukturen im westlichen Kontext zugewiesen wird. Dieses insistierende Fragen, welches über das in der Darstellung Sichtbargemachte hinausgeht, zieht sich wie ein roter Faden durch die zunächst scheinbar streng gleichförmige Präsentation der Kapitel. Dadurch dass teils ganze Kapitel, teils einzelne Aspekte derart aus dem Rahmen

31 Das „Ordering Principle" erläutert das spezifische Ordnungsmuster der genealogischen Reihung der Blutlinie und ist dem Katalog als Legende beigefügt (Simon: *A Living Man Declared Dead*, S. 755–762).

Abb. 5: Taryn Simon: CHAPTER XI,
A Living Man Declared Dead and Other Chapters I–XVIII, 2011,
gerahmte Farbdrucke von Archivmaterial und Text, 213,4 x 301,7 cm.

fallen, wird auf dessen Begrenztheit verwiesen, und es lässt sich erahnen, was sich außerhalb der jeweiligen Rahmen befindet.
Im Besonderen sei an dieser Stelle noch eingegangen auf eine Brechung der Ordnung, die sich durch alle Kapitel zieht und als Spiel von Sichtbarkeit und Unsichtbarkeit beschrieben werden kann. Sich durch die Ausstellung bewegend stoßen die Betrachter_innen auf viele Leerstellen und Details, die etwas zu zeigen vermögen, was in Bild und Text nicht zur Darstellung kommt. In nahezu jedem Kapitel finden sich leere Porträtfelder. Die unterschiedlichen Gründe für die Leerstellen, die in der Liste angegeben werden, können die Lücken zu sinnhaltigen Zeichen werden lassen, welche die Evidenz des Augenscheins übersteigen. In Kapitel XI weist die Porträttafel neben neun Leerstellen zwei weitere Besonderheiten auf: Eines der Felder zeigt ein durch Verpixelung unkenntlich gemachtes Rückenporträt, vier weitere zeigen Stapel aus ordentlich gefalteten Kleidungsstücken. Zum Rückenporträt sowie den leeren Feldern heißt es in der Texttafel: „(Information withheld). [Declined Participation]"; zu den Kleiderhaufen: „(Information

withheld). [Sent Clothing as Representation]".[32] Der Fließtext lässt über die Verweigerung der Ausstellung des eigenen Bildnisses im familiären Zusammenhang einige Vermutungen zu: Bei dem Protagonisten des Kapitels handelt es sich um Adolf Hitlers Rechtsanwalt und höchsten Juristen der Nationalsozialisten Hans Frank, der bei den Nürnberger Prozessen der Verbrechen gegen die Menschlichkeit schuldig gesprochen und zum Tode verurteilt wurde. Die Verweigerung der Verwandtschaft, ihr eigenes Bild in diesem Kontext abgeildet zu wissen, legt einerseits die unausweichliche Abhängigkeit des eigenen Lebens von erblich bedingten Faktoren offen, andererseits kann es auch über das zeitgenössische Verständnis vom Verhältnis zum eigenen Bildnis Aufschluss geben.

Eine weitere Facette dieses Spiels offenbart sich in der Ausstellungsinszenierung von *A Living Man Declared Dead* im Ullens Center for Contemporary Art 2013 in Peking. Die schwarzen Rechtecke wurden direkt auf die Wand aufgetragen und markieren abwesende Tafeln bzw. ganze Kapitel, deren Einreise und Ausstellung vom chinesischen Ministerium für Öffentlichkeitsarbeit verboten wurde – darunter bemerkenswerterweise die Texttafeln aller Kapitel. In dieser Ausstellungspräsentation wird ein Aspekt der Wirklichkeit durch einen Akt des Nicht-Zeigens evident. Eine Form gewordene Unsichtbarkeit macht Zensur anschaulich. Durch diese realpolitisch erzwungene Variation in Peking, die die Künstlerin in ihrer jüngsten Werkschau in Essen integrierte, zeigt sich, dass es sich bei der Frage nach Sichtbarmachung und Evidenzerzeugung immer auch um eine Frage von Macht handelt.[33] Es ist nicht nur entscheidend, wie genau Sichtbarkeit und durch sie eine augenscheinliche Glaubwürdigkeit hergestellt werden kann, sondern auch wer entscheidet, was gezeigt wird und was nicht, wer sichtbar wird und wer im Dunkeln bleibt.

Im Ganzen betrachtet reflektiert die Installation nicht nur selbstkritisch die konstruktive Sichtweise dessen, der durch sie spricht, sondern spiegelt durch die Unvollständigkeit und Unklarheit ihrer Aussagen immer auch die aktive Rolle der Rezipient_innen. Der Argumentation Bhabhas entsprechend wird deutlich, dass Simon die Medien Fotografie

32 Ebd., S. 430–442.

33 Kapitel XV bestand hier nicht mehr aus den drei ursprünglichen Rahmen, sondern wurde durch die schwarzen Rechtecke der Pekinger Ausstellung ersetzt. Ein entsprechender Wandtext klärte die Betrachter_innen über die Hintergründe auf.

und Text nicht unhinterfragt als Repräsentation des Realen im Sinne einer unreflektierten Form von Realismus nutzt, sondern sie vielmehr kritisch und (selbst-)reflexiv einsetzt und die werkinterne Evidenzerzeugung ebenso zum Thema wird wie eine Spiegelung der am Prozess beteiligten Betrachter_innen. Dadurch dass die beschriebenen Abweichungen und Lücken etwas aufscheinen lassen, das über das Erzählte und das Gezeigte hinauszugehen vermag, wird zudem ein bestimmtes Verhältnis von Evidenz und Wirklichkeit ausgehandelt. Die Installation scheint zu vermitteln, dass sich die gelebte Wirklichkeit der Protagonist_innen nicht angemessen in Bild und Wort darstellen lässt. Das Werk erschöpft sich nicht darin, Evidenz als Kulturtechnik sichtbar zu machen und als Effekt zu entlarven. Es spiegelt die vielen Facetten des Evidenzbegriffs mit seinen diversen Gebrauchsweisen und stellt die medienspezifischen Evidenzen von Bild und Text nebeneinander.

Alternative Sichtbarmachung

Die Begebenheiten, die in Taryn Simons Werk durch die Medien Text und Fotografie im Kunstkontext eine neue Sichtbarkeit erlangen, waren bisher nicht gänzlich unsichtbar. Es wird eine alternative Sichtbarmachung vorgeschlagen, die von einer bereits bestehenden Sichtbarkeit ausgeht. Wie zu Beginn erwähnt, waren alle Begebenheiten bereits Gegenstand der Berichterstattung in westlichen Medien. Ihre mediale Sichtbarkeit diente als Ausgangspunkt für die Suche nach einer sich dahinter befindlichen Wirklichkeit. Die Künstlerin wählt für ihre Präsentation eine von der Berichterstattung stark abweichende Form. Eine eindeutige Zusammenstellung von Fotografie und Text, die eine sich gegenseitig scheinbar erhellende Sichtbarkeit und damit eine vermeintlich eindeutige Aussage erzeugen soll, wird bewusst vermieden. Diese Gleichung, die allzu häufig unseren Medienkonsum dominiert, geht hier nicht auf, wie die Künstlerin selbst mit folgenden Worten deutlich macht: „X plus Y does not equal something, it just mutates into another question"[34]. Die zahlreichen Fotografien und Texte bringen keine sich gegenseitig bestätigende und beglaubigende Aussage hervor. Anstelle der unmittelbaren Augenscheinlichkeit im Sinne medialer Transparenz blicken wir auf das komplexe Dahinterliegende der diskursiven Evidenzerzeugung, das sonst häufig im Dunkeln bleibt.

34 Zit. n. Bhabha: Beyond Photography, S. 15.

Möglich wird dies durch die formale Gestaltung der gesamten Installation sowie die Art des Bild- und Textmaterials. Dadurch dass sie jede Ansprache von Gefühl und Affekt vermeiden und auf das Faktische reduziert sind, bleiben die Betrachter_innen distanziert. Die nüchterne Sprache verzichtet auf die rhetorischen Techniken der Verlebendigung, mit denen journalistische Texte oft arbeiten, und die Fotografien zeigen keine der wesentlichen Erzählmomente. Die Inhalte der Kapitel scheinen weit weg, die vielen Gesichter nahezu leer, die endlosen Namenslisten bedeutungslos. Wenn man sich jedoch ausführlicher mit den Inhalten der Texte beschäftigt, beginnt man zu ahnen, welche Grausamkeiten hier berichtet werden. Alle Kapitel hängen mehr oder weniger direkt mit Gewalt zusammen und handeln zumeist von Menschen, die selbst von einer gewissen politischen oder gesellschaftlichen Unsichtbarkeit betroffen sind oder waren. Außer das Bild des auf dem Ganges treibenden Toten zeigt jedoch keine der über eintausend Fotografien Gewalt oder deren Folgen explizit. In Anbetracht dieser Diskrepanz findet auch zwischen Text und Bild ein Spiel aus Zeigen und Nicht-Zeigen statt. Was durch die beschriebene Affektlosigkeit vermieden wird, ist eine die Betrachter_innen durch extreme Unmittelbarkeit und Verlebendigung überwältigende Evidenzerfahrung. Schon in der antiken Rhetorik war die Ansprache von Fantasie und Affekt eine Steigerungsform der *evidentia*, die über die Ansprache des Verstandes hinausging. Das Erzählte wurde so lebendig vor Augen geführt, dass der Zuhörer es selbst zu erleben glaubte.[35] Indem eine solche Unmittelbarkeit der Darstellung vermieden wird, bleibt eine Distanz zum Dargestellten. Nur dadurch scheint ein Blick auf das Dahinterliegende möglich, die Metaebene der Erzählung ist sichtbarer als die Schicksale selbst.

Die Kehrseite der Medaille ist jedoch, dass die Menschen und ihre Schicksale dadurch so weit weg bleiben, dass es schwerfällt, sie überhaupt zu erfassen. So kann Simons Ausstellung eine durchaus ermüdende und überfordernde Wirkung haben. Wir blicken in unermesslich viele ausdruckslose Gesichter, lesen Namen und Geschichten, ohne das Gefühl zu haben, auch nur eines dieser Leben greifen zu können. Die Argumentation sollte deutlich gemacht haben, dass diese Distanzierung unumgänglich ist, um nicht von Evidenzeffekten überwältig zu

35 Vgl. Kemmann: Evidentia.

werden, sondern diese als solche zu erkennen und dadurch eine kritische Betrachtung zu ermöglichen. Durch diese Erfahrung, dass einem zwar die kritische Ebene des Werkes bewusst geworden sein mag, die Menschen und Geschichten aber schwer zu fassen bleiben, schwebt eine zentrale Frage im Raum: Brauchen wir nicht doch auch andere Bilder und Texte, die uns menschliche Tragödien emphatischer vor Augen führen? Ließen sich dadurch vielleicht bestimmte Aspekte der Wirklichkeit erst begreifen? Oder würde man damit nur die bestehenden Sichtbarkeitsverhältnisse stärken und den Anderen marginalisieren? Wie können Geschichten erzählt werden, und welche Rolle kann die Fotografie dabei spielen? So lässt uns das Werk mit dem Gefühl zurück, dass in Zeiten einer zunehmend globalisierten medialen Vernetzung neben den Grenzen auch die Möglichkeiten von Sichtbarmachung gezielt befragt werden müssen.

PERCEPTION AS MATERIAL IS

a polemic on seeing through the logic of camouflage[1]

[»Reduced to an eye, I forget what was«][2]

Perception as material is . a manifestation of the conditions of the now, at eye level. It focuses on the logic of camouflage permeating all layers of (collective) subjectivity, arriving at the level of perception. Perception is now an extension of politics by the means of confusion. Conflicted.

Perception as material is : apprehending the magnetic force of the idea of the hidden in human desires, in so far as it becomes an object of obsessive desire itself. (Visual) perception is the historically privileged ally of knowledge, the preferred (Western) launch pad for an inexhaustible axis of discovery, supporting the colonial gesture of expanding the horizon of a particular (not universal) point of view, confusing the hidden with the empty. It cannot resist the force of the hidden —— in that the duplicity of sight reveals only the fact that vision is that which veils by revealing, a field in which

[1] A previous version of this text appeared in Membrana photography magazine, Ljubljana (2016), pp. 12–14
[2] Denise Levertov: Poems 1968–1972. New York: New Directions 1987, p. 124

you have to find what you're looking for and in which nothing is seen that cannot be rendered intelligible. Formless material. While the tradition of critique, driven by the impetus of unravelling the self-evident (to look behind the eyes), has shown a self-reinforcing tendency towards addressing these blind spots and their translation, the question is how to reveal vision as competing projections when the distinction machine takes cover in the delusion of seamlessness, an agglomeration of doubt and aggressive anxiety?

(neurosis of power as the great other, inside you)

Perception as material is :. a provocation.

Perception as material is :: visually and politically (decidedly) paradoxical, a figure that disappears into another figuration, into an image that doesn't want to be recognised as an image. For this to occur, it has to see through the eyes of the other in order to occupy vision and disorient understanding so as to turn difference into the same, or something into something else for someone else (camouflage). It has to elaborate the promise of fluency, continuity and temporary illegibility. Awareness of the auto-complete mechanisms of perception is knowing that if you stabilise the eye in in the direction of totality, you become blind (paranoid). Private sensation is operationalised in the blink of an eye. As a device for persuasion, its objects must be trained to see themselves (patterns) or perish in blindness...

Perception as material is ::. to undo the reality of the authority of vision over itself.

Perception as material is ::: an operation by which to enter with vision into the anonymous shape of the world, while admitting that to see things clearly, you cannot predict the form of what you will see. But just as you know you have intentions, so do others. Realising that you cannot believe your eyes, one would become suspicious. In the contemporary perception/risk-based imaginations (fear is a currency), the register of the plausible is invaded by the limitless field of the possible (threat). When the horizon is always one of threat, a swirling vortex of mutual suspicion, the sending out of risk assessments is set in motion, and everything unreal and impossible is made so quickly into a possibility, something discernible —— then every attempt to think alterity is suffocated, occupied, by that which is already there. History becomes a mere statistical resource. Whatever is now, it will be a continuation of your past and as such, it's probably just buffering right now. Polarising noise, reality as an effect, mute dead links (and tired eyes).

Perception as material is :::. to speak of involvement within a network that is no longer defined by human subjects because it operates beyond the levels of what is perceivable by human vision. Rather, it seeks to understand perceptual mechanisms and automate them because humans are unreliable; the mechanisms of data mining and surveillance seek to overcome that lived (confusing, whether intentional or not) reality by monitoring, harvesting and governing it. Here, images become synthetic resources feeding into affective loops, a sense of reality validated by clicks and taps. Communication according to the logic of PUBLIC relations (predicting the reaction), accomplices to mass deception. The image has expectations, probably. It is aimed at you. How does this change perception?

Perception as material is :::: reality as an unexpected hiccup between the image and what it wants from you.

Perception as material is ::::. disavowing the fetishisation of the first impression (phenomenon), upholds the distinction between realities and appearances but needs to observe them in their overlapping, not penetrating layers to arrive nowhere. It does not want to salvage the reality of every appearance in isolation but rather assert reality against its image in this process of advance and retreat.

Even when epistemology pretends to concern itself with homing in on the magnet of the hidden, its objects, its reality, infect it with dissimulation, disorientation, disguise, making it complicit in the circulation of the lie.

Perception as material is ::::: infiltrating the collective rituals of consensus reality, organising its comforting blindness as an uneven exchange between the terror of the inner self and the making public of sensory capacity. The image identifies its public. Out in the open. In private view.

Perception as material is :::::. to see through delusion as a strategy of aggression, to dazzle and disorient, when camouflage has become a normal mode of operation (life), and lying can no longer be detected (facing up to the facts and denying them). It operates in the shadows; it shows itself but exposes nothing and obscures responsibility. Plausible deniability as an attitude. The disguise mystifies, as vision is spirited away, out of sight. The delusion is no longer a misrepresentation, nor artifice. It reinforces that any sense of reality itself is a veil, a shifting constellation of appearances in which nothing is what it means it is.

Perception as material is :::::: the commitment to that which is hiding in plain sight.

Mit dem Auge der Kamera

Blindheit und Emanzipation in Maru Solores' Film *Camera Obscura* (2011)

Astrid Hackel

Eine Camera obscura bezeichnet einen bis auf eine winzige Öffnung in einer Seitenwand vollkommen geschlossenen, dunklen Raum. Bei ausreichend kleinem Lochdurchmesser – dem englischen Terminus *pinhole camera* entsprechend nicht größer als der Kopf einer Stecknadel – projiziert das durch das Loch fallende Licht ein auf dem Kopf stehendes Abbild von einem vor der Öffnung platzierten Gegenstand an die gegenüberliegende Innenwand. Die Kenntnis dieses einfachen optischen Verfahrens und seiner Wirkung reicht bis in die Spätantike zurück. In der Renaissance wird aus der Camera obscura ein transportabler Kasten, der Künstler_innen als Kopierinstrument dient. Im 19. Jahrhundert gelingt es, dank des Einsatzes einer Linse und einer lichtempfindlichen Schicht an der Rückwand, das projizierte Bild nicht nur in Echtzeit zu betrachten, sondern zu speichern und damit den Akt der Sichtbarmachung vom Akt der Betrachtung zu trennen.[1]

1 Zur Kulturgeschichte der Camera obscura vgl. exemplarisch Don Ihde: *Experimental Phenomenology.* New York: State University of New York Press 2012, S. 155–170; Jörg Jochen Berns: Geflacker in dunklen Räumen. Von der Camera obscura zu Kino und Bildschirm. In: Matthias Bruhn / Kai-Uwe Hemken (Hrsg.): *Modernisierung des Sehens: Sehweisen zwischen Künsten und Medien.* Bielefeld: Transcript 2008, S. 25–38.

Funktion und Aufbau eines Fotoapparats gehen auf die Grundidee der Camera obscura als einer den Lichteinfall regelnden Box zurück, die zunächst in dem technischen Gerät selbst Gestalt annimmt, darüber hinaus aber auf weitere Raumkonstellationen verweist, in denen das kontrollierte Zusammenspiel von Licht und Dunkelheit die Bedingung für die Sichtbarmachung von Bildern ist. Ein Beispiel hierfür ist die Dunkelkammer, die zur chemischen Entwicklung fotografischer Aufnahmen dient. Vor allem aber begründet die einfache wie effektvolle Anordnung ein ganzes Geflecht von Metaphern und Analogien in der Philosophie, Kunstwissenschaft und Psychoanalyse zur Diskursivierung mehrdeutiger Praktiken der Sichtbarmachung, der Projektion, der Reflexion und der Inversion, wie Sarah Kofman in ihrem Buch *Camera obscura. Von der Ideologie* über die Verwendung jener Metapher bei Karl Marx, Sigmund Freud und Friedrich Nietzsche konzise nachzeichnet.[2]

In Maru Solores' Spielfilm *Camera Obscura* (2011)[3] folgt die Analogie der titelgebenden Metapher dem Modell des Fotoapparats, dem des Auges und dem einer bestimmten Vorstellung von Blindheit, bei der ein winziger Impuls genügt, um eine Reihe von Bildern auszulösen. Im Mittelpunkt des an der baskischen Atlantikküste spielenden Films steht ein durch einen Unfall erblindetes Mädchen, dem es mithilfe einer Digitalkamera gelingt, sich einen neuen Blick auf ihre Umgebung anzueignen und sich von ihren Eltern zu emanzipieren. *Camera Obscura* geht über einen klassischen Coming-of-Age-Film hinaus, indem die Regisseurin die Emanzipationsgeschichte eines Teenagers mit einer zweiten Emanzipationsgeschichte verknüpft: dem Ringen der blinden Protagonistin um Anerkennung als selbstständiger Person mit einem eigenen Begehren und ihrem Kampf gegen jede Form der Viktimisierung, die aus ihr eine hilfsbedürftige ‚Behinderte'[4] macht. Unter

2 Sarah Kofman: *Camera obscura. Von der Ideologie* [1973]. Wien / Berlin: Turia + Kant 2014.

3 *Camera Obscura* (E 2011, R: Maru Solores).

4 Zur Frage der sprachlichen Diskriminierung im Sinne der Disability Studies vgl. Irving Kenneth Zola: Self, Identity and the Naming Question: Reflections on the Language of Disability. In: *Social Science and Medicine* 36,2 (1993), S. 167–173; Markus Dederich: *Körper, Kultur und Behinderung. Eine Einführung in die Disability Studies.* Bielefeld: Transcript 2007; Anne Waldschmidt / Werner Schneider: Disability Studies und Soziologie der Behinderung. Kultursoziologische Grenzgänge – eine Einführung. In: Dies. (Hrsg.): *Disability Studies,*

Verwendung des Denkbildes einer Camera obscura thematisiert der Film narrative und ästhetische Verflechtungen von Sehen und Blindheit sowie Formen der Sichtbarkeit und Sichtbarmachung. Das vieldeutige Bild einer Camera obscura, in der sich verschiedene Formen von Dunkelheit, die Blindheit der Protagonistin und die topische Blindheit des Kameraauges und des Kinos[5] überlagern und gegenseitig verstärken, gibt nicht nur Auskunft über das bildevozierende Potenzial dieser notorisch unterschätzten Wahrnehmungsschichten, sondern erlaubt auch Rückschlüsse auf weitere damit verbundene Diskurse wie Schönheit, Begehren und Emanzipation sowie zu kulturellen Repräsentationen von Blindheit.

Die Blindheit der Sehenden

Nach einer Hornhauttransplantation, die nicht zur Wiederherstellung von Anes (Jacqueline Duarte) Sehfähigkeit geführt hat, fährt die Familie in *Camera Obscura* zur Erholung in ihr altes Ferienhaus am Meer. Anes Eltern Luisa (Leyre Berrocal) und Koldo (Josean Bengoetxea) sind zermürbt von den Arztbesuchen, der ergebnislosen Operation und der Sorge um ihre Tochter; ihre Hoffnungen richten sich auf eine weitere, allerdings kostspielige Operation in den USA. Anes Bruder Imanol (Pello Madariaga) träumt von einem eigenen Mofa und stellt mit ein paar gleichaltrigen Jungen den Mädchen nach, die ihrerseits ständig über Jungs, die erste Menstruation, den ersten Sex reden – Dinge, für die sich Menschen ihres Alters interessieren. Auch Ane möchte gern mit den Gleichaltrigen zusammen sein, doch das hängt von der Gunst ihrer Eltern und ihres Bruders ab. Vor allem die Mutter lässt Ane nicht aus den Augen und zwingt sie, stets in ihrer Nähe zu bleiben. Auf der symbolischen Ebene ist es das machtvolle Auge der Mutter, die in ihrer übertriebenen Fürsorge nicht (ein)sieht, dass ihre blinde Tochter ohne sie zurechtkommt und kein Kind mehr ist. Das Kontrollbedürfnis der Mutter findet seinen Ausdruck in den Schwimmflügeln, die Ane am

Kultursoziologie und Soziologie der Behinderung. Erkundungen in einem neuen Forschungsfeld. Bielefeld: Transcript 2007, S. 9–30.

5 Vgl. Stefan Ripplinger. *I can see now. Blindheit im Kino.* Berlin: Verbrecher 2008, v. a. S. 64–67; Astrid Hackel: Die Gefährdung des Blicks. Terence Youngs Thriller *Wait until Dark* (1967). In: Alexandra Tacke (Hrsg.): *Blind Spots. Eine Filmgeschichte der Blindheit vom frühen Stummfilm bis in die Gegenwart.* Bielefeld: Transcript 2016, S. 143–162, hier S. 144–145.

Abb. 1: Still aus *Camera Obscura*.

Strand tragen muss, obwohl sie sich dem Meer nicht einmal nähern darf. In ihrer neonorangenen Färbung machen sie das elterliche Bild von Ane als einem schutzbedürftigen Kind für alle sichtbar und verhindern so die Annäherung an die Welt der Gleichaltrigen.

Manchmal delegiert Anes Mutter die Aufsicht an Imanol. Kaum älter als seine Schwester, betrachten die Eltern ihn als Anes Hüter – und helfen mit Taschengeld nach, wenn sein Unmut darüber allzu groß wird. Steckt Luisa ihm einen Geldschein zu, soll Ane, wie ein rascher Seitenblick offenbart, davon nichts mitbekommen. Dass Ane aber nicht darauf angewiesen ist zu sehen, um zu verstehen, ja, dass sie sehr genau hört, was um sie herum vor sich geht, liegt jenseits des Vorstellbaren der als ‚sehend' konzipierten Figuren in *Camera Obscura*. Sie argumentieren, wenn es um das Verhältnis zwischen Sichtbarkeit und Wirklichkeit geht, auf zwei unterschiedlichen Ebenen: Anes familiäres Umfeld verkörpert ein ontologisches Sehverständnis, wonach die Sichtbarkeit der Dinge für ihre physische und metaphysische Existenz bürgt – in einer mit Macht und Rhetorik untermauerten Weise, die alternative Formen zu sehen und zu denken von vornherein ausschließt. Damit verharren sie entsprechend der konventionellen (Selbst) Privilegierung ihrer visuellen Wahrnehmung auf einer Ebene, die die Kunsthistorikerin Caroline Jones mit Blick auf Platons Höhlengleichnis – einem Gründungstext zur Dialektik der Blindheit – als sehende Blindheit (*vision*) bezeichnet: „Die Gefangenen in Platons

Höhle sind auf eine Weise an die Höhlenwand gefesselt, die es ihnen unmöglich macht, den Kopf zu wenden und die Quelle der Erleuchtung ihrer Welt zu erkennen."[6] Folglich repräsentieren sie „Opfer einer kläglich unvollständigen Art des Sehens" und damit „das Verhältnis der meisten Menschen zur Realität."[7] Nicht das Sehen mit den Augen an sich ist problematisch, sondern der daraus abgeleitete Anspruch auf Allgemeingültigkeit und die daraus folgende Exklusion (anderer Wahrnehmungsweisen). Anes Eltern sind so auf ihre visuelle Wahrnehmung fixiert, dass sie ihrer Tochter keine eigene Wahrnehmung zugestehen können: Ihr einziger Wunsch besteht darin, Ane mithilfe der nächsten Operation endlich ihr ‚Augenlicht' zurückzugeben. Dass in Ane umgekehrt der Entschluss reift, keinen weiteren medizinischen Eingriff mehr vornehmen zu lassen, entgeht ihrer Aufmerksamkeit. Während die Eltern in Ane noch ein schutzbedürftiges Kind sehen, zeigt der Film sie als eine selbstbestimmt handelnde junge Frau.
In ihrer Studie *Ambivalenzen der Sichtbarkeit* zeichnet Johanna Schaffer die unauflösbaren Analogien zwischen Seh- und Erkenntnistheoremen als zentrales Problem der auf Evidenz gründenden Visualitätsdiskurse nach:

> Das, was der Topos der Sichtbarkeit zuallererst aufruft, ist die in den Gesellschaften des hochindustrialisierten Nordens nach wie vor herrschende moderne epistemologische Verbindung zwischen Sichtbarkeit, Erkenntnis und Wirklichkeit. [...] Die [...] Verbindung zwischen Glauben und Sichtbarkeit lädt ‚Sichtbarkeit' mit immenser rhetorischer Kraft auf. Allerdings bleibt in der alltäglichen rhetorischen Praxis – und eben diese ist das Feld des Gemeinplatzes – generell unbemerkt, dass Sichtbarkeit nie gegeben, sondern immer in einem Zusammenhang aus Wissen und Macht produziert ist und in einem gegenseitigen Modulationsverhältnis zu Unsichtbarkeit steht.[8]

Auf ähnliche Weise entgeht Anes Eltern ihr eigener Beitrag zu einer Sichtbarkeit, die sie für gegeben halten, in Wahrheit jedoch mitproduzieren. Mit dieser reproduzierten Sichtbarkeit wiederholen und bestätigen sie – ohne es zu bemerken – den steten Ausschluss ihrer Tochter

6 Caroline Jones: Der blinde Mann. Oder: Wie man eine Ausstellung besucht. In: Caroline Welsh / Stefan Willer (Hrsg.): *„Interesse für bedingtes Wissen". Wechselbeziehungen zwischen den Wissenskulturen.* München: Fink 2008, S. 153–178, hier S. 153

7 Ebd.

8 Johanna Schaffer: *Ambivalenzen der Sichtbarkeit. Über die visuellen Strukturen der Anerkennung.* Bielefeld: Transcript 2008, S. 13.

Abb. 2: Still aus *Camera Obscura*.

aus einem System, das keineswegs alternativlos ist, wie Maru Solores zeigt. Die Rolle, das wechselseitige Verhältnis zwischen Anmaßung und Exklusion sichtbar zu machen, kommt dem unabhängigen Fotografen Antonio zu, der eines Tages unvermittelt im Sommerhaus auftaucht, um eine Ausstellung seiner Aufnahmen vorzubereiten. Antonio ist völlig anders als sein Cousin Koldo, Anes Vater. Während dieser, Typ Bürokaufmann, wenig sensibel und patriarchal, vor allem aber bürgerlich-langweilig ist, zeichnet der Film Antonio als einfühlsamen, lockeren Künstler, der sich gern mit Ane unterhält, ihr seine Bilder zeigt – und ihr auf ihren Wunsch hin beibringt, mit einer Kamera umzugehen: „Zeigst du mir, wie man fotografiert?". „Gut. Was möchtest du fotografieren?"

Anes erstes Motiv ist eine Katze im Baum. Antonio unterstützt sie und klettert mit ihr auf einen alten, hohen Baum. In der dichten Krone verschwindet die Katze, beide konzentrieren sich darauf, sie anhand ihrer Geräusche zu orten, und Ane versucht sie aufzunehmen. Als Luisa ihre Tochter in luftiger Höhe auf einem Ast sitzend erblickt, reagiert sie wütend. Mit einem Satz stellt Antonio klar, worin das eigentliche Problem der Familie besteht: „Ich dachte, [Ane] wäre blind und nicht gelähmt." *Camera Obscura* thematisiert den Emanzipationsprozess eines adoleszenten Mädchens, deren soziale Isolation keine Folge ihrer Blindheit, sondern des spezifischen Verhaltens ihrer Eltern ist: Sie machen aus Ane eine blinde und hilfsbedürftige Person. Die Disability

Studies haben entscheidend dazu beigetragen, solche Muster zu erkennen, indem sie aufzeigen, dass Behinderung eine sozial, kulturell und historisch konstruierte Kategorie ist.[9] Einen Gedanken von Rosemarie Garland Thomson aufgreifend, zeigt sich Anes Blindheit nicht so sehr körperlich wie in ihrem sozialen Umfeld, in dem das Sehen als Wert an sich so hoch geschätzt wird, dass umgekehrt sein Fehlen automatisch ein Ausweis von Unterlegenheit ist.[10] Anes Eltern ist die Blindheit ihrer Tochter peinlich vor den anderen, weshalb sie sich bemühen, nach außen hin ‚Normalität' zu demonstrieren. Auf dem Weg zum Strand klappen sie Anes Taststock zusammen, bevor sie hinter der Düne hervorkommen. Vor ihren Freundinnen bemüht sich Luisa, die Blindheit ihrer Tochter zu ‚kompensieren', indem sie Anes musikalische Begabung lobt, obwohl sie kaum Geige spielen kann. Damit unterminiert der Film zugleich das hartnäckige Stereotyp vom musisch begabten Blinden.[11]

Blindheit und Fotografie

Anes Mutter schenkt dem neuen Hobby ihrer Tochter kaum Beachtung, zumindest solange sie sich von der Präsenz der Kamera nicht genervt fühlt. Für Imanol steht hingegen fest, dass seine Schwester ein ‚Nerd' ist, was an eine ähnliche Reaktion auf einen blinden Fotografen in Jocelyn Moorhouse' Spielfilm *Proof* (1991)[12] erinnert. Dort reagiert der junge Kellner, als er das erste Mal vom obsessiven Hobby des Protagonisten hört, erstaunt und zugleich betont distanziert: „Ein blinder Fotograf? Das ist absolut das Verrückteste, was mir in dieser Woche begegnet ist." Dabei geht es – in *Camera Obscura* noch stärker als in *Proof* – indes nicht nur um die ungewohnte Vorstellung einer/s blinden Fotograf_in. Indem Imanol seine Schwester als ‚Nerd' bezeichnet, nimmt er (unbemerkt) das Ergebnis der von ihm mitproduzierten

9 Vgl. exemplarisch Lennard J. Davis (Hrsg.): *The Disability Studies Reader*. New York: Routledge 2006; Sharon L. Snyder / David T. Mitchell: *Cultural Locations of Disability*. Chicago: University of Chicago Press 2006; Rosemarie Garland Thomson: *Extraordinary Bodies: Figuring Physical Disability in American Culture and Literature*. New York: Columbia UP 1997. Mit besonderem Fokus auf filmischen Blindheitskonstruktionen: Georgina Kleege: *Sight Unseen*. New Haven / London: Yale UP 1999.

10 Thomson: *Extraordinary Bodies*, S. 7.

11 In Literatur und Film finden sich zahlreiche Variationen und Manifestationen dieses Stereotyps.

12 *Proof* (AU 1991, R: Jocelyn Moorhouse).

Abb. 3: Still aus *Camera Obscura*.

sozialen Prozesse vorweg, die Ane aufgrund äußerlicher Erkennungszeichen von den Gleichaltrigen exkludieren: Kein Mädchen ihres Alters trägt statt eines Bikinis noch einen Badeanzug, ganz zu schweigen von Anes kindlichem Sonnenhut und ihren Schwimmflügeln. Und niemand in ihrem Alter begeistert sich für das Fotografieren an sich. In solchen Szenen wird die wechselseitige Verschränkung von Anes Isolation als Blinde und ihrer Isolation im Umfeld der Gleichaltrigen offenkundig.

Camera Obscura erinnert daran, dass das Sehen mit den Augen keine notwendige Voraussetzung ist, um Sichtbares fotografieren oder filmen zu können – es besteht kein zwingender Zusammenhang zwischen Praktiken des Sehens und der Sichtbarmachung. Der bekannte blinde Fotograf Evgen Bavčar etwa reagiert mit seiner Kamera auf akustische Signale: „Sobald er eine Stimme hört, gerät seine Kamera in Bewegung. Geräusche, Laute, Klänge und Töne sind für ihn eine Art Bilderalphabet“[13].

Als Ane nach ihrer Ankunft im Ferienhaus zum ersten Mal die von Jalousien verdunkelten Räume durchstreift, stellen sich Erinnerungen an diesen Ort ein: „Sie sind noch immer in meinem Kopf.“ Zurück an diesem vertrauten Ort, überprüft sie ihre Erinnerungen mit ihren

13 Walter Aue: *Am Ende des Lichts. Die Fotografie des blinden Evgen Bavčar*. Berlin: Edition qwert zui opü 2000, S. 8.

gegenwärtigen Eindrücken. Die Reize, die Ane wahrnimmt, lösen etwas in ihr aus, das in seiner spezifischen Überlagerung mit ihren bildhaften Erinnerungen eine spezifische Form von Bildern generiert. Anes Gebrauch der Kamera zielt auf eine sinnliche Affirmation und Artikulation anwesender multimodaler Erscheinungen. Mit Dieter Mersch lässt sich sagen, dass die als zentrale Analogie und Klammer eingeführte Camera obscura hier weder ein Instrument zur Projektion noch zur Reproduktion ist, sondern Nietzsches Deutung der Camera obscura entsprechend „als eine Maschine der Kreativität [fungiert], die mit dem System der Repräsentation bricht, um sie für eine ‚andere Art' von ‚Transparenz' und ‚Durchlässigkeit' zu öffnen."[14]

Maru Solores' Film versucht mit der Kamera nachzuvollziehen, wie eine andere Art der Wahrnehmung aussehen könnte, indem sie sich für eine Schauspielerin entscheidet, die Blindheit nicht imitiert, sondern selbst blind ist. Sofern sie Anes Perspektive einnimmt und – ihre Hand imitierend – ganz nah an die Dinge herangeht, so dass das Bild unscharf wird, verschwimmen die Konturen und werden die Texturen sichtbar. Damit bleibt *Camera Obscura* zwar zwangsläufig im Rahmen eines konventionellen Bildvokabulars zur Sichtbarmachung von Blindheit im Film, doch ist dieser Umstand nahezu unhintergehbar, sieht man von einem so radikalen Antibildprogramm wie Derek Jarmans Film *Blue* ab,[15] der einer singulären Blindheit, nämlich der des Regisseurs Jarman, ein Denkmal setzt. *Camera Obscura* verschleiert indes nicht seine formale Unzulänglichkeit, sondern macht sie mithilfe einer Analogie transparent. Die Opening Credits tauchen im Vorspann in alphabetischer Schrift und in Braille auf – einem Schriftsystem also, dessen Zeichen sich zuerst im Ertasten entziffern lassen und folglich in der hier vorgeführten Form weder ein sehbehindertes noch ein sehendes Publikum adressieren können. Die ‚Blindenschrift' richtet sich an niemanden – und zugleich indirekt als Bild doch wieder an die ‚sehenden Blinden'. In einer selbstreflexiven Volte gelingt es dem Film, ein in der Kultur- und Mediengeschichte virulentes Ungleichgewicht aufzuzeigen, das Denis Diderot im Titel seines einflussreichen *Briefs über die Blinden für den Gebrauch der Sehenden* unfreiwillig auf den Punkt gebracht hat: Das Problem der vorherrschenden Perspektive, aus der

14 Dieter Mersch: Umdrehung der Umdrehung. Sarah Kofman über Kritik und Dekonstruktion. In: Kofman: *Camera obscura*, S. 139–158, hier S. 151.

15 *Blue* (UK 1993, R: Derek Jarman).

ein Wissen über Blindheit und blinde Menschen generiert, reproduziert und manifestiert wird, das mit den diversen *settings* subjektiver Erfahrungen wenig gemeinsam hat. Diderots Brief ist voller Analogien wie dieser: „Wir gehen aus dem Leben wie aus einem bezaubernden Schauspiel; der Blinde geht aus dem Leben wie aus einem Kerker.“[16] Im Rekurs auf den Topos der Camera obscura jedoch ließen sich die Positionen auch vertauschen, wie Stefan Ripplinger ausführt:

> Alles mit den bloßen Augen Sichtbare beruht darauf, dass der ganze Rest ins Dunkel gestürzt, ausgeblendet ist. Alles mit den bloßen Augen Sichtbare ist artifiziell, denn auch die Eindrücke der Netzhaut müssen erst vom Hirn umgekehrt, vervollständigt, korrigiert werden.[17]

Ausgehend von der alltäglichen (Re)Produktion riskanter Gemeinplätze wie durch Diderot ist Rosemarie Garland Thomson oder Ian Hacking nur zuzustimmen, wenn sie unabhängig voneinander darlegen, wie erst durch kulturelle und mediale Investigationen bestimmte Gruppenidentitäten wie ‚die Blinden‘ konstruiert werden, die zuvor gar nicht existierten. So konstatiert Hacking:

> They are moving targets because our investigations interact with them, and change them. And since they are changed, they are not quiet the same kind of people as before. The target has moved. I call this the ‘looping effect’. Sometimes, our sciences create kinds of people that in a certain sense did not exist before. I call this ‘making up people’.[18]

Zugleich sensibilisiert der Film durch seine Opening Credits in Braille für den potenziellen Leerlauf zwanghafter Praktiken der Sichtbarmachung. Nicht immer ist es sinnvoll, nichtvisuelle Modalitäten ins Feld des Sichtbaren zu transponieren; nicht immer wird dadurch Bedeutung akkumuliert. Sichtbar zu machen, was es heißt, blind zu sein, ist unmöglich, und so muss ein Film über Blindheit, wie auch Ripplinger in seinem Essay „I can see now. Blindheit im Kino“ betont, zwangsläufig das Sehen thematisieren[19] – und damit das eigene Medium herausfordern, ‚andere‘ noch nie gezeigte Bilder zu erfinden.

16 Denis Diderot: Brief über die Blinden. Zum Gebrauch für die Sehenden. In: Ders.: *Philosophische Schriften*, Bd. 1, aus d. Frz. u. hrsg. v. Theodor Lücke. Berlin: Aufbau 1961, S. 51–99, hier S. 56.

17 Ripplinger: *I can see now*, S. 62.

18 Ian Hacking: Making Up People. In: *London Review of Books* 28,16 (2006), S. 23–26, hier S. 23.

19 Vgl. Ripplinger: *I can see now*, v. a. S. 64–67.

Fixierte Erinnerungen

Antonio kommt Anes Wunsch nach und zeigt ihr seine Fotos, indem er ihre Finger sanft über die Abzüge führt und ihr mit Worten beschreibt, was ihre Fingerspitzen gerade ‚sehen'.[20] Wenig später betritt sie heimlich seine Dunkelkammer und entwendet seine Kamera, um im Garten zu fotografieren. Als Antonio sie dabei überrascht, erzählt Ane ihm von den Bildern in ihrem Kopf: „Ich kann noch immer den Baum und andere Dinge in der Nähe vom Haus sehen." Ane weiß bereits, dass bildhafte Erinnerungen mit der Zeit verblassen, wenn sie nicht stimuliert werden. Oft schaltet der Film Aufnahmen vom stürmischen Meer zwischen die Szenen und spielt so auf den prägenden Moment ihrer Erblindung an: Bei einem Ausflug mit dem Boot war durch den hohen Wellengang eine von den Eltern benutzte, dann aber vergessene Flasche mit Natronlauge umgefallen, wobei ein paar Tropfen der ätzenden Flüssigkeit in Anes Augen spritzten. Immer noch sieht Ane, wie der Film durch die wiederkehrenden kurzen Meeressequenzen suggeriert, die aufgewühlten Wellen vor sich – ein mentaler Abdruck, der durch keine visuellen Reize (mehr) überschrieben werden kann – ein trotz seiner Bewegung fixes Bild. Dieses Bild verändert sich nicht mehr, es existiert jenseits von Raum und Zeit weiter und wird weder durch neue visuelle Eindrücke ersetzt noch manipuliert.

Eine andere künstlerische Arbeit, die sich für visuelle ‚Stillsetzungen' und die Art ihrer nachträglichen Diskursivierung interessiert, ist Sophie Calles Porträtaufnahmen und kurze Texte kombinierende Serie *The Last Image* (2010). Die Konzeptkünstlerin, die sich seit Mitte der 1980er Jahre immer wieder mit dem Thema Blindheit auseinandergesetzt hat, befragte für die aus kurzen Texten und Fotografien bestehende Arbeit blinde Menschen nach dem letzten Bild, an das sie sich erinnern. Exemplarisch erscheint das Statement einer Frau, die von sich sagt, dass sie alles, das Aussehen ihrer Kinder eingeschlossen, vergessen habe. Einzig das Gesicht ihres Mannes sehe sie noch deutlich vor sich und unabhängig davon, wie oft man ihr versichere, seine Schläfen seien inzwischen grau – für sie habe er braunes Haar und werde

20 In Anspielung auf eine populäre Passage aus Diderots *Brief*, worin er den Finger des Blinden zu einem sehenden Organ erhebt und damit den von René Descartes in seiner Schrift *Dioptrique* (1637) etablierten Gedanken, Blindgeborene würden mithilfe ihrer Taststöcke ‚sehen', unmittelbar an den Körper rückbindet (vgl. Diderot: Brief über die Blinden, S. 62). Diderots Analogie eines Sehens mit den Fingerspitzen wird zum zentralen Denkbild in Jacques Derridas Essay *Mémoires d'aveugle: l'autoportrait et autres ruines*. Paris: Réunion des musées nationaux 1990.

immer 39 Jahre alt sein.[21] Diese Aussage legt nahe, dass die Aktualität dieses einen Bildes der Wirkmacht eines starken Gefühls für diesen Menschen zuzuschreiben ist. Auch in *Camera Obscura* verbindet sich die Wirkmacht eines Bildes mit der Wirkmacht einer beherrschenden Emotion: Das Meer, das für Ane immer bewegt sein wird, zieht sie magisch an – verstärkt durch das Verbot der Mutter. Es steht nicht nur für den Moment, der Ane zu einer Blinden gemacht hat, sondern auch für die ersehnte Emanzipation von den Eltern und ihrem (koproduzierten) Bild. Das stürmische Meer symbolisiert das große Unbekannte, nach dem Ane sich sehnt und das Freiheit und Herausforderung verheißt.

Wahrnehmung und Artikulation

Als Antonio Ane die Ergebnisse ihres ersten Shootings zeigt, ist die Katze auf keiner Aufnahme zu finden. Er erklärt ihr, dass ein_e Fotograf_in für ein wirklich gutes Foto zahllose Aufnahmen machen müsse. Mit der Thematisierung des dem Betrachterblick in der Regel vorenthaltenen Materials, das die eine gewünschte Aufnahme als solche konstituiert, etabliert der Film das Gegenmodell zu einer anderen Szene, aus der jene topische Überheblichkeit einer zum Maßstab erhobenen Sichtweise spricht: Imanol, von Ane beim Schauen eines Pornofilms überrascht, lässt sich von seiner Schwester ihre Aufnahmen zeigen, um die für ihn peinliche Situation zu überspielen. Schon nach dem ersten flüchtigen Blick steht für ihn fest: „Man kann überhaupt nichts erkennen!" Anes Bruder hält seine Wahrnehmung für die richtige und verbaut sich damit selbst jeden Zugang zu Anes Bildern, die im Kontrast zu jenem im Hintergrund der Szene im Fernsehen laufenden Porno gezeigt werden. Während die Fernsehbilder in ihrer Direktheit schon ausbuchstabiert sind und keiner Kontextualisierung bedürfen,[22] sind Anes Bilder auf die

21 Sophie Calle: The Last Image. In: Dies.: *Blind*. Ausstellungskatalog. Arles: Actes Sud 2011, hier S. 77–103, S. 85.

22 Zum Verhältnis von Schaulust, Taktilität und Realismus in pornografischen Verfahren und Darstellungen vgl. Gertrud Koch: Schattenreich der Körper. Zum pornographischen Kino. In: Karola Gramann (Hrsg.:) *Lust und Elend: Das erotische Kino*. Luzern / München: Bucher 1981, S. 16–39; Linda Williams: *Hard Core. Macht, Lust und die Traditionen des pornographischen Films*. Basel / Frankfurt am Main: Stroemfeld / Nexus 1995; Drucilla Cornell: *Die Versuchung der Pornographie*. Frankfurt am Main: Suhrkamp 1997; Linda Hentschel: *Pornotopische Techniken des Betrachtens. Raumwahrnehmung und Geschlechterordnung in visuellen Apparaten der Moderne*. Marburg: Jonas 2001.

aktive Beteiligung eines betrachtenden Blicks angewiesen: Sie erschließen sich nur im Dialog mit einem/r Betrachter_in. Damit thematisiert der Film – wie alle Filme über Blindheit – nicht zuletzt auch die eigenen filmischen Produktions- und Rezeptionsbedingungen. Wie Ripplinger anmerkt, denkt das Kino

> [i]n der Figur des Blinden […] über sich selbst nach. Seine oft für allzu selbstverständlich gehaltenen ontologischen Voraussetzungen, die Behauptung, es blicke, ja, es könne das Sehen lehren, die Rede von der Kamera als einem Auge, all das steht in der Figur des Blinden und der Blindheit auf der Probe.[23]

Dementsprechend steht auch in *Camera Obscura* „[n]icht das Schicksal [einer] Blinden, nicht die Blindheit an sich, sondern ihr Verhältnis zum Sehen"[24] im Mittelpunkt. Wie erwähnt, nutzt auch in Moorhouse' Film *Proof* ein blinder Protagonist eine Fotokamera, um zu sehen. Die Fotografien, die sich Martin von anderen beschreiben lässt, dienen ihm als Beweis, dass das, was er fotografiert, auch wirklich existiert: „Ich war dort." Doch jeder, den er bittet, ihm seine Fotografien zu beschreiben, sieht etwas anderes darauf. Das, worum Martin bei seiner obsessiven Suche nach Wahrheit kämpft, existiert nicht: erst recht nicht in jener ‚anderen Welt', deren Protagonist_innen Martin *per se* als Antagonist_innen wahrnimmt, schon weil sie – ein zentrales Blindheitsnarrativ – potenziell in der Lage sind, ihn zu täuschen.[25]

Anes fotografische Praxis folgt weder einer künstlerischen Motivation wie bei Evgen Bavčar, noch basiert sie auf einer übergeordneten Suche nach ‚Realität' wie in *Proof*, wo der Fotograf von einer Einsicht konnotierenden, topischen Blindheitsposition aus mit seinem radikalen Zweifel die menschliche Erkenntnisfähigkeit an sich infrage stellt. Solores' Protagonistin ist stattdessen auf der Suche nach einer eigenen

23 Ripplinger: *I can see now*, S. 2.

24 Ebd., S. 2. Zum Thema Blindheit im Film vgl. außerdem Tacke (Hrsg.): *Blind Spots*.

25 Die wechselseitige Verschränkung der Motive einer vorgetäuschten Blindheit und der Anfälligkeit blinder Personen für Täuschungen ist ein zentrales Thema in Literatur und Film, vgl. exemplarisch André Gide: *La Symphonie Pastorale*. Paris: Gallimard 1919; *City Lights* (USA 1931, R: Charles Chaplin); *Magnificent Obsession* (USA 1954, R: Douglas Sirk); Max Frisch: *Mein Name sei Gantenbein*. Frankfurt am Main: Suhrkamp 1964; *Wait until Dark* (USA 1967, R: Terence Young); Daniel Kehlmann: *Ich und Kaminski*. Frankfurt am Main: Suhrkamp 2003. Wechselseitige Täuschungen sind darüber hinaus ein Leitmotiv in Derridas erwähntem Essay *Mémoires d'aveugle* (1990).

Perspektive, nach einem Vokabular für ihre Bilder, Gedanken und Gefühle, um sich mitzuteilen und gehört zu werden. Antonio bleibt lange Zeit der einzige, der sich für Ane interessiert; die Kamera – die zweifelsohne für Antonios Hinwendung steht – dient Ane als Instrument zur wechselseitigen Subjektivierung und Anerkennung. Um ein Foto von Antonio machen zu können, muss Ane ihn auf ihre Weise sehen: Sie streckt ihre Hand aus und berührt sein Gesicht sorgsam mit den Fingerspitzen, fährt behutsam seine Stirn, seine Augenhöhlen, seine Wangen, sein Kinn ab. Der Film versucht Anes Sehen mit den Fingerspitzen auf der formalen Ebene sichtbar zu machen, indem die Kamera in der kaum ausgeleuchteten Szene nahe an Anes Hand bleibt, so dass die Umrisse von Antonios Gesicht sich mit dem Hintergrund verbinden und mit dem bloßen Auge nicht mehr erkennbar sind. Zudem verstärkt der Film auf der akustischen Ebene markante Geräusche. Das Knistern der Bartstoppeln, wenn Anes Finger darüber fahren, löst eine unmittelbare Erinnerung an dieses Gefühl aus. Doch so sehr sich der Film auch bemüht, er kann diese haptischen Erfahrungen nicht spürbar machen, wie er von vornherein mit der vor allem haptisch funktionierenden, aber dennoch im Vorspann sichtbar gemachten Brailleschrift einräumt.

In der Szene, in der sich Ane ein Bild von Antonio macht, überlagern sich der Wunsch, ihn zu sehen, und der Wunsch, ihm körperlich näher zu kommen, so dass es schwer ist, zwischen diesen beiden Motiven zu unterscheiden. Wiederholt thematisiert der Film die Unsicherheit des erwachsenen Mannes, solche Berührungen zuzulassen. Er muss entscheiden, wann eine Geste in eine intime Berührung umschlägt und er Anes tastender Hand Einhalt gebieten muss. Sanft zeigt er ihr seine Grenzen auf und respektiert zugleich die ihrigen. Maru Solores' Darstellung der unmöglichen Beziehung zwischen Ane und Antonio ist sehr überzeugend und an keiner Stelle voyeuristisch. Antonios Umgang mit Ane ist respektvoll und einfühlsam zugleich, weil er sich zu ihr wie zu einer Tochter hingezogen fühlt. Das ist weniger abstrakt, als es klingt: Amaia, seine wirkliche Tochter, ist ein Mädchen aus jener Clique, deren Teil Ane gern wäre. Antonio darf Amaia jedoch nicht sehen, denn auch hier wirkt ein mütterliches Verbot, und umgekehrt möchte Amaia den ihr fremden Vater nicht treffen. Nach Jahren der Trennung, das gibt sie ihm unmissverständlich zu verstehen, ist es für eine harmonische Vater-Tochter-Beziehung zu spät.

Schönheit und Sichtbarkeit

Einem mediengeschichtlichen Gemeinplatz zufolge ist die Kamera *per se* blind – und zugleich das prädestinierte Instrument, um Dinge (vermittelt) sichtbar zu machen – was wohl ein zentraler Grund dafür ist, dass sich das Kino seit seinen Anfängen für blinde Figuren interessiert.[26] Der Film *Camera Obscura* konstituiert seine Protagonistin mithilfe des Fotoapparats in ähnlicher Weise zugleich als Blinde und als Sehende: in jener Ambiguität also, die nicht nur der Kamera als einem (fragwürdigen) Instrument der Sichtbarmachung eignet, sondern auch den sich gegenseitig modulierenden Praktiken des Sehens und des Nicht- oder Übersehens, der Sichtbarmachung und der Verdeckung.

Eine Szene verdeutlicht diese Problematik besonders treffend. Ane hätte sich gern einigen im Meer badenden Mädchen angeschlossen, was ihr jedoch von ihrer Mutter wegen des Wellengangs verwehrt wird. Die nächste Szene beginnt aus der Perspektive von Anes Kamera. Während aus dem Off das Lachen von Luisas Freundinnen zu hören ist, sind verwackelte Aufnahmen von aus nächster Nähe gefilmten Händen, einem Serviettenhalter und einer Kaffeetasse zu sehen. Die nächste Einstellung zeigt Ane von hinten am Tisch mit der Mutter und deren Freundinnen, die Kamera hält sie auf Brusthöhe auf die anderen gerichtet. Wie zuvor bei den Mädchen geht es in der leichten Unterhaltung der Frauen um das Thema Männer, auch um Antonio, dessen Narben ihn für die Frauen besonders attraktiv machen. Das Mädchen mit der Kamera verunsichert die Frauen, schließlich wirft Luisa ihr einen genervten Blick zu und bittet sie, die Kamera zur Seite zu legen. Doch Ane filmt weiter, bis ihr eine der Frauen, deren Dekolleté ihre Kamera gerade einfängt, mit den Worten, dass sie kein Model sei, die Kamera untersagt. Das Filmverbot verdeutlicht Anes unmögliche Position in diesem Kreis. Einerseits impliziert das Verbot, dass Ane ein (wenngleich technisch vermittelter) Blick zugestanden wird. Andererseits nehmen sie ihr diesen (neuen) Blick sofort wieder weg und reduzieren sie damit auf den Status ihrer Blindheit.

Wieder sind die Analogien zum Konflikt des Teenagers virulent: Indem ihr die Frauen die Kamera verwehren, reduzieren sie Ane nämlich auch auf die Rolle eines Kindes, dem man wegen seines unartigen Betragens das Spielzeug wegnimmt. Gemäß dieser doppelten Ambiguität ist auf

26 Vgl. Ripplinger: *I can see now*; Tacke (Hrsg.): *Blind Spots*.

Abb. 4: Still aus *Camera Obscura*.

Seiten Luisas und ihrer Freundinnen in dieser Szene von Anfang an ein Unbehagen zu bemerken, das über die standardisierten Reaktionen auf eine laufende Kamera hinausgeht: Sie müssen glauben, dass Ane (scheinbar) wahllos filmt, was ihr vor das Kameraobjektiv kommt. Da Ane im Gegensatz zur professionellen Fotografin jener ‚ordnende Blick' fehlt, der aus Hunderten von Aufnahmen die richtige – und das heißt in den Augen der Frauen die vorteilhafteste – herausfiltert, müssen sie fürchten, in einer unpassenden, ja, in jeder nur denkbaren Situation erfasst und nachhaltig dokumentiert zu werden. Und noch ein anderer Aspekt schwingt hier mit: Denn Ane stellt das Aussehen der Frauen nicht nur mit ihrer Kamera infrage, sondern auch durch ihre eigene Sichtbarkeit, die untrennbar mit ihrer jugendlichen Schönheit – zugleich aber mit ihrer ‚Blindheit' verbunden ist. Und dieser Befund muss die Frauen irritieren – nicht nur weil sie in Ane gerade noch ein Kind zu sehen glaubten, sondern auch weil ihr beschränktes Bezugssystem die Unvereinbarkeit von Begriffen wie ‚Schönheit' und ‚Blindheit' nahelegt. Den dahinterstehenden wechselseitigen Ausschlussmechanismus umschreibt Rosemarie Garland Thomson wie folgt: „[…] culturally generated and perpetuated standards as ‚beauty', ‚independence', ‚fitness', ‚competence' and ‚normalcy' exclude and disable many human bodies while validating and affirming others."[27] Ane ist sich bewusst, ständig zu einer ‚anderen'

27 Thomson: *Extraordinary Bodies*, S. 7.

gemacht zu werden. Die typischen Fragen eines Teenagers stellen sich ihr mit einer größeren Dringlichkeit: „Mama, meinst du, dass ich mal jemandem gefallen werde?“ Während Luisa Anes erste Frage gespielt beiläufig beantwortet, überhört sie Anes daran anschließende Frage, ob sie sich auch in Koldo verliebt hätte, wenn er blind gewesen wäre.

Liebe und Freundschaft

Indem sie ihr adoleszentes Begehren auf Antonio projiziert, entwickelt Ane eine Vorstellung davon, wie sich eine auf gegenseitigem Respekt gründende Liebe anfühlen könnte. In Antonio treffen jenes Begehren und Anes Wunsch zusammen, sich von ihrer Familie zu emanzipieren. Doch die Beziehung zu Antonio ist von Anfang an problematisch, weil der erwachsene Mann die Liebe der Dreizehnjährigen zurückweisen muss – und zunehmend für Anes Mutter attraktiv wird. Marus Solores' Film findet jedoch eine glaubhafte Lösung für dieses Problem, denn Ane bekommt schließlich die Anerkennung, nach der sie sich so sehnt. Ausgangspunkt hierfur (und gleichzeitig der vorläufige Höhepunkt des Emanzipationsprozesses) ist ein konzertierter Verstoß gegen elterliche Verbote: Ane geht auf eine Party, trinkt Bier und tanzt mit einem jungen Kerl, den sie selbstbewusst abkanzelt, als er ihr zu nahe kommt. Am Morgen danach geht sie mit Amaia zum Baden ins Meer, was bis dahin mit einem Tabu belegt war. Ausgerechnet in Amaia, Antonios Tochter, findet Ane eine Freundin. Während es Antonio verwehrt bleibt, die vakante Position des Vaters in Amaias Leben zu besetzen, kann Amaia Antonios Stelle in Anes Leben einnehmen. Auf diese Weise knüpft der Film ein verschlungenes Band zwischen den drei Figuren. Antonio, der weder Liebhaber noch Vater sein kann, muss am Ende gehen. Zum Abschied schenkt er Ane seine Kamera – und gibt ihr damit die Gewalt über einen Blick, den sie sich zuerst von ihm geliehen hatte. In Amaia und Ane aber finden sich zwei Menschen, die sich beide von ihren Eltern emanzipiert haben und am Beginn eines neuen Lebensabschnitts stehen. Fokussiert werden hier die Gemeinsamkeiten der beiden Mädchen (wie das Wechselbad aus Verliebtheit und Enttäuschung), womit Ane den Rahmen der ihr zugewiesenen Rolle als Blinde im Sinn der von den Eltern repräsentierten traditionellen sozialen Norm sprengt.

Fragments in the Dark

Zairong Xiang[1]

Inside the darkroom, very dark.

I am inside the darkroom. Ignore me if you want, as you have always done. You cannot see me just as much as I cannot see you. Yet we are all here, inside the universal darkness/dark universe. You cannot see me anyway, even in bright daylight. Now you see these words floating on the white pages like an undistinguishable mass that unexpectedly takes on recognisable shapes. Close your eyes, pretend that it is total darkness.

negro como la leche
como los dientes   negro
del mismo negro del agua bautismal
nieve
negro como la pagina
de fibra de cristal   negro
córnea de los ojos
semen

(Severo Sarduy: *Tonk*)

1 Acknowledgement: this article was written during the research fellowship at the ICI Berlin Institute for Cultural Inquiry. The idea of reflecting on the darkroom started with an invited talk at Ballhaus Naunynstrasse (Berlin) and a guest lecture at Universität für angewandte Kunst (Vienna).

"You queers!" that old phrase – no longer offensive, never offensive (to me) –, nevertheless, it was heard. I heard it, you heard it, but nobody turned around upon its interpellation. In fact, I turned, but he didn't know that I turned. He? He. We are all in the darkness where seeing is not an option (not a volitive statement but the setting of the stage in which the flux and floating of words take shape).

It could be intimidating, if it is the first time you are here, in a foreign language. It could be exciting, if it is the first time you are here – in the land of promiscuity. *Completely anonymous, completely invisible, completely... no, not completely free.* You are too familiar with the bright light that renders everything visible, at least everything you can and care to see. The sudden loss of vision throws you/us back into the primordial time, before *fiat lux*, before languaging, before senses, before the before, before after *fiat lux*, before after that before. Darkness compresses time and space into *le trop-plein et le vide.* A minimalist baroque and a baroque minimum.

Darkness is particularly dear to queers. José Muñoz via Samuel Delany ties his theorisation of queer futurity that is hope to the fraternal and fleshy cruising night at the end of Christopher Street near the Hudson River in New York City, precisely, as he states, "under the cover of a protective darkness"[2]. The cosmic primordiality is invoked again and again in different accounts of sexual encounters between men: always dark, yet perfectly discernible. John Giorno writes about his sexual encounter deploying a remarkably mythological language: "from the depth of the inebriating darkness of that underground cave, stretching my cock to the sky, I shot a big load of cum, straight and glorious. Perfectly arisen and accomplished, and perfectly dissolved back into primordially pure empty space."[3]

When I am addressing you, I am not writing to "you", but to "me". The imagined interlocutor starts from within, within the "me", the enlarged "I", within the darkroom of non-differentiation and indifference,

2 José Esteban Muñoz: *Cruising Utopia: The Then and There of Queer Futurity.* New York: New York UP 2009, p. 52.

3 Ibid., p. 38.

a drop of pink flare
in the dense dazzling dust.
It is **dark** (t)here.
a necropolis
a queer utopia
a future-anterior
in the holy hollow (w)hole

In the Library. Bright and White.

If "queer" points to the uncategorisable, the monstrous, the hidden, the unclaimable, the one that escapes identification, the weird, the one that is not one, queer is infinitely linked to darkness. Darkness recognises neither norm nor anti-norm. Darkness resists the "is" of queer, the impulse to categorise. Queer's worst nightmare has already begun at the moment when "queer" became a recognisable category, fixed in the library as just another page/section of the disciplinary division of labour, HQ76. Darkness as queer's intrinsic ally belies canonisation. Queer canonisation *is* anti-queer. Of course, this time, under the bright light of the library, the temple of knowledge, these are only volitive wishes. The queer "canon" remains a weak one that warrants scare quotes. Yet "queer theory" has been flirting dangerously with that which it sets out to oppose: hierarchy, canonisation, academic celebrities and cultural capital(isation).

The brightness of the library tries to conquer the darkness of the darkroom and extract knowledge from it by rendering everything, at least superficially, visible, categorisable, publishable, citable. This is the risk of queer theorisation, the risk facing this article itself: to render visible the invisible in the name of "light shines into the darkness" and accuses "but darkness comprehends it not" (John 1:5). The other risk is that "queer" is used as a decoration to boost one's "coolness", although it might fail (thank God). Fang Hongjie, the protagonist of *Fortress Besieged* by Qian Zhongshu, was amazed by a certain Mr. Chang who had just returned from abroad to China and "liked to sprinkle his Chinese with meaningless English expressions". He made this comparison:

> It wasn't that he had new ideas, which were difficult to express in Chinese and required the use of English. The English words inlaid in his speech could not thus be compared with the gold teeth inlaid in one's mouth, since gold teeth are not only decorative but functional as well. A better comparison would be with the bits of meat stuck between the teeth – they show that one has had a good meal but are otherwise useless.[4]

Queer stays *queer* despite that "queer", the naming of both a theoretical concept and a corporal experience that has been co-opted by the neoliberal homo-economy, by pink-washing propaganda and/or by racist politics condensed in the figure of the "homophobic Muslim" or the too-familiar practice of gay apartheid: "No Asians", "No Blacks", "No Latinos".

Queer is able to slip away (no matter how much this looks like flexibility propagating the entire neoliberal strategy of adapting), or rather slip "back" into a dark spatio-temporality of disidentification. Darkness conjures up several instances and milieux of queer life: darkrooms, nighttime, negation and (primordial) welter and waste.

On the surface of the smartphone. Very bright.

The screen of the smartphone is too bright. It hurts your eyes when you stare at it for too long. For too long I stared at it.

"No Asians"

"No Asians"

"No Asians"

"No Asians"

"No Asians"

"No Asians"

"No Asians"

4 Zhongshu Qian: *Fortress Besieged*, trans. by Jeanne Kelly / Nathan K. Mao. New York: New Directions 2004, p. 43.

The words sank into the sonic darkness and shone with high volume:

DEATH TO THE ASIAN GAYS,
these professional homosexuals
DEATH TO THE ASIAN GAYS,
together with their small penises
DEATH TO THE ASIAN GAYS,
our stigma

This is Berlin, 2014, 130th anniversary of the Berlin Congo Conference at which representatives of European imperialist powers gathered to divide Africa without any Africans present; 25 years after the fall of the Berlin Wall, a monument to human insanity. This is Berlin, the coolest and *schwulest* city of Europe (and in this sentence one would normally expect to hear "the world" immediately after "Europe").

I cannot believe that I have to experience this humiliation here. Millions of other Asians in the "gay community" have been either constantly interpellated to death or rendered almost completely absent (in a dead silence). Negativity is not a fun game to play. "No Asian!" emerges as a response to homophobic/racist stigma of the (white) gay community. The same boys who in the imagination of many Asian brothers back home are brothers in global solidarity with the LGBT movement have long been practising, with different tactics, apartheid on different racialised bodies. Yes darling, my Asian sisters, do you know, you are racialised as ASIAN, that is the only fucking etiquette you have, ASIAN! And for that reason, ASIAN, you are seen as either utterly disgusting or utterly desirable for pretty much the same reason: ASIAN.

Do you think the Nazis disappear when you finish crying over a Holocaust film? (During the weekend when I wrote this sentence, a huge demo of around 3,000 neo-Nazis successfully took place in central Berlin, including the Brandenburger Tor.)

- *Do you call them Nazis just because they don't want to fuck you?*
- Who told you that I am a bottom?
- *Well, you are Asian, aren't you?*
- No, no, no. You got it wrong. It is not that Asians are all bottoms, but that Asians simply have no penises, not to mention big ones that you like to stuff into your straight-acting ass.
- *But anyway, that's exaggerating. They just say "No Asians" to show their preference. You are being an asshole to take revenge by calling them Nazis.*

(I have no interest in being fair to people who hate me although I might have a perverse sympathy with those who identify themselves in that claustrophobic space of the smartphone through this eradicating hatred of me and those who are identified as Asian. Even if I have no penis, that does not constitute a reason for them to imagine first that I would even want to talk to them, not to mention insert my dick into their orifices, therefore pre-empting any possibility that I might talk to them.)

Homophobia is a displaced misogyny. According to Esther Newton, "[p]rofessional drag queens are professional homosexuals; *they represent the stigma of the gay world.*"[5] If the racist idea of an essentially effeminate Asian is accepted and homophobia as displaced misogyny is internalised: Asian gay men, like drag queens, haunt the "straight-acting" homophobic gay community, intensifying the *Asianphobe's* stigma, his internal(ised) homophobia.

In, out, and at the border of the darkroom.

Now, Berlin has many sex clubs. To solve the problem of not getting sex from the Internet, how about trying out these places, especially its darkrooms? Since no one can see you, they might not oppose you just because you are racialised as *Asian*. The darkroom is, in theory, this post-identitarian or pre-identitarian space in which racism as visual drama can scarcely happen. No one would be able to shout to Franz Fanon "A Negro!". "Of colour" of people is rendered invisible and included.

5 Esther Newton: *Mother Camp: Female Impersonators in America*. Chicago: University of Chicago Press 1972, p. 3.

Universalism in a universal sense can only be dark. The darkroom with its cosmic darkness is also a rare utopia: there body rubs against body; the split self (by the coercive identifications and categorisations) becomes one again by becoming a *no-one*, available to the others, vulnerable, relational, mutually dependent and quite invisible.

I made some small anthropological interventions in darkrooms. First, I would engage in feverish caresses with a random guy. After some considerable time of fun, I would lead him to the border of the darkroom. Sometimes they just refuse to go there, to be seen, remaining in the spatio-temporal anonymity. But if they do, here comes the fun. So many times it happened that the person – who still had his hands on my crotch – saw my face emerging from the profound and disorienting darkness, and as soon as he saw me, he would quickly push me away, giving me an inquisitional stare as if I were a monster, as if accusing me of cheating him, of hiding my racial identity under the darkness.

If we want to know what their faces look like, take a look at one peculiar genre of gay porn about "straight conversion" in which a straight guy is blindfolded and given a blowjob supposedly by a woman. The moment when the blindfold is untied and he realises that he actually had fun with another guy often ends dramatically with him pushing away the guy between his legs, shouting and almost beating the cheater. Whereas in straight-bait porn the two guys often end up finishing their business despite the deceptive method, at the border of the darkroom, the light often strikes me (in the double meaning of strike) like a Berlin Wall suddenly erected to separate the "West" and the "East".

The same experiment was performed in the bright room of a dating app. An explicitly erotic photo of sporty wet pants and half naked torso suddenly elicited a lot of messages. After some exchanges of messages, my interlocutors would ask for more photos, and some asked explicitly for photos that show my face. The result is (ordered by degrees of shock): blockage, complete silence, "sorry, not my type", or the best case being this one: after a long chat and seeing each other's photos, we almost agreed on meeting. Yet, as if awoken from a nightmare, the guy suddenly declared: "Oh, you are Asian? Oh sorry, I am not into Asian. I have a lot of Asian friends, but sexually, no, no Asians."

In the Universe, *in medias res.*

No soy de aquí, ni soy de allá
no tengo edad, ni porvenir,
y ser feliz es mi color de identidad

(Facundo Cabral: *No soy de aqui, ni soy de allá*)

I heard an old religious man
But yesternight declare
That he had found a text to prove
That only God, my dear,
Could love you for yourself alone
And not your yellow hair.

(William Butler Yeats: *For Anne Gregory*)

The darkroom renders the primacy of the visual impotent. It confuses in mid-air the straight line of past-present-future. If the mythological dimension of the darkroom and thus darkness in general puts darkness (often associated with monstrosity and/or chaos) at its origin, darkrooms in cosmopolitan spaces are both a return of/to the mythological and a movement towards a utopia, a temporal and fragile utopia. It's the pregnant moment of potentiality: the darkroom is where desire erupts in unspectacular yet spectacular ways. At the moment of dreamy dis/identification, desire reclaims its prowess, insisting on its "blindness", that which stubbornly traverses social categorisation based on the lies of race, gender, age, class, abled-ness. This blind stubbornness moves in synchrony with the cosmic dimension of the darkroom.

Michel Foucault defines racism as "a way of introducing a *break* into the domain of life that is under power's control: the break between what must live and what must die"[6]. In the queer spatio-temporal darkroom, this "Asian" identity or any racial identity for that matter, should not be conceived as revealed, but created, articulated and (too often) denied at the "enlightened" space of the twilight zone. That is to say, the Asian did not go into the darkroom into which presumably only white subjects are allowed in the mindsets of those who were "racially harassed" by their shocking realisation, but that the darkroom is already full of people of all kinds – is this even such a very shocking conclusion?

6 Michel Foucault: *Society Must be Defended: Lectures at the Collège de France 1975–1976*. New York: Picador 2003, p. 255.

In a time that is seeing the fanatic rise of a European right that seeks to "purify" a phantasmatic white Europe, we need to carefully reassess the idea of the European space. Fatima El-Tayeb in her *European Others: Queering Ethnicity in Postnational Europe,* drawing on Stuart Hall's work, summarises this idea of Europe

> as a largely homogeneous entity, entirely self-sufficient, its development uninfluenced by outside forces or contact with other parts of the world. Accordingly, within this narrative, European racial and religious diversity is less a reality than a threat to the continent's very essence.[7]

She argues that expressions such as "third-generation immigrant", "integration" and "xenophobia" suggest that these populations (meaning those who have been living in this land for generations) permanently remain "aliens from elsewhere". If this analysis is accepted, we can say that the war against "*Islamisation*" is in fact a war against Europe from within, a war of Europeans against Europeans. Hence seeing these movements only as xenophobic or anti-immigrant might unfortunately have helped the simultaneous process of racialisation and exclusion.

It did take me a while to realise that those who were killed in Nazi Germany were primarily Germans, Europeans themselves! Just like the complicity between Asianphobia and homophobia, this logic of exclusion that I want to emphasise here is one that points towards itself. Yet I also want to stress that white supremacist gay men's eradicating hatred of Asians is of little concern for Asians in Asia, although you do find white dudes so full of themselves who have these racist words on their profiles when they are in China.

The rare, thin air of hope in the hopeless community, so easily complicit with the hegemonic structure of feeling. This pre-*fiat lux* moment of rigidity yet slipperiness takes us back to the primordial past and primordial futurity. Welter and waste: the primordial eternity returns and defies strict/straight identification. Queer apophasis paradoxically retains the last hope that would keep queer alive, densely at once alive and dead.

7 Fatima El-Tayeb: *European Others: Queering Ethnicity in Postnational Europe.* Minneapolis: University of Minnesota Press 2011, p. xvii.

The cosmic dark(room) is a place of convergence, neither a starting point nor an afterthought but an "originary status" where differences and multiplicity are invisible, non-existent yet already woven, entangled and exuberantly present. If Europe is so fond of speaking as if for all, let's insist on its "universal" dimension. The cosmic darkroom, *in medias res*, belies any futile attempt to "purify".

The old queer slogan still stands: *We are here* inside the cosmic darkness, *we are queer* as Asian, Black, Latino and any label you hate. *Get used to it!*

Ausstellen einstellen?

Kuratieren als ein Sorgen für Unsichtbarkeit

Nanne Buurman

Das Persönliche ist politisch

In den gegenwärtigen Ökonomien der Aufmerksamkeit gelten permanente Sichtbarkeit, Selbstdarstellung und Verfügbarkeit als bedeutende Kriterien für Erfolg. Angesichts des damit einhergehenden Exhibitionismus in vielen gesellschaftlichen Bereichen, welcher ‚Image-Pflege' als wichtigen Wertschöpfungsfaktor reflektiert, verwundert es nicht, dass Kuratieren heute als eine zentrale Kulturtechnik gilt und Kurator_innen als Leitfiguren der neoliberalen Arbeitswelt diskutiert werden. Vor dem Hintergrund der allgegenwärtigen Imperative zu mehr Sichtbarkeit und (Selbst)vermarktung, welche selbst vor einer expliziten Kapitalisierung der intimsten Bereiche der Persönlichkeit nicht Halt machen und Emotionalität ebenso selbstverständlich wie private Beziehungen als ökonomische Ressourcen ansehen, stellt sich – polemisch gesprochen – die Frage, ob es nicht an der Zeit ist, das Ausstellen einzustellen. Während sich Auseinandersetzungen mit dem Kuratorischen in der Regel dem Herstellen von Öffentlichkeiten und Sichtbarkeit widmen, möchte ich in diesem Essay darüber nachdenken, ob ein ‚Kuratieren von Nichtöffentlichkeit' und ein ‚Sorgen für Unsichtbarkeit' Möglichkeiten für Widerständigkeiten gegen die kapitalistische Ausbeutung des gesamten Lebens eröffnen können.

Damit knüpfe ich an historische Bedeutungsdimensionen des Begriffs ‚kuratieren' an, in denen von der Etymologie des lateinischen *curare* ausgehend Tätigkeiten der Fürsorge vorrangig waren. Erst im Laufe des 20. Jahrhunderts rückten, über das kustodische und konservatorische Sorgen für museale Sammlungen hinaus, zunehmend das Auswählen, Zusammenstellen und Ausstellen in den Vordergrund und erlangten in Diskursen zeitgenössischer Kunst Primärbedeutung.
Da Museen und Ausstellungen jedoch als Dispositive der Sichtbarmachung und Zurschaustellung spätestens seit der Aufklärung mit dem Herstellen von Öffentlichkeit in Verbindung gebracht werden, wird Kuratieren inzwischen nicht selten als inhärent politische Praxis verstanden.[1] Während Sichtbarkeit und Öffentlichkeit des Öfteren automatisch mit Politizität assoziiert werden, hat die Auseinandersetzung mit der politischen Ambivalenz von Un/Sichtbarkeit in der queer-feministischen Theoriebildung eine lange Tradition. So war zum Beispiel in marxistisch-feministischen Bemühungen, Reproduktionsarbeiten als Teil der allgemeinen Wertschöpfung anzuerkennen, und in identitätspolitischen Kämpfen für politische Gleichberechtigung die Kehrseite der zu erringenden Sichtbarkeit eine direktere Kapitalisierung der jeweiligen Praktiken und Subjektivitäten. In *Unmarked. The Politics of Performance* betont z. B. Peggy Phelan das ambivalente Verhältnis von ästhetischer und politischer Repräsentation.[2] Sie warnt davor, dass Sichtbarkeit nicht mit Autorität gleichgesetzt werden dürfe: „Wenn repräsentative Sichtbarkeit Macht wäre, dann würden fast nackte junge weiße Frauen die westliche Kultur anführen."[3] Weiterhin stellt sie fest: „Sichtbarkeit ist eine Falle [...]; sie zieht Überwachung und die Polizei an; sie provoziert Voyeurismus, Fetischismus und den kolonialen/imperialen Appetit für Besitz."[4] Tatsächlich ist es sicherlich kein Zufall, dass das Zeitalter der europäischen ‚Aufklärung' in Komplizenschaft mit dem Kolonialismus diskriminierende Differenzierungen produzierte, welche das Andere durch Unterwerfung unter heteropatriarchale westliche Blickregime als Objekte de/markierte.[5]

1 Vgl. z. B. Bruno Latour / Peter Weibel (Hrsg.): *Making Things Public. Atmospheres of Democracy*. Ausstellungskatalog ZKM Karlsruhe. Cambridge: MIT 2005.

2 Vgl. Peggy Phelan: *Unmarked. The Politics of Performance*. London / New York: Routledge 1993, z. B. S. 1. Hier und im Folgenden stammen die Übersetzungen, wenn nicht anders angegeben, von der Verfasserin.

3 Ebd., S. 10.

4 Ebd., S. 6.

5 Vgl. z. B. Christian Kravagna: Konserven des Kolonialismus. Die Welt im Museum. In:

Jenseits der spezifischen sexistischen und rassistischen Objektivierungen, die seit jeher besonders Frauen und Andere treffen, kann Phelans Beobachtung inzwischen dahingehend generalisiert werden, dass sie in gegenwärtigen postfordistischen Regimen „biopolitischer Produktion" jede_n (also auch unmarkierte weiße Männer) betreffen – wenn auch in unterschiedlicher Weise.[6] Eine generalisierte Kommodifizierung von Subjektivitäten und Beziehungen stellt vorherige, z.B. bürgerliche Vorstellungen von Privatheit in Frage, die historisch immer schon gegendert waren. Von daher überrascht es nicht, dass die folgenden kulturkritischen Klagen über den Raub der Privatsphäre hauptsächlich von männlichen Kritikern stammen. In seiner Polemik gegen die *24/7*-Arbeitsmoral zeichnet Jonathan Crary das dystopische Bild einer schlaflosen und komplett durchleuchteten Gesellschaft, in der sogar „die ganze Nacht Tageslicht herrsche".[7] Er schreibt: „Eine beleuchtete 24/7 Welt ohne Schatten ist das finale kapitalistische Trugbild der Post-Histoire, ein Exorzismus der Andersheit, der als Motor des historischen Wandels funktioniert."[8] Ähnlich entwirft Dave Eggers in seinem Roman *The Circle* eine Dystopie der Sozialen Medien, welche eine Welt omnipräsenten Sonnenscheins kreieren.[9] Wie einer der Charaktere des Romans – der diesem Regime der totalen Überwachung (letztlich erfolglos) widerstehen möchte – mit Blick auf die Gefahr des Burnouts feststellt, wird diese „Welt des immer gegenwärtigen Tageslichts uns alle bei lebendigem Leibe verbrennen."[10] Weiterhin bemerkt er: „Es wird keine Zeit geben nachzudenken, zu schlafen, sich abzukühlen."[11] Schließlich assoziiert Byung-Chul Han die *Gesellschaft der Transparenz* mit einer exhibitionistischen Kultur, in der ein „Ausstellungszwang" herrsche, der durch „Überbelichtung" alles und jeden in ein Exponat verwandle:

eipcp 6 (2008). http://eipcp.net/transversal/0708/kravagna/de (Zugriff am 15.05.2016).

6 Vgl. Michael Hardt / Antonio Negri: *Commonwealth*. Cambridge: Harvard UP 2009. Sie sprechen diesbezüglich auch von einer „Feminisierung der Arbeit". Für eine marxistisch-feministische Kritik vgl. Silvia Federici: Über affektive Arbeit. In: Felicita Reuschling (Hrsg.): *Beyond Re/production. Mothering.* Ausstellungskatalog Kunstraum Kreuzberg Bethanien. Berlin: Revolver 2011, S. 14–20.

7 Jonathan Crary: *24/7. Late Capitalism and the Ends of Sleep.* London / New York: Verso 2013, S. 4. (Übers. d. Verf.)

8 Ebd., S. 9.

9 Vgl. Dave Eggers: *The Circle.* New York: Random House 2013.

10 Ebd. (Übers. d. Verf.)

11 Ebd., S. 434.

> Der Körper wird zu einem Ausstellungsobjekt verdinglicht, das es zu optimieren gilt. Es ist nicht möglich, in ihm zu *wohnen*. Es gilt, ihn *auszustellen* und ihn dadurch *auszubeuten*. Ausstellung ist Ausbeutung. Der Ausstellungsimperativ vernichtet das *Wohnen* selbst. Wird die Welt selbst zu einem Ausstellungsraum, so ist das Wohnen nicht möglich.[12]

Er spricht von einem „ikonischen Zwang zum Bild", welches u. a. Denken und Negativität verhindere. „An die Stelle der Öffentlichkeit tritt die Veröffentlichung der Person. Die Öffentlichkeit wird dadurch ein Ausstellungsraum. Sie entfernt sich immer mehr vom Raum des gemeinsamen Handelns."[13] Facebook ist vielleicht das prägnanteste Beispiel für jene exhibitionistische Kultur, in der sich Nutzer_innen freiwillig in Bilder verwandeln und ihre Beziehungen ausstellen, kurz: ihr Leben ‚kuratieren' und damit in eine leicht ausbeutbare Ressource transformieren. Michael Sanches schreibt etwa, dass es nicht mehr möglich sei, das Kuratieren des eigenen Lebens, das Kuratieren des sozialen Netzwerks und das Kuratieren von Objekten voneinander zu trennen.[14] Gegen diese Sichtbarkeitsimperative und Normen der Selbstvermarktung, die in neoliberalen Regimen mit einer tiefgreifenden staatlichen Überwachung und immer weiter reichendem kommerziellem Data-Mining einhergehen, möchte ich im Folgenden den feministischen Slogan ‚Das Persönliche ist politisch' neu ins Spiel bringen. Dafür werde ich zunächst vor dem Hintergrund des historisch wechselhaften Verhältnisses von privat und öffentlich sowie von Politik und Performanz die Ambivalenz öffentlicher Selbstausstellung problematisieren, um dann darüber zu spekulieren, welche Potenziale ein ‚Sorgen für Unsichtbarkeit' und ein ‚Einstellen des Ausstellens' haben könnten.

Polis/Oikos. Das Dunkel des Haushalts und das Licht der Öffentlichkeit

Carol Hanisch hatte 1969 den Slogan „The Personal Is Political" geprägt, als sie *consciousness raising groups* gegen den Vorwurf verteidigte, diese seien lediglich therapeutisch, kompensatorisch und apolitisch.[15]

12 Byung-Chul Han: *Transparenzgesellschaft*. Berlin: Matthes & Seitz 2012, S. 22–23.

13 Ebd., S. 59.

14 Vgl. Michael Sanches: Contemporary Art Daily. In: Isabel Graw / Daniel Birnbaum / Nikolaus Hirsch (Hrsg.): *Art and Subjecthood. The Return of the Human Figure in Semiocapitalism*. Berlin: Sternberg 2011, S. 52–62, hier S. 57.

15 Vgl. Carol Hanisch: The Personal Is Political, 2006. http://www.carolhanisch.org/CHwritings/PIP.html (Zugriff im Januar 2014).

consciousness raising groups, im Deutschen auch als Selbsterfahrungsgruppen bekannt, waren selbstorganisierte Zusammenkünfte, bei denen Frauen sich über ihre persönlichen Lebenserfahrungen austauschten, was idealerweise zu einem kritischen Bewusstsein für die strukturellen Gründe individueller Unterdrückung führen sollte. Die Vorstellung der Kritiker_innen, dass private Treffen nicht politisch sein könnten, war wahrscheinlich einer aristotelischen Trennung von *polis* und *oikos* (öffentlich und privat) geschuldet, welche Politik als öffentliche Angelegenheit definiert, die von freien Männern vermeintlich vollständig unabhängig von dem feminisierten privaten Bereich des *oikos,* des Haushalts, praktiziert wird. Wie Hannah Arendt in *Vita Activa* beschreibt,[16] wurden ökonomische Angelegenheiten der Re/Produktion in der Antike dem häuslichen Bereich zugeschrieben, der mit „Frauen und Sklaven" assoziiert war,[17] wohingegen Politik auf der Freiheit von den Notwendigkeiten der Sorge für den Lebens(unt)erhalt basierte und als öffentliche Exponierung gegenüber Gleichen definiert wurde. In dem Kapitel zum „Raum des Öffentlichen und dem Bereich des Privaten" greift Arendt – worauf auch Crary hingewiesen hat[18] – übrigens vielfach auf die Lichtmetapher zurück und spricht z. B. vom „Dunkel des Alltäglichen".[19] Seit der Antike hat die Logik des Haushalts, nämlich die *oikonomia* oder Hauswirtschaft, den öffentlichen Bereich erobert und wird sogar häufig als damit synonym gesehen, was Arendt dazu veranlasste, die Depolitisierung des Öffentlichen im Zuge seiner neuzeitlichen „Privatisierung"[20], d.h. in diesem Fall auch Ökonomisierung, zu bedauern:

16 Vgl. Hannah Arendt: *Vita Activa oder vom tätigen Leben.* München / Berlin / Zürich: Piper 2002. Das englische Original *The Human Condition* (1958) wurde 1967 von Arendt selbst ins Deutsche übersetzt.

17 Vgl. ebd., S. 88.

18 Vgl. Crary: *24/7*, S. 21–22.

19 Arendt: *Vita Activa*, S. 44. „Da unser Realitätsgefühl durchaus davon abhängig ist, daß es Erscheinungen und damit einen öffentlichen Raum gibt, in den etwas aus der Dunkelheit des Verborgenen und Geborgenen heraustreten kann, verdankt selbst das Zwielicht, das unser intime Privatleben notdürftig erhellt, seine Leuchtkraft dem blendend unerbittlichen Licht, das aus der Öffentlichkeit stahlt. Nun gibt es aber eine große Anzahl von Sachen, die Helle nicht aushalten, mit der die ständige Anwesenheit anderer Menschen den öffentlichen Raum überblendet […]." (Ebd., S. 54.)

20 Ebd., S. 44: Diese „Privatisierung" versteht sie etymologisch ganz wörtlich als „Berauben" der für politisches Handeln notwendigen Freiheit von ökonomischen Zwängen. Erst der „neuzeitliche Individualismus" habe die Privatsphäre bereichert und sie positiv mit „Intimität" in Verbindung gebracht. (Ebd., S. 48, vgl. auch ebd., S. 73–77).

> Der Raum des Gesellschaftlichen entstand, als das Innere des Haushalts mit den ihm zugehörigen Tätigkeiten, Sorgen und Organisationsformen aus dem Dunkel des Hauses in das volle Licht des öffentlich politischen Bereichs trat.[21]

Die von Arendt für die Neuzeit diagnostizierte „Geburt der Gesellschaft", deren „Herrscher ein Niemand ist", wo „mit ‚unsichtbarer Hand' regiert wird", wo nicht mehr aktiv „gehandelt", sondern nur mehr passiv „Sich-Verhalten" wird, und wo „Konformismus" herrscht,[22] lässt sich – mit allen feminisierten Konnotationen und dem Fokus auf das „unmittelbare Leben" – mit Michel Foucaults *Geburt der Biopolitik* vergleichen, insofern beide die zunehmende Dominanz des Ökonomischen problematisieren.[23] An anderer Stelle schreibt Arendt z. B.:

> [...] mit dem Aufstieg des ‚Haushalts' und der ‚ökonomischen' [...] Tätigkeiten in den Raum des Öffentlichen, [gehen] das Haushalten selbst und alle Angelegenheiten, die ehemals in die Privatsphäre der Familie gehörten, nun alle an [...].[24]

Allerdings weist Angela Mitropoulos daraufhin, dass obwohl beide – vor dem Hintergrund des Aufstiegs des keynesianischen Wohlfahrtsstaats – sehr ähnliche Themen betrachteten und einen ähnlichen Zeitraum im Blick hatten, Foucaults Nicht-Erwähnung von Arendt mit seiner Kritik des Politischen und einer Romantisierung der Intimität des antiken Haushalts zu tun habe, während Arendt mit ihrer Kritik der Ökonomie die antike Politik idealisiert habe. Beiden gemeinsam sei, dass sie die aristotelische Trennung genau zu dem Zeitpunkt wiederbelebten, wo sie laut Mitropolous obsolet geworden sei.[25] Die antike Trennung von öffentlicher und privater Sphäre blieb also vorerst unter verkehrten Vorzeichen bestehen.[26] Die Öffentlichkeit wurde neuerdings mit Arbeit, Wertschöpfung und Unternehmertum assoziiert, wohingegen

21 Arendt: *Vita Activa*, 47–48.

22 Ebd., 57–59.

23 Vgl. Michel Foucault: *Die Geburt der Biopolitik. Geschichte der Gouvernementalität II, Vorlesung am Collège de France 1978–1979,* hrsg. v. Michel Sennelart. Frankfurt am Main: Suhrkamp 2006. Vgl. auch Giorgio Agamben: *Herrschaft und Herrlichkeit. Zur theologischen Genealogie von Ökonomie und Regierung. Homo Sacer II.2*. Frankfurt am Main: Suhrkamp 2010.

24 Arendt: *Vita Activa*, S. 43.

25 Vgl. Angela Mitropoulos: *Contract and Contagion: From Biopolitics to Oikonomia*. New York: Autonomedia 2012, S. 60–61.

26 „Insofern die moderne Gesellschaft das menschlich Personale zur Privatsache und den Warenhandel zu einer öffentlichen Angelegenheit gemacht hat, beruht sie in der Tat auf einer genauen Umkehr der gesellschaftlichen Verhältnisse in der klassischen Antike." (Arendt: *Vita Activa*, S. 267.)

private Haushalte – vermeintlich von wirtschaftlichen Funktionen befreit – als Stätten der Nicht-Arbeit, der Freiheit von ökonomischen Zwängen und der Freizeit angesehen wurden. Ökonomische Theorien des Mainstreams haben daher in der Regel die von Frauen und Sklav_innen verrichtete Hausarbeit nicht in die Bilanz aufgenommen. Sowohl bei Adam Smith als auch bei Karl Marx galt Hausarbeit z. B. nicht als produktive Arbeit, da sie keinen Mehrwert schaffe. Wie Arendt erinnert, „befanden sich Smith wie Marx in voller Übereinstimmung mit der öffentlichen Meinung ihrer Zeit, wenn sie unproduktive Arbeit als parasitäre verachteten [...]“[27]. Weiter schreibt sie:

> Was dies ‚müßige Hausgesinde', das nach Adam Smith nur verzehrt und nichts schafft, in Wahrheit ‚produzierte', war nicht mehr und nicht weniger als die Freiheit ihrer Herren oder, modern gesprochen, die Bedingung der Möglichkeit ihrer ‚Produktivität'.[28]

Fabrik/Familie. Lohn für Hausarbeit

Da sich an diesem Sachverhalt seither wenig geändert hat, stellen Bettina Haidinger und Käthe Knittler in ihrer Einführung in die *Feministische Ökonomie* fest:

> Der Haushalt dient in der ökonomischen Forschung und statistischen Erhebungen oftmals als Blackbox, in der Frauenarbeit und geschlechtsspezifische Ungleichheiten unerkannt verschwinden.[29]

Gegen diesen blinden Fleck kämpfend politisierten Feministinnen in den 1970er Jahren das Private. Marxistische Feministinnen forderten z. B. *Wages for Housework*, um Aufmerksamkeit auf die konstitutiven Beiträge von Haus-, Sorge- und Reproduktionsarbeit zur allgemeinen Wirtschaft zu lenken.[30] Ebenfalls mit Sichtbarkeitsmetaphorik

27 Ebd., hier S. 104. Zur durch leninistisch gefilterte Rezeption verkürzten Beurteilung der Verwendung dieser Marx'schen Begriffe, u. a. in der feministischen Kritik, vgl. Tina Turnheim: Aufstand *in* der Küche. Bedeutung der *sozialen Reproduktion* in Brechts *Die Mutter*. In: Milena Massalongo / Bernd Ruping / Florian Vaaßen (Hrsg.): *BRECHT GEBRAUCHEN. Theater – Methoden – Texte*. Berlin / Strasburg: Schibri (im Erscheinen).

28 Arendt: *Vita Activa*, S. 104.

29 Bettina Haidinger / Käthe Knittler: Was ist feministische Ökonomie? In: Dies. (Hrsg.): *Feministische Ökonomie*. Wien: Mandelbaum 2014, S. 7–14, hier S. 13.

30 Vgl. Mariarosa Dalla Costa / Selma James: *The Power of Women and the Subversion of the Community*. Bristol: Falling Walls 1972; Silvia Federici: *Wages against Housework*. Bristol: Falling Walls 1975; Leopoldina Fortunati: *The Arcane of Reproduction. Housework, Labour, Prostitution and Capital* [1981]. New York: Autonomedia 1996.

operierend erklärt Mariarosa Dalla Costa etwa, dass die Bedeutung der Hausarbeit für den kapitalistischen Produktionsprozess unsichtbar bleibe, „weil nur das Produkt ihrer Arbeit – der Arbeiter – sichtbar war".[31] Das „Fehlen des Lohnes [...] verschleierte, mystifizierte" diese Form der Ausbeutung.[32] Silvia Federici und Nicole Cox ergänzen:

> Wir haben von Marx gelernt, dass der Lohn die unbezahlte Arbeit verbirgt, die in den Profit eingeht. Doch die Quantifizierung der Arbeit über den Lohn verbirgt auch das Ausmaß, in dem unserer [*sic*] familiären und gesellschaftlichen Beziehungen den Produktionsverhältnissen untergeordnet worden sind – *sie sind selbst zu Produktionsverhältnissen geworden* –, so dass nun jeder Moment unseres Lebens der Akkumulation des Kapitals dient. Der Lohn und seine Abwesenheit haben es dem Kapital erlaubt, die tatsächliche Länge des Arbeitstages zu verschleiern.[33]

Jene Kontroversen, die durch diese Vorschläge provoziert wurden, sind heute – insbesondere vor dem Hintergrund der zunehmenden generellen Prekarisierung von Arbeit und der Biopolitisierung der Wertschöpfung im Postfordismus – immer noch ausgesprochen relevant, denn wie Federici und Cox schreiben, geht es darum, „einen Lohn für jeden Augenblick zu fordern, in dem wir im Dienste des Kapitals leben."[34] Kritiker_innen hingegen haben argumentiert, dass die Forderung von finanzieller Entlohnung für Hausarbeit soziale Beziehungen kommodifiziere und das Private kapitalisiere, das als autonomer Ort für potenziellen Widerstand gegen kapitalistische Ausbeutung am besten aus der ökonomischen Logik herausgehalten werden solle.[35] Die Aktivistinnen der internationalen *Wages for Housework*-Kampagne insistieren jedoch, dass weibliche Hausarbeit, die als Ausdruck von Liebe naturalisiert

31 Mariarosa Dalla Costa: Die Frau und der Umsturz der Gesellschaft. In: Dies. / Selma James (Hrsg.): *Die Macht der Frau und der Umsturz der Gesellschaft*. Berlin: Merve 1978, S. 27–67, hier S. 34.

32 Ebd., S. 37.

33 Silvia Federici / Nicole Cox: Counter-Planning from the Kitchen. In: Silvia Federici: *Aufstand in der Küche. Reproduktionsarbeit im globalen Kapitalismus und die unvollendete feministische Revolution*, Bd. 1. Münster: Edition Assemblage 2012, S. 106–127, hier S. 119 (Herv. i. O.).

34 Ebd., S. 123.

35 Für Diskussionen der Kontroverse vgl. z. B. Kathy Weeks: Life within and against Work. Affective Labor, Feminist Critique and Post-Fordist Politics. In: *Ephemera* 7,1 (2007), S. 233–249; Christian Marazzi: *Capital and Affects. The Politics of the Language Economy.* Los Angeles: Semiotext(e) 2011, S. 74–75.

werde, immer schon Teil der politischen Ökonomie sei und als solche anerkannt werden müsse:

> Die Ideologie, die die Familie [...] der Fabrik entgegenstellt, so wie sie auch das Private dem Öffentlichen und die produktive der unproduktiven Arbeit entgegenstellt, ist funktional für unsere Versklavung an den Haushalt, die in Abwesenheit eines Lohnes stets als Akt der Liebe erschienen ist.[36]

Sie betonen, dass es ihnen nicht um die moralistische Aufwertung von Hausarbeit als produktiver Arbeit ginge, sondern darum, die Funktion von Hausarbeit als unsichtbaren Teil des Lohnverhältnisses und damit als Teil kapitalistischer Ausbeutung sichtbar zu machen. In diesem Zusammenhang zitieren sie Marx und halten fest, dass produktiv sein kein Glück sei, sondern Pech.[37]

> Denn wir kämpfen nicht um eine gleichmäßigere Verteilung derselben Arbeit. Wir kämpfen darum, dieser Arbeit ein Ende zu bereiten, und der erste Schritt besteht darin, sie mit einem Preisschild zu versehen.[38]

Angesichts des zunehmenden allgemeinen Verschwimmens von Arbeits- und Freizeit, Leben und Arbeiten, Persönlichem und Politischem im Postfordismus haben diese Forderungen inzwischen eine erweiterte Relevanz bekommen. In seiner Theoretisierung von *Shadow Work* – dem Einspannen von Menschen in unbezahlte Arbeiten z. B. durch Selbstbedienung – beschreibt Ivan Illic moderne Hausarbeit als Prototyp der Schattenarbeit und prophezeit, dass diese das spätindustrielle Zeitalter dominierende Form der Arbeit am Ende des 20. Jahrhunderts den klassischen produktiven Arbeiter zur Ausnahme werden ließe.[39] Seine Würdigung der Theoretikerinnen der Liebensarbeit für ihre innovative Problematisierung der tabuisierten „schattigen und schmutzigen Kehrseite der industriellen Gesellschaft",[40] erfährt in Laurel Ptaks künstlerischer Forderung nach *Wages for Facebook* im informatisierten Kapitalismus eine Aktualisierung.[41]

36 Federici / Cox: Counter-Planning from the Kitchen, S. 118–119.

37 Vgl. ebd., S.113.

38 Ebd., S. 121. Daher lautet der Titel eines Texts Federicis auch *Wages against Housework*, d. h. Lohn *gegen* Hausarbeit, und nicht Lohn *für* Hausarbeit.

39 Vgl. Ivan Illic: *Shadow Work*. Boston / London: Boyars 1981, S. 113.

40 Ebd., S. 111. (Übers. d. Verf.)

41 Vgl. http://wagesforfacebook.com/ (Zugriff am 18.07.2016).

Marked/Unmarked. Performance als Repräsentation ohne Reproduktion

Die vielerorts inzwischen wieder verstärkt stattfindende tatsächliche Bezahlung von Hausarbeit als delegierte Dienstleistung hat an der Prekarität dieser Tätigkeiten wenig geändert, wie z. B. der Spruch „Hinter jeder erfolgreichen Frau steht eine Nanny" zum Ausdruck bringt. Die zunehmende Berufstätigkeit von Frauen in post-industriellen Gesellschaften führt häufig zu einer Delegierung häuslicher Arbeiten an weniger privilegierte – oft migrantische – Frauen, ein Umstand, der auch als *global care chain* bekannt wurde.[42] Repräsentationspolitische Forderungen nach gleicher Teilhabe an Berufstätigkeit und öffentlichen Positionen riskieren also eine verschobene Reproduktion der alten hierarchisierten Arbeitsteilungen entlang von klassistischen und rassistischen Diskriminierungen als die dunkle Seite der mühsam von einigen Frauen errungenen Macht.[43] Daher problematisiert z. B. Nina Power das Phänomen der erfolgreichen Ausnahmefrau folgendermaßen:

> Perhaps, though, we should be less concerned about *representation* than about serious structural and ideological factors. [...] It is not enough to have women in top positions of power, it depends upon what kind of women they are and what they're going to do when they get there. [...] It has long been clear that we need to extend the concept of tokenism to take account of the fact that often these 'exceptional women' [...] are not just included in positions of power but come to represent the worst aspects of it. Zillah Eisenstein uses the term 'decoy' to describe the way in which 'imperialist democracy' covers over its structural sins with a thin veneer of representational respectability: 'The manipulation of race and gender as decoys for democracy reveals the corruptibility of identity politics.'[44]

Heute ist es ein bekanntes feministisches Paradox, dass Forderungen nach gleicher Anerkennung, Sichtbarkeit und Macht das Risiko bergen, die phallische Logik der Autorität (z. B. auf Kosten der Delegation von Reproduktionsarbeiten an subalterne Andere) zu reproduzieren, statt diese Zweispaltung der vergeschlechtlichten (Repräsentations-) Ökonomie zu durchkreuzen, unterlaufen und zu rekonfigurieren. So erinnerte etwa Phelan schon 1993 daran, dass „Repräsentation das

42 Vgl. Felicita Reuschling: Beyond Reproduction of Mothering? In: Dies. (Hrsg.): *Beyond Re/production. Mothering*, S. 6–12, hier S. 11.

43 Vgl. auch Silvia Federici: Die Reproduktion der Arbeitskraft im globalen Kapitalismus und die unvollendete feministische Revolution. In: Dies.: *Aufstand aus der Küche*, S. 21–86.

44 Nina Power: *One-Dimensional Woman*. Washington / Winchester: Zero 2009, S. 5–6.

Andere als das Gleiche reproduziere".[45] Für sie kann Performance – die sie als „Repräsentation ohne Reproduktion" versteht – „als ein Modell für eine andere repräsentative Ökonomie gesehen werden, eine in der die Reproduktion des Anderen *als* das Gleiche nicht gesichert ist".[46] Weil kein performativer Akt dem anderen gleiche und Performance damit immer Differenz impliziere, assoziiert Phelan die verkörperte und prozedurale Dimension des Performativen nicht nur mit einer emanzipatorischen Alternative zur sozialen Reproduktion normativer Genderskripte sondern auch mit einer Intervention in kapitalistische Regime „reproduktiver Repräsentation"[47]. Sie schreibt:

> Performance verstopft die glatte Maschinerie der reproduktiven Repräsentation, die für das Zirkulieren des Kapitals notwendig ist. [...] Performance widersteht der ausgeglichenen Zirkulation des Finanziellen. Sie spart nichts, sie gibt nur aus.[48]

Ähnlich wie andere Theorien der Performativität assoziiert Phelan Performance mit einer Subversion oder gar Sabotage (hetero)normativer Ordnungen. Allerdings könnte man – erst recht vor dem Hintergrund des finanzialisierten globalisierten Kapitalismus – hinzufügen, dass das Kapital immer und besonders bei intensivierter ‚Spekulation' selbst performativ ist. Der Slogan der Deutschen Bank lautet z.B: *passion to perform,* und Kapitalismus basiert nicht nur – wie Phelan impliziert – auf Akkumulieren, Horten und Sparen, sondern auch auf Investieren, Ausgeben und Sichverausgaben. Als reale Abstraktion repräsentiert Geld nicht nur abgeschlossene Produktionen und vorhandene Werte – als investiertes Kapital dient es auch zum Spekulieren und Wetten auf zukünftige Wertschöpfungen. Dabei ist Kapitalismus – wie Performance auch – in hohem Maße auf kalkulierte Kontingenz, Potentialität, Unvorhersehbarkeit, Veränderung und Innovation angewiesen.[49]

45 Phelan: *Unmarked*, S. 3.

46 Ebd. (Herv. i. O.)

47 Ebd., S. 148.

48 Ebd.

49 Paolo Virno gibt zu bedenken, dass Geld als reale Abstraktion retrospektiv auf vollendete Arbeit, das Produkt von Arbeit, verweise, während das Spektakel mit Guy Debord als reale Abstraktion verstanden werden kann, welche die Arbeit selbst darstelle, also ihre Gegenwart präsentiere. Wenn Geld Warentausch anstoße, dann führe das Spektakel menschliche Kommunikation als Ware an. Vgl. Paolo Virno: *A Grammar of the Multitude. For an Analysis of Contemporary Forms of Life*. Cambridge / London: Semiotext(e) 2004, S. 61.

Schon Arendt brachte das „‚Wunder' der kapitalistischen Wirtschaft", Leben nicht nur zu verbrauchen, sondern in Gewinn umzuwandeln, damit zusammen, dass „der Besitz aus dem privaten Anliegen zu einer öffentlichen Angelegenheit wurde."[50] Das Ablösen des Gebrauchswerts durch den Tauschwert und die zunehmende Abstraktion durch den „Generalnenner des Geldes" beschreibt sie als eine „unheimliche Entdinglichung der gegenständlichen Welt", welche

> den Ursprung allen Eigentums in den Menschen selbst verlegte, in das Ureigentum, das der Mensch an seinem Körper habe und der ihm innewohnenden natürlichen Kraft, kurz dem, was Marx dann ‚Arbeitskraft' nannte.[51]

Sie warnt:

> Die Gefahr, die diese wirkliche Enteignung, nämlich der Schwund des privaten Bereichs, für das Menschsein überhaupt in sich birgt, ist offenbar, sobald man sich die spezifisch nicht-privativen Charaktere des Privaten vergegenwärtigt, die älter sind als die Entdeckung des Intimen und mit ihm nichts zu tun haben.[52]

In Bezugnahme auf Michael Frieds Theatralitätsbegriff aus *Art and Objecthood* beschreibt auch Fred Moten mit Blick auf den „schwarzen, feministischen Antisklaverei-Minimalismus" Adrian Pipers,[53] wie sich die „mit dem Übergang von Sklaverei zu freier Arbeit" vollziehende Dematerialisierung durch einen „Exzess" auszeichne, der über den Körper und die ganze Person hinausgeht, vom Arbeiter zur Potenzialität seiner Arbeitskraft.[54] In der ersten Fußnote seines Buches *In the Break* erklärt er daher:

> Das heißt, ich möchte gegen Pipers Idee argumentieren (welche später von Phelan aufgegriffen und erweitert wurde), dass Performance in ihrer Nichtreproduktivität ein Bollwerk gegen die (oder eine Lösung des Problems der) Fetischisierung des Kunstobjekts darstellt.[55]

Auf das Kuratorische übertragen bedeutet dies, wenn man Moten folgt, dass die Kommodifizierung von Kunst keineswegs dadurch aufgehoben wird, dass neben leblosen stationären Exponaten nun auch

50 Arendt: *Vita Activa*, S. 83–84.

51 Ebd., S. 84.

52 Ebd., S. 85.

53 Fred Moten: *In the Break. The Aesthetics of the Black Radical Tradition.* Minneapolis: University of Minnesota Press 2003, S. 242. (Übers. d. Verf.)

54 Ebd., S. 251.

55 Ebd., S. 300.

bewegliche menschliche Körper und deren Interaktionen ausgestellt werden. Vielmehr werden diese durch performative Akte der Selbst-Ausstellung ebenfalls zu potentiell fetischisierbaren Gegenständen der Repräsentationsökonomie, wodurch deren Logik weniger gebrochen als vielmehr ausgedehnt und normativ stabilisiert wird.

Bart/BH. Normalisierung von Performativität

Auch Judith Butlers Theorie der Performativität als subversive Taktik zur Denaturalisierung von Geschlechterrollen blieb nicht unproblematisiert.[56] „In Undoing Gender Revisited" schreibt Anna Schober zum Beispiel:

> Butler exponiert Parodie und Drag als potentielle Modi und Orte des Widerstands und unterlässt es dabei, weiter zu untersuchen, wie diese ästhetischen Taktiken zu Prozessen der Normalisierung von Selbst-Erfindung beitragen.[57]

In *Die Kunst der Freiheit. Zur Dialektik demokratischer Existenz*, einer Apologie der Ästhetisierung und Theatralität des Politischen, definiert Juliane Rebentisch in einem butlerschen Move am Beispiel der Figur der Schauspielerin die Erfahrung der „Selbstdifferenz" als „Bedingung der Möglichkeit für eine selbstbestimmte Aneignung oder Veränderung der sozialen Praxis, die uns immer schon bestimmt".[58]

> Bringt die parodistische Existenz der Schauspielerin die Nachahmungsstruktur aller sozialen Rollen zum Vorschein (und seien es die scheinbar natürlichsten), so hält die Ironie des Schauspielers die vorsubjektive Unbestimmtheit präsent, die Grund und Abgrund aller Nachahmung ist. Beide Figuren betonen Kontingenz: Eben weil es keine Subjektivität vor der, sondern allein durch Nachahmung gibt, bleibt – gegen jede Ideologie natürlicher und/oder sozialer Bestimmtheit – die Möglichkeit der Mimesis an Anderes grundsätzlich gegeben und damit die Möglichkeit der Abstandnahme und Veränderung von unseren jeweiligen sozialen Identitäten prinzipiell bestehen.[59]

56 Judith Butler: *Das Unbehagen der Geschlechter.* Frankfurt am Main: Suhrkamp 1991, bes. S. 190–218.

57 Anna Schober: Undoing Gender Revisited. In *Gender Forum* 30 (2010), o. P. http://www.genderforum.org/index.php?id=577, (Zugriff am 15.08.2015). (Übers. d. Verf.)

58 Juliane Rebentisch: *Die Kunst der Freiheit. Zur Dialektik demokratischer Existenz.* Frankfurt am Main: Suhrkamp 2012, S. 21.

59 Ebd., S. 293.

Da sie an anderer Stelle daran festhält, dass es kein Außerhalb der Trennung zwischen „Repräsentanten und Repräsentierten, Produzierenden und Rezipierenden, Regierenden und Regierten" gebe,[60] weshalb diese Differenzen in ihrer Kontingenz „ausgestellt" werden müssten,[61] so wirft dies m. E. dennoch die Frage auf, wie groß die Freiheit ist, wenn sie auf die Wahl zwischen zwei Positionen eingeschränkt bleibt und die Kontingenz eben keine Transzendenz dieser system-immanenten binären Aufteilungen des Sinnlichen (z. B. Regierung vs. Opposition, Mann vs. Frau) vorsieht.[62]

Selbstdifferenz und Rollendistanz lassen sich folglich nicht nur als Lust, sondern auch als Last verstehen, nicht nur als emanzipatorische Entessentialisierung von Rollenklischees, sondern auch als selbstentfremdender Rollenzwang mit eingeschränkter Kostümauswahl, die nicht nur an kanonisierte Vorbilder bindet, sondern Performativität an sich normalisiert. Die von Rebentisch benannte „Möglichkeit der Mimesis an Anderes"[63] könnte man Phelan und Rebentisch wechselseitig gegen den Strich lesend durchaus als „Reproduktion des Anderen als das Gleiche"[64] verstehen, als eine Reproduktion der bestehenden Strukturen und Rollenrepertoires unter veränderten Vorzeichen, in denen jedoch die Rollenattribute – sei es im Cross-Dressing oder der Kombination von Geschlechtermarkierungen – trotz Variation und Diversifizierung erkennbar bleiben und die Norm der Selbst-Exponierung nicht in Frage gestellt wird. Conchita Wurst etwa führt auf exhibitionistische Weise mit Bart und BH binär codierte Männlichkeits- und Weiblichkeitsmerkmale zusammen, wie sie klischeehafter nicht sein können.[65] Eine tatsächliche Überwindung dieser Stereotype scheint nur auf Kosten des Verlusts von Autorität,

60 Rebentisch: *Die Kunst der Freiheit*, S. 22–23.

61 Ebd., S. 23.

62 Ebd., S. 335–336. Rebentischs Argumentation bezieht sich besonders im Kapitel „Repräsentation und Kontingenzkodierung" explizit auf Luhmanns systemtheoretische Gesellschaftstheorie, die ja auch mit der Medium/Form- bzw. *marked/unmarked*-Kodierung und dem „Code von Regierung und Opposition" operiert.

63 Ebd., S. 293.

64 Phelan: *Unmarked*, S. 3.

65 Angesichts der Verschachtelung von Geschlechterstereotypen spricht Sophia Kunze diesbezüglich sehr treffend von „drag in drag". Sophia Kunze: Es geht um die Wurst – Queere Kunstgeschichte und politische Ikonographie am Beispiel von Conchita Wurst. In: *Kritische Berichte* 4 (Winter 2016/2017): Gender 2.0 (im Erscheinen).

Intelligibilität und Subjektivität möglich,[66] wenn man – wie z. B. auch einige Differenzfeministinnen in den 1970er Jahren – auf radikale Alterität zu heteropatriarchalen Rollenzuweisungen und Anerkennungsstrukturen der binär codierten Repräsentationsökonomie besteht. Obwohl dies nicht mit einer essentialisierenden Festschreibung vermeintlich natürlicher Differenzen zwischen Männern und Frauen verwechselt werden sollte,[67] haben Essentialisierungsvorwürfe zur Delegitimierung solcher Positionen geführt, die sich jedoch aktuell einer Wiederentdeckung erfreuen. Angesichts neoliberaler Performancezwänge,[68] die die emanzipatorischen Politiken der Performativität korrumpieren, ist die neue Attraktivität von Theorien der Selbst-Abolition, De-Individualisierung, Desidentifikation, Deformation und Mimikry nicht verwunderlich. Auch Rebentisch stellt fest:

> Es gewinnen zunehmend Studien an Einfluss, aus denen hervorgeht, dass ästhetische Motive wie Kreativität, Spontanität, Originalität nicht mehr einen privilegierten Bereich der Freiheit jenseits reproduktiver Zwänge anzeigen, sondern selbst zu einer derart wichtigen Produktivkraft des kapitalistischen Wirtschaftssystems geworden sind, dass sie sich in entscheidende gesellschaftliche Forderungen verkehrt haben, die für den Einzelnen eher ein Mehr an Zwang denn an Freiheit bedeuten.[69]

Politisierung/Depolitisierung. Ökonomische Indienstnahme des Performativen

In den letzten zwanzig Jahren sind also Kreativität, Performativität, Queerness und sogar Feminität und Diversität angesichts des „neuen Geists des Kapitalismus“ zunehmend als vermarktbare Verkaufsargumente oder Wachstumsfaktoren kooptiert worden.[70] Paolo Virno – der ähnlich wie Phelan feststellt, dass es wegen des Kollaps politischer

66 Vgl. z. B. Judith Butler: *Körper von Gewicht*. Frankfurt am Main: Suhrkamp 1997, S. 79–80.

67 Vgl. z. B. Lucy Irigaray: *Speculum of the Other Woman* [1974]. Ithaca / New York: Cornell UP 1985, S. 133–146; dies.: *The Sex Which Is Not One* [1977]. Ithaca / New York: Cornell UP 1985, S. 76–85.

68 Vgl. z. B. Jon McKenzie: *Perform or Else: From Discipline to Performance*. New York: Routledge 2001.

69 Rebentisch: *Die Kunst der Freiheit*, S. 12.

70 Vgl. Luc Boltanski / Eve Chiapello: *Der neue Geist des Kapitalismus*. Konstanz: UVK 2003.

Repräsentation neuer politischer Formen bedarf –[71] bemerkt vor dem Hintergrund radikal veränderter sozioökonomischer Bedingungen, dass der Postfordismus Performance depolitisiere, da im Zuge der Immaterialisierung der Arbeit alles performativ geworden sei.[72] Virno erklärt, er drehe Hannah Arendts These, dass Politik zunehmend Arbeit geworden sei, um, da Arbeit Merkmale politischen Handelns – wie etwas Kopräsenz mit anderen oder Kontingenz – entwickelt habe.[73] Damit führt er Arendts Argumentation über die Vermischung von Privatem und Öffentlichem im privatisierten/ökonomisierten Gesellschaftlichen fort, wo laut Arendt Arbeit, dadurch dass sie vom Privaten in Richtung Öffentlichkeit gewandert ist, Merkmale des Politischen – wie etwa Virtuosität – übernimmt, während Politik durch ihre tendenzielle Privatisierung/Ökonomisierung dienstbar würde.[74] Von Arendts Vergleich der performativen Künste mit Politik ausgehend – deren Gemeinsamkeit darin liege, dass sie als Virtuositäten kein materielles Endprodukt produzieren, sondern sich als Handlungen durch öffentliche Aufführung und Vollzug im Prozess auszeichneten[75] – kommt er auf Marx' Unterscheidung von Arbeit mit und ohne Endprodukt zu sprechen, welche mit Aristoteles Trennung von materieller Produktion (*poeisis*) und politischem Handeln (*praxis*) zusammenfalle.[76]

Eingedenk Marxens Beobachtung der starken Ähnlichkeit zwischen künstlerischer Performanz und dienenden Tätigkeiten, die beide keinen Mehrwert produzierten und folglich dem Bereich

71 Vgl. Paolo Virno: *A Grammar of the Multitude. For an Analysis of Contemporary Forms of Life*. Cambridge / London: Semiotext(e) 2004, S. 43. (Übers. d. Verf.)

72 Vgl. Sylvere Lotringer: Foreword: We, the Multitude. In: Ebd., S. 7–19, hier S. 13. Vgl. Virno: *A Grammar of the Multitude*, S. 51.

73 Vgl. ebd.

74 Vgl. Arendt: *Vita Activa,* S. 61. Im öffentliche Raum ist „die römische virtus" dort angesiedelt, wo es darum geht, „andere zu übertreffen und sich vor ihnen auszeichnen," Arbeiten wurde also durch seine Veröffentlichung vervollkommnet (d.h. virtuos), Handeln und Sprechen hingegen, „die in diesem Zeitraum in die Sphäre des Privaten und es Intimen gedrängt wurden, (haben) so offensichtlich an Qualität eingebüßt." (Ebd.)

75 Vgl. Virno: *A Grammar of the Multitude*, S. 52–53. Er zitiert diesbezüglich Arendts Buch *Zwischen Vergangenheit und Zukunft. Übungen im politischen Denken 1* [1968]. München / Zürich: Piper 1994. Auch in *Vita Activa* zieht Arendt diesen Vergleich. Vgl. ebd., S. 262–263.

76 Vgl. Virno: *Grammar of Multitude,* S. 53–54.

der unproduktiven Arbeit zugerechnet werden müssten,[77] schwankt auch für Virno performative Virtuosität zwischen politischem Potential und abhängiger Dienstbarkeit.[78] Für ihn definiert das Spektakel (der Kulturindustrie) die gegenwärtigen kommunikationsbasierten Produktionsverhältnisse,[79] in denen „Öffentlichkeit" eine „Produktivkraft" geworden sei, deren politischen Potenziale aber „unterdrückt" würden.[80] Vor dem Hintergrund einer zunehmenden biopolitischen Kapitalisierung von Persönlichkeit und Kommunikation im Postfordismus,[81] die mit einer Verbreitung der Kommodifizierungen aller Subjektivitäten (und nicht mehr länger nur derjenigen der Frauen und Sklav_innen) einhergeht und Performance in den Dienst des Kapitals nimmt,[82] fragt er: „Wie ist nicht dienstbare Virtuosität möglich?"[83] Seine Antworten sind „ziviler Ungehorsam" und „Exodus". Letzteren benennt er auch als *tertium datur*, also Gegebenheit eines dritten Weges:

> Nothing is less passive that the act of fleeing, of exiting. Defection modifies the conditions within which the struggle takes place, rather than presupposing those conditions to be an unalterable horizon; it modifies the context within which a problem has arisen, rather than facing this problem by opting for one or the other as the provided alternatives.[84]

Eine Pädagogik für das Verschwinden

Angesichts der vielleicht unvermeidlichen andauernden Kooptierungen der Kritik durch den Kapitalismus, der vormals kritische soziale und künstlerische Praktiken und alternative Formen der Performanz von Identität und Subjektivierung in neoliberale Verkaufsargumente ummünzt,[85] möchte ich den Ansatz der „radikalen Negativität,"[86] den Phelan – Virnos Exitstrategie nicht unähnlich – als Fluchtlinie vorgeschlagen hat, zum Ausgangspunkt nehmen, um über die von

77 Vgl. ebd., S. 53–55, 62–66.
78 Vgl. ebd., S. 68.
79 Vgl. ebd., S. 60–61.
80 Ebd., S. 67.
81 Vgl. ebd., S. 63.
82 Vgl. ebd., S. 68.
83 Ebd., S. 69.
84 Ebd., S. 70.
85 Vgl. Boltanski / Chiapello: *Der neue Geist des Kapitalismus*, S. 211–256.
86 Phelan: *Unmarked*, S. 165.

ihr vorgeschlagene Option nachzudenken, „sich vollständig aus der Repräsentation zurückzuziehen.“[87] Inwiefern taugt Phelans Vorschlag einer „Pädagogik für das Verschwinden“[88] als eine Intervention in die aufklärerischen, performativen und exhibitionistischen Regime des neuen Geists des Kapitalismus? Sie fragt: „Wie kann man eine Pädagogik *für* das Verschwinden und Verlust erfinden und nicht *für* Aneignung und Kontrolle.“[89] Und ich frage: Wie kann Kuratieren, das normalerweise mit Ausstellen, Sichtbarmachen und dem Herstellen von Öffentlichkeiten assoziiert wird, in neoliberale Kontrollgesellschaften intervenieren, in denen einerseits das Soziale umfassend ästhetisiert wurde und durch Sichtbarkeitsimperative regiert wird und andererseits Kultur tiefgreifend ökonomisiert wurde? Könnte ein ‚Einstellen des Ausstellens‘ dazu beitragen, arendtsche „Erscheinungsräume“ vor dem Hintergrund veränderter sozioökonomischer Vorzeichen als heterotopische Räume für das Verschwinden zu rekonfigurieren?[90]

Das Edukative, Diskursive und Soziale werden seit den 1990er Jahren als potenzieller Ausweg aus der Spektakularisierung des Kunstfeldes durch Blockbuster-Ausstellungen etc. diskutiert.[91] Allerdings muss daran erinnert werden, dass Museen und Ausstellungen immer auch als Bildungs- und Erziehungseinrichtungen funktionieren, die durch exhibitorische Anordnungen nicht nur über Objekte belehren, sondern auch bestimmte Subjektivitäten entwerfen und Besucher_innen spätestens seit Beginn des 19. Jahrhunderts zu konsumierenden und selbstregulierenden Staatsbürger_innen erziehen. In seinem Text „The Exhibitionary Complex“ knüpft z. B. Tony Bennett an Michel Foucaults *Überwachen und Strafen* an, um die pädagogische Funktion der Weltausstellungen des 19. Jahrhunderts zu problematisieren.[92] Im

87 Phelan: *Unmarked*, S. 164.

88 Ebd., S. 173.

89 Ebd.

90 Der „Erscheinungsraum“ geht laut Arendt allen formalen Konstitutionen des öffentlichen Raums, seinen räumlichen und gesetzlichen Eingrenzungen und Sedimentierungen voraus. Vgl. Arendt: *Vita Activa,* S. 241–251.

91 Etymologisch bedeutet das lateinische *educare* ‚herausführen‘. Um diese Konnotation des Exodus/Auswegs beizubehalten und aus Mangel eines treffenden deutschen Ausdrucks für das englische *education*, das sowohl Bildung als auch Erziehung umfasst, greife ich auf die Begriffe *Edukation, edukativ* und das *Edukative* zurück.

92 Vgl. Tony Bennett: The Exhibitionary Complex. In: Reesa Greenberg / Bruce W. Ferguson / Sandy Nairne (Hrsg.): *Thinking about Exhibitions.* London / New York: Routledge 1996, S. 81–112. Vgl. auch Michel Foucault: *Überwachung und Strafen. Die*

Gegensatz zur Disziplinaranstalt des Gefängnisses, das die überwachten Gefangenen der allgemeinen Sichtbarkeit entzieht, zeichnen sich Ausstellungsinstitutionen durch Herstellung öffentlicher Sichtbarkeit aus. Die Dispositive des „Spektakels" und des „Panopticons" überschneiden sich also, wie Bennett zeigt, in der Ausstellung als Inszenierung des Beobachtens und Beobachtet-Werdens.[93] Zugleich als Subjekte und Objekte des Sehens positioniert, internalisieren Ausstellungsbesucher_innen den Blick der Macht. Die sowohl disziplinierende als auch selbstregulierende Wirkung von Ausstellungen lässt sich damit als paradigmatisch für die von Gilles Deleuze im Anschluss an Foucault theoretisierten Kontrollgesellschaften fassen.[94]

The Educational Turn in Curating

Der durch Ausstellungsmacher_innen wie Harald Szeemann und Lucy Lippard seit den 1970er Jahren begleiteten Dematerialisierung der Kunst folgte in den 1980er und 1990er Jahren eine stärkere Dematerialisierung des Kuratierens selbst, z. B. durch aktivistische Projektausstellungen und eine zunehmende Bemühung um Partizipation von Rezipient_innen. Mit der Verschiebung des Fokus vom Ausstellen greifbarer Objekte und Kunstwerke zum Organisieren ephemerer sozialer Praktiken der Subjektivierung, Kommunikation und Relationalität könnte der für die Zeit seit den späten 1990er Jahren diagnostizierte sogenannte *educational turn in curating*[95] jedoch nicht nur als befreiend, sondern auch als beispielhaft für die biopolitische Wende des Postfordismus mit ihrem Fokus auf lebenslanges Lernen und Selbstoptimierung verstanden werden.[96] Alexander Koch hat z. B. auf die

Geburt des Gefängnisses. Frankfurt am Main: Suhrkamp 1994; Louis Althusser: *Ideologie und ideologische Staatsapparate. Aufsätze zur marxistischen Theorie*. Frankfurt am Main: Suhrkamp 1995.

93 Bennett: The Exhibitionary Complex, S. 87.

94 Vgl. Gilles Deleuze: Postskriptum über die Kontrollgesellschaften. In: Christoph Menke / Juliane Rebentisch (Hrsg.): *Kreation und Depression. Freiheit im gegenwärtigen Kapitalismus*. Berlin: Kadmos 2012, S. 11–17.

95 Vgl. z. B. Paul O'Neill / Mick Wilson (Hrsg.): *Curating and the Educational Turn*. London: Open Editions/ de Appel 2010.

96 Zur Ambivalenz von (Aus-)Bildung zwischen Emanzipation und Selbstökonomisierung im Kontext einer postfordistischen Kulturalisierung der Ökonomie und Ökonomisierung der Kultur vgl. z. B. Beatrice von Bismarck / Alexander Koch: Einführung. In: Dies. (Hrsg.): *beyond education. Kunst, Ausbildung, Arbeit und Ökonomie*. Frankfurt am Main: Revolver 2005, S. 9–17.

„gleichermaßen emanzipatorische wie ökonomische Indienstnahme der Subjekte“ hingewiesen.[97] Angesichts der grundsätzlichen Ambivalenz von Bildung, die über Wissenserwerb hinausgehend immer zwischen Zurichtung und Selbstermächtigung schwankt, gilt es zu berücksichtigen, inwiefern der *educational turn* einerseits komplizitär mit dem kognitiven Kapitalismus ist und inwiefern er sich andererseits auch als Ausdruck eines zunehmenden kritischen Bewusstseins gegenüber der Kommodifizierung von Subjektivitäten fassen lässt. Gerade weil Edukation (Bildung, Erziehung) als für die Re/Produktion von Wissen, Subjekten und sozialen Verhältnissen zentrale Technik im kognitiven Kapitalismus einen für die Wertschöpfung immer bedeutenderen Stellenwert einnimmt, sind alternative Modi der Subjektivierung ein dringendes emanzipatorisches Projekt.[98] In *Factories of Knowledge – Industries of Creativity* schlägt Gerald Raunig daher z. B. vor, institutionelle Infrastrukturen von Universitäten und Schulen für selbstorganisierte Praktiken zu nutzen.[99] Nach einem kurzen Rückblick auf frühere mikropolitisch funktionierende aktivistische Zweckentfremdungen von Ausstellungsinstitutionen und einigen kritischen Überlegungen zur neueren Diagnose der „Ästhetisierung von Edukation“ und der „Kuratorialisierung des Edukativen“ frage ich, inwiefern eine ‚Edukalisierung des Kuratorischen‘ und ein ‚Einstellen des Ausstellens‘ dazu geeignet sein könnten, Alternativen zu Sichtbarkeitsimperativen, Ausstellungszwängen und Normen der permanenten Performanz zumindest vorstellbar zu machen.

97 Alexander Koch: Kunstfeld 4. Die Privatisierung der Subjektivation und die taktische Öffnung des Feldes. In: von Bismarck / Koch: Einführung. In: Dies. (Hrsg.): *beyond education*, S. 145–164, hier S. 157–158.

98 Wie Dalla Costa betont, spalteten Schulen wie auch Fabriken nicht nur die Produktionseinheit des Haushalts, sondern dienten neben der (Aus-)Bildung von Kindern auch zu deren Disziplinierung und Kommodifizierung (vgl. dies.: Die Frau und der Umsturz der Gesellschaft, S. 5). Zugleich würdigt sie jedoch auch das revolutionäre Potential, welches reproduktiven Aufgaben wie Erziehungsarbeit innewohnt, insofern diese die Chance bergen, widerständige Subjekte heranzuziehen. Siehe auch Silvia Federici / George Caffentzis: Notes on the Edu-Factory and Cognitive Capitalism. In: *The Commoner* 12 (2007), S. 63–70.

99 Vgl. Gerald Raunig: *Factories of Knowledge – Industries of Creativity*. New York: Semiotext(e) 2013.

Projektausstellungen als Schulen der Selbstermächtigung

In Auseinandersetzung mit den *hidden curricula* des Kunstbetriebs sowie den in Ausstellungen eingeschriebenen gegenderten, rassifizierenden und klassifizierenden Repräsentationsregimen, Hierarchisierungen und Exklusionen entstanden in den späten 1980er und 1990er Jahren „im Schatten des offiziellen Kunstmarktes, seiner Verteilungsmacht und einer bürgerlichen Öffentlichkeit" queer-feministische Projektausstellungen, die in ihrem Anliegen, „sich hegemoniale Strukturen anzueignen und umzudeuten", u.a. an feministische Praktiken der 1960er und 1970er Jahre anschlossen.[100] So schreibt Marion von Osten:

> Die Absicht der feministischen Kunstbewegungen der 60er Jahre in den USA lag in der Nutzung des Raums für die Entwicklung neuer Kunstformen der Kollaboration und der Zusammenarbeit sowie in der Erschließung neuer Öffentlichkeiten, die jenseits dichotomer Geschlechtlichkeit lagen. Dies geschah deshalb, weil KünstlerInnen von den offiziellen Räumen der Kunst noch stärker ausgeschlossen waren als heute und weil die Produktions- und Repräsentationsverhältnisse als patriarchal und eurozentrisch erkannt wurden. So wurden von Feministinnen Räume außerhalb des Kunstsystems etabliert, in denen Performances, Installationen und Vorträge stattfanden.[101]

Felicity Allen hat darauf hingewiesen, dass *consciousness raising*-Gruppen mit ihrer „feministischen Anonymität" und dem „Bevorzugen des Intimen gegenüber dem Spektakulären" Vorläufer selbstorganisierter relationaler Formate der Kulturproduktion gewesen seien.[102] Vielleicht spricht Luisa Ziaja deshalb in Bezug auf von Ostens Konzept der Projekt-Ausstellung von einer „Un-Ausstellung"[103]. In den beschriebenen Projekten ging es allerdings weniger um einen Rückzug aus der Öffentlichkeit, sondern vielmehr darum, Öffentlichkeit durch eine Problematisierung der sonst oft ausgeblendeten Produktionsbedingungen zu rekonfigurieren.

100 Marion von Osten: Eine Frage des Standpunktes. Ausstellungen machen. In: *Olympe. Feministische Arbeitshefte zur Politik* 19 (2003), S. 59–72, hier S. 65.

101 Ebd., S. 65–66.

102 Felicity Allen: Situating Gallery Education. In: *Tate Encounters [E]ducadttion 2*, 02.02.2007, o. P. http://www2.tate.org.uk/tate-encounters/edition-2/papers.shtm (Zugriff am 15.7.2013).

103 Luisa Ziaja: Ausstellungsgeschichten. Ansätze der Historisierung im Kunstfeld. In: schnittpunkt (Hrsg.): *Handbuch Ausstellungstheorie und -praxis*. Wien / Köln / Weimar: Böhlau 2013, S. 23–36, hier S. 33.

> Einerseits reflektierten diese Projekte die Wissens- und Körperpolitik des ‚exhibitionary complex' und deuteten seine Darstellungsparadigmen um, andererseits wurde auch ein anderer, üblicherweise von der Repräsentation getrennter Prozess, die Erarbeitung und kollektive Autorenschaften zentral.[104]

Anders als Themenausstellungen zeichneten sich Projektausstellungen laut von Osten durch den politischen Anspruch aus, im eigenen kuratorischen Handeln heteropatriarchale Sphärentrennungen und Arbeitsteilungen zu überwinden.

> So wurden die Sphären des Privaten und Alltäglichen, wie das Lesen von Texten, das Diskutieren und die Arbeitstreffen, in den öffentlichen Raum verlagert, was u. a. vor dem Hintergrund einer feministischen Kritik an einem männlich-konnotierten Arbeitsbegriff und der Kritik an der Trennung von Öffentlichkeit/Privatheit geschah.[105]

Allerdings wurde immer wieder argumentiert, „dass es sich in den Ausstellungen nicht um Kunst handle, sondern eher um eine alternative Universität oder einen soziokulturellen Treffpunkt."[106] Es ging also bei den selbstorganisierten kuratorischen Projekten der 1990er Jahre nicht primär um Kunst, deren Ausstellung oder die Behauptung von Gemeinschaftlichkeit als Kunst, sondern um das Erproben von Formen der Selbstermächtigung, in denen Theorie und Praxis untrennbar miteinander verknüpft waren. Mit Hito Steyerl könnte man sagen, es ging darum, Politik zu *machen*, und nicht darum, sie zu *zeigen*.[107]

Die Ästhetisierung von Edukation

Andrea Phillips hat den *educational turn in curating* als eine „Ästhetisierung von Edukation durch Künstler und Kuratoren" bezeichnet.[108] Tatsächlich folgen viele edukative Formate oder pädagogische Projekte in den 2000er Jahrem der repräsentativen Logik der „Verkunstung"[109],

104 Von Osten: Eine Frage des Standpunktes, S. 68.

105 Ebd.

106 Ebd.

107 Vgl. Hito Steyerl: Politics of Art. Contemporary Art and the Transition to Post-Democracy. In: *e-flux journal* 21 (2010). http://www.e-flux.com/journal/21/67696/politics-of-art-contemporary-art-and-the-transition-to-post-democracy/ (Zugriff am 12.10.2016).

108 Andrea Phillips: Education Aesthetics. In: O'Neill / Wilson (Hrsg.): *Curating and the Educational Turn*, S. 83–96, hier S. 84. (Übers. d. Verf.)

109 Susan Kelly: Das Transversale und das Unsichtbare: wie macht man wirklich ein Kunstwerk, das kein Kunstwerk ist?, 2005, o. P. http://www.republicart.net (Zugriff am 01.07.2013).

indem sie ephemere soziale Interaktionen zu Kunstwerken oder Kunstdokumenten machen, die in Sichtbarkeitsökonomien leicht kapitalisierbar sind. Das wird z.B. in Claire Bishops Buch *Artificial Hells* evident.[110] Ihr Kapitel „Pedagogic Projects" untertitelt sie mit einem Zitat von Felix Guattari aus *Chaosmosis*: „Wie bringt man einen Klassenraum zum Leben, als ob er ein Kunstwerk sei?"[111] Wie Bishop erklärt, wird „Kunst anderen zu sehen gegeben, während Edukation kein Bild" habe.[112] Trotzdem werden inzwischen häufig angesichts der veränderten medialen Bedingungen selbst die informellsten Diskussionen und Q&As aufgezeichnet, gefilmt oder fotografiert. „Warte auf das Mikrophon, bevor Du Deine Frage stellst, wir zeichnen auf", ist ein Ausspruch, dem man von Moderator_innen immer wieder zu hören bekommt. Aber Videoaufzeichnungen oder Fotografien von Gruppendiskussionen tendieren dazu, tautologisch zu sein, weil sie häufig nur die Tatsache übertragen, dass eine Gruppe sich für eine Diskussion zusammengefunden hat, während die Erfahrung des Lernens, welche Aufmerksamkeit und Anwesenheit erfordert, auf diese Weise nicht reproduziert werden kann. Dieses obsessive Konservieren und Dokumentieren ist ein Beispiel für die von Crary beklagte zunehmende „Vernichtung der Singularität des Ortes und Ereignisses,"[113] in der Erfahrungen ihren Wert verlieren, sobald sie nicht digitalisiert, zirkuliert oder online geteilt werden können. Dabei dürfte bei relationalen Formaten weniger die Re-Präsentation für ein imaginäres sekundäres Publikum, sondern vielmehr die Kommunikation zwischen den Anwesenden entscheidend sein, denn Lernen, *consciousness raising* und politische Selbstorganisation funktionieren auch ohne ein sekundäres Publikum von Nicht-Teilnehmenden.[114]

110 Vgl. Claire Bishop: *Artificial Hells. Participatory Art and Politics of Spectatorship.* London / New York: Verso 2012. (Übers. d. Verf.)

111 Ebd., S. 241.

112 Ebd.

113 Crary: *24/7*, S. 31.

114 Für seine Lehrstücke etwa stellt Brecht fest, dass sie „für die *Darstellenden* lehrhaft sind" und daher kein Publikum bräuchten. Vgl. Bertolt Brecht: Anmerkungen zu den Lehrstücken. In: Ders.: *Werke. Große kommentierte Berliner und Frankfurter Ausgabe*, Bd. 23. Berlin / Frankfurt am Main: Aufbau / Suhrkamp 1993, S. 418. „Die Große Pädagogik verändert die Rolle des Spielens vollständig. Sie hebt das System Spieler und Zuschauer auf. Sie kennt nur mehr Spieler, die zugleich Studierende sind." (Bertolt Brecht: Die Große und die Kleine Pädagogik. In: Ders.: *Werke. Große kommentierte Berliner und Frankfurter Ausgabe*, Bd. 21. Berlin / Frankfurt am Main: Aufbau / Suhrkamp 1992, S. 396.)

Im Gegensatz dazu adressieren z.B. die Kunstprojekte, die der Kurator Nicolas Bourriaud nicht von ungefähr *Relationale Ästhetik* genannt hat, immer mindestens ein weiteres Publikum. Trotz der mit der Produktion von Beziehungen zwischen den Teilnehmenden verknüpften ethischen Ansprüche handelt es sich dabei primär um ästhetische Werke der Kunst.[115] Das Publikum kann als teilnehmende_r Beobachter_in präsent sein oder als nicht-teilnehmende_r Zuschauer_in beiwohnen – oder es kann auch aus abwesenden Rezipient_innen komponiert sein, die sich später Dokumentationen anschauen. Weil die meisten der Projekte, die unter dem Begriff Relationale Ästhetik subsumiert werden, mit Künstler_innen-Namen versehen sind, während die Teilnehmenden häufig anonymes ‚Anschauungsmaterial' bleiben, sind einige Kritiker_innen so weit gegangen, von „sozialer Pornografie"[116] oder „Lebendigkeitspornos"[117] zu sprechen.[118] Über die Kritiken hinaus, welche die kompensatorische Funktion der Relationalen Ästhetik anprangern,[119] da sie auf veralteten Vorstellungen von Entfremdung basiere und die Kommodifizierung von Relationalität im Postfordismus auf Basis eines „älteren autonomen und romantischen Entwurf[s] von Kunst"[120] unthematisiert lasse, wurde Bourriauds Konzept auch dafür kritisiert, blind für Genderaspekte zu sein und die feministische Tradition der Auseinandersetzung mit Relationalität zu übersehen.[121] Feministinnen kritisierten von Bourriaud dis-

115 Vgl. Nicolas Bourriaud: *Relational Aesthetics* [1998]. Dijon: Les presses du réel 2002.

116 Maria Lind zit. n. Claire Bishop: The Social Turn. In: *Artforum International*, Februar 2006, S. 178–183, hier S. 181.

117 Diedrich Diederichsen: *Eigenblutdoping. Selbstverwertung, Künstlerromantik, Partizipation*. Köln: Kiepenheuer & Witsch 2008, S. 276.

118 Liam Gillick jedoch verteidigt einige der Künstler_innen als widerständig gegenüber „Repräsentation" und „Transparenz", da sie daran glaubten, „Verschleierungen und Mäandern könnten notwendig sein, um das chaotische Hin und Her des Kapitalismus zu bekämpfen." (Liam Gillick: Contingent Factors: A Response to Claire Bishop's Antagonism and Relational Aesthetics. In: *October* 115 (2006), S. 96–106, hier S. 106. (Übers. d. Verf.).)

119 Vgl. z.B. George Baker: Beziehungen und Gegenbeziehungen: Ein offener Brief an Nicolas Bourriaud. In: Yilmaz Dziewior (Hrsg.): *Zusammenhänge herstellen*. Ausstellungskatalog. Köln: DuMont 2002, S. 126–133, hier S. 128; Andrea Fraser: From the Critique of Institutions to an Institution of Critique. In: John C. Welchman (Hrsg.): *Institutional Critique and After*, Bd. 2. Zürich: jrp / ringier 2006, S. 123–132.

120 Kelly: Das Transversale und das Unsichtbare, o.P.

121 Vgl. z.B. Julia Bryan-Wilson: *Art Workers. Radical Practice in the Vietnam War Era*. Berkeley / Los Angeles / New York: University of California Press 2009, S. 170;

kutierte Projekte (wie z. B. Rirkrit Tiravanijas Kochereignisse) dafür, Alltägliches, Häusliches, Gastfreundliches und Geselliges als Wellnessalternativen zur kalten kapitalistischen Welt zu fetischisieren, während er es verpasse, die Verstrickung von häuslichen, re/kreativen und affektiven Dienstleistungen mit der generellen Ökonomie zu problematisieren.[122] Eine Wiederaufführung ästhetisierter Domestizität in der Öffentlichkeit verwechsele – so der Tenor – nicht nur relationale Arbeit mit Freizeit, sondern heroisiere auch die sonst vernachlässigten, häufig von Frauen ausgeübten rekreativen Dienstleistungen als – mehrheitlich durch Männer signierte – Kunstwerke. Durch die ständige Exponierung des Relationalen wird, so könnte man schließen, das Persönliche überbelichtet und – um mit Arendt zu sprechen – der nichtprivative Wert von Privatheit nicht respektiert. Susan Kelly macht sich daher Marcel Duchamps Frage, „Wie kann man Werke machen, die keine ‚Kunst' sind?", zum Motto, um vor der „Verkunstung" selbstorganisierter Praktiken zu warnen:

> Womit ich [...] andeuten will, dass die große Inklusion oder Identifikation aller Arten von transversalen Praxen, Praxen der Selbstorganisation oder Praxen, in denen nie klar wird, wo die Kunst aufhört und die Politik beginnt, in Kategorien eines erweiterten Kunstbegriffs (‚relational art', ‚sozial engagierte' Kunst usw.) mit Misstrauen aufgenommen werden muss. Die Vermutung ist also, dass es für transversale Praxen, wenn sie eine kritische Beziehung zum ‚Empire' wahren wollen, wichtig ist, sich der Einordnung zu entziehen, ‚doggedly eye-proof' zu bleiben, wie Sarat Maharai es genannt hat. Ich würde behaupten, dass die Kennzeichnung bestimmter Praxen als Kunstwerke, oder die Begrenzung bestimmter Aktivitäten und Formen auf das ‚Kunstfeld' ihr Potenzial einschränken oder sogar ausschalten können.[123]

Die Kuratorialisierung des Edukativen

Den feministischen Kritiken an der Relationalen Ästhetik in der Stoßrichtung nicht unähnlich wurde von Seiten der Kunstvermittlung der *educational turn in curating* kritisiert. Die Aneignung von klassischerweise der Museumspädagogik zugehörigen edukativen Aspekten durch Kurator_innen habe – worauf Nora Sternfeld in „Unglamorous

Helena Reckitt: Forgotten Relations. Feminist Artists and Relational Aesthetics. In: Angela Dimitrakaki / Lara Perry (Hrsg.): *Politics in a Glass Case*. Liverpool: Liverpool UP 2013, S. 131–156.

122 Vgl. z. B. Helen Molesworth: House Work and Art Work. In: *October* 92 (2000), S. 71–97, hier S. 78; Reckitt: Forgotten Relations, S. 138–143.

123 Kelly: Das Transversale und das Unsichtbare, o. P.

Tasks" hinweist – z. B. zu einer Glamourisierung dieser sonst unsichtbaren und eher „mühsamen", „unangenehmen", „kompromittierten", „unkohärenten" und „unpräsentablen" pädagogischen Praktiken geführt. Sie schreibt:

> Vieles von dem, was für eine lange Zeit jenseits der intellektuellen Kunstöffentlichkeit im kaum sichtbaren Schatten der Aufmerksamkeit (als spezialisierter Bereich der Edukation) stattgefunden hat, muss nun selbstverständlich differenziert diskutiert werden.[124]

Die Kuratorialisierung des Edukativen nütze allerdings hauptsächlich den Kurator[_inn]en,[125] da sie die herkömmliche gegenderte Arbeitsteilung zwischen Kurator[_inn]en als Produzenten und Vermittler[_]innen als Reproduzierenden sowie die mit dieser Arbeitsteilung einhergehende ungleichen Verteilung von kulturellem Kapital unangetastet lasse:

> Let's consider the unequal distribution of symbolic capital among curators and mediators in the art world. It can be described using a classical set of analyses from feminism: the powerful social differentiation between production and reproduction – in this case of knowledge. Thus the point here, once again, is to connect the question 'Who is speaking?' with that of authorized authorship – 'Who has the power to define?' – and to ask how the powerful distinction between the production and reproduction of knowledge can be radically broken down.[126]

Mit Gayatri Chakravorty Spivak, die der repräsentativen Macht der Institutionen misstraue und die unglamouröse Arbeit im Seminarraum bevorzuge, schlägt Sternfeld daher in „What Can the Curatorial Learn from the Educational" vor, dass das Kuratorische vom Edukativen lernen könne, die unglamourösen, mühseligen Arbeiten von Kunstvermittler_innen ernst zu nehmen, um gemeinsam die „Apparate der Wertkodierung" herauszufordern und die binäre Logik von Repräsentation vs. Rezeption, Zeigen vs. Sehen, Produktion vs.

124 Nora Sternfeld: Unglamorous Tasks: What Can Education Learn from Its Political Traditions. In: *e-flux journal* 14 (2010). http://www.e-flux.com/journal/14/61302/unglamorous-tasks-what-can-education-learn-from-its-political-traditions/ (Zugriff am 12.10.2016). (Übers. d. Verf.)

125 Die Tatsache, dass Museumspädagogik fast ausschließlich von Frauen ausgeübt wird, bildet sich auch in den feministisch informierten Diskursen der Kunstvermittlung ab, wo kuratorische Positionen oft implizit männlich kodiert werden, obwohl unter Kurator_innen der Frauenanteil recht hoch ist.

126 Sternfeld: Unglamorous Tasks, S. 8.

Reproduktion, Kuratieren vs. Vermitteln zu überwinden.[127] Zusammen mit Luisa Ziaja skizziert sie in „What Comes after the Show“ „post-repräsentatives Kuratieren als Konzept der Intervention in klassische kuratorische Aufgaben“.[128] In der Tradition aktivistischer und feministischer Projektausstellungen der 1990er Jahre – wie etwa Martha Roslers *If You Lived here* (1989) oder der Projekte von Group Material – definieren sie „Kuratieren als Ermöglichen von Prozessen kollaborativer Wissensproduktion mit unvorhersehbarem Ausgang“.[129]
Ihre Definition von post-repräsentativen Ausstellungen als „soziale Räume“, „Räume für Verhandlungen“ und Kuratieren als „Art des Aktiv-Seins“[130] artikuliert – wie auch Beatrice von Bismarcks Definition der Ausstellung als „transdisziplinärer und transprofessioneller Erscheinungsraum“[131] – einen politischen Anspruch, wie er in den von Arendt z.B. in *Vita Activa* geprägte Begrifflichkeiten (Erscheinungsraum, Handlungsraum, Aktiv-Sein) mitschwingt. In „Wegschauen. Partizipation in der Visuellen Kultur“ beruft sich Irit Rogoff sogar explizit auf Arendt, um ihre „Überlegungen über ‚das Performative‘ mit einer Theorie des ‚Politischen‘ zu verknüpfen“.[132] Unter direkter Bezugnahme auf Rogoff und von Bismarck erklären Ziaja/Sternfeld daher, dass ‚das Kuratorische‘ die Logik der Repräsentation verlasse:

> Thus the curatorial leaves the logic of representation: exhibitions are no longer sites for setting up valuable objects and representing objective values but rather spaces for curatorial action in which unusual encounters and discourses become possible, in which the unplannable seems more important than, say, precise handling plans. Emphasizing the referential and relational dimensions of presenting art transforms exhibitions into spaces where things are ‘taking place’ rather than ‘being shown‘.[133]

127 Nora Sternfeld: What Can the Curatorial Learn from the Educational? In: Beatrice von Bismarck / Jörn Schafaff / Thomas Weski (Hrsg.): *Cultures of the Curatorial*. Berlin: Sternberg 2012, S. 333–342. (Übers. d. Verf.)

128 Nora Sternfeld / Luisa Ziaja: What Comes After after the Show? On Postrepresentational Curating. In: *OnCurating* 14 (2012), S. 21–24, hier S. 23. (Übers. d. Verf.)

129 Ebd.

130 Ebd., S. 23–24.

131 Beatrice von Bismarck: Relations in Motion. The Curatorial Condition in Visulal Arts – and Its Possibilities for the Neighboring Disciplines. In: *frakcija* 55 (2010): : Curating Performance Arts, S. 50–57. (Übers. d. Verf.)

132 Irit Rogoff: Wegschauen. Partizipation in der visuellen Kultur. In: *Texte zur Kunst* 36 (1999), S. 98–112, hier S. 99.

133 Sternfeld / Ziaja: What Comes after the Show?, S. 22.

Eine Edukalisierung des Kuratorischen

Auch wenn die Definitionen von verschiedenen Verfechterinnen des Kuratorischen sich zum Teil unterscheiden, ist ihnen gemeinsam, dass sie diskursive, soziale und edukative Anliegen nicht länger nur als parakuratorische Supplemente von Ausstellungen ansehen, sondern als integralen Bestandteil des Kuratierens. In der Einleitung zu *Cultures of the Curatorial* wird festgestellt, dass Kuratieren „den Horizont über Zeigen und Präsentieren hinaus erweitert hat, um Ermöglichen, Veröffentlichen, Bilden, Analysieren, Kritisieren, Theoretisieren, Editieren und Inszenieren zu umfassen".[134] In der Einleitung zu *Performing the Curatorial. Within and beyond Art* definiert Maria Lind Kuratieren als

> ein Handwerk, das mehr umfasst[,] als Ausstellungen zu machen, und zwar über die Mauern einer Institution hinaus und auch über das hinaus, was traditionell Programmarbeit und Museumspädagogik genannt wird.[135]

Im Vorwort zu *The Curatorial. A Philosophy of Curating* erklären Jean-Paul Martinon und Irit Rogoff schließlich halb ironisch, wie das Ph.D-Programm *Curatorial/Knowledge* am Goldsmiths College in London mit dem Ziel gegründet wurde, „Leute vom Kuratieren abzuhalten".[136] In expliziter Bezugnahme auf „das Eintreten des Pädagogischen in das Feld unter dem Banner des *educational turn*" charakterisieren sie das Programm als einen „Versammlungsraum", um

> die Kulturschaffenden zu ermächtigen, kritisch und mutig den Forderungen zu widerstehen, den nach Spektakel und Entertainment hungernden Markt einfach mit immer mehr neuen Attraktionen zu beliefern.[137]

In ihrem gemeinsamen Interesse, die epistemologischen, edukativen und politischen Implikationen ihrer jeweiligen Praktiken kritisch zu reflektieren, ohne diese unbedingt ausstellen zu müssen, unterscheiden sich die Advokatinnen des Kuratorischen von Phillips Definition des *educational turn* als „eine[r] Ästhetisierung von Edukation durch

134 Von Bismarck / Schafaff / Weski: Introduction. In: Dies. (Hrsg.): *Cultures of the Curatorial*, S. 7–16, hier S. 8. (Übers. d. Verf.)

135 Maria Lind: Performing the Curatorial: An Introduction. In: Dies. (Hrsg.): *Performing the Curatorial. Within and beyond Art*. Berlin: Sternberg 2012, S. 9–20, hier S. 11. (Übers. d. Verf.)

136 Jean-Paul Martinon / Irit Rogoff: Preface. In: Jean-Paul Martinon (Hrsg.): *The Curatorial. A Philosophy of Curating*. London / New York: Bloomsbury 2013, S. viii–xi, hier S. ix. (Übers. d. Verf.)

137 Ebd.

Künstler und Kuratoren".[138] Statt Edukation zu einer weiteren Sehenswürdigkeit im Spektakel der Kunstwelt zu machen, lässt sich – was ich eher ‚Edukalisierung des Kuratorischen' nennen würde (da hier die edukative Logik im kuratorischen Feld aufgegriffen wird und weniger die kuratorische Logik das Feld der Erziehung prägt) – als ein Versuch werten, Edukation als eine emanzipatorische Praxis in Kraft zu setzen, die sich eben nicht in einem Spektakel des Lernens erschöpft.

Trotzdem darf die oben problematisierte ‚Dialektik der Edukalisierung' nicht aus dem Blick geraten:

> The classical curatorial discourse is about creating space – but how can we think curating as creation of critical time? *Where do we want to go by overcoming representation?* – Processualization and transformation of institutions appear to be progressive strategies. But the fact that process and transformation are essential governmental techniques of neoliberal capitalism has to be taken into account as well.[139]

Arendts Definition des „Erscheinungsraums" als ephemerer Raum des Verschwindens war ein Gegenentwurf zu den staatlichen Konstitutionen des öffentlichen Raums. Er definiert sich vor allem über seinen temporären Charakter, der die räumlichen und gesetzlichen Einhegungen, Festungen und Verfestigungen vorgängig ist.[140]

> Ihn unterscheidet von anderen Räumen, die wir durch Eingrenzungen aller Art herstellen können, daß er die Aktualität der Vorgänge, in denen er entstand, nicht überdauert, sondern verschwindet, sich gleichsam in nichts auflöst, und zwar nicht erst, wenn die Menschen verschwunden sind, die sich in ihm bewegten [...].[141]

Wenn aber nun seit Anbruch der „flüchtigen Moderne"[142] das Kapital frei fließt, Kurator_innen als freischaffende Vielflieger_innen zunehmend für temporäre Projekte und Biennalen arbeiten und seltener fest angestellt in auf Permanenz ausgerichteten Museen, wenn sich vormals rigide Institutionen dynamisieren und verflüchtigen, wenn also Liquidation an der Tagesordnung ist, stellt sich jedoch die Frage, ob Verschwinden als zeitliche Dynamisierung, Auflösung rigider Strukturen, also eine ‚Flucht ins Flüchtige', noch ausreichend Widerstandspotential

138 Phillips: Education Aesthetics, S. 84.

139 Sternfeld / Ziaja: What Comes after the Show?, S. 24. (Übers. d. Verf.)

140 Vgl. Arendt: *Vita Activa*, S. 241–251.

141 Ebd., S. 251.

142 Zygmunt Bauman: *Flüchtige Moderne*. Frankfurt am Main: Suhrkamp 2003.

birgt. In der aktuellen „projektbasierten Polis"[143] ist der „Erscheinungsraum" paradoxerweise auf Dauer gestellt. Wenn man Arendts Warnung ernst nimmt, dass „sich niemand dauernd in ihm aufhalten (kann), weil das überhelle Licht des Öffentlichen die Verborgenheit vernichtet, welche das Leben der Sterblichen, wie alles Lebendige, gerade für sein Lebendig-sein braucht,"[144] dann müsste eine Pädagogik für das Verschwinden nicht nur Liquidität, sondern auch Opazität anstreben, statt flüchtiger Zeitlichkeit auch Räume der Unsichtbarkeit ermöglichen.

Einstellen ausstellen

Kann also Kuratieren in gesellschaftlichen Situationen, in denen Öffentlichkeit durch umfassende Ökonomisierung zunehmend depolitisiert und politisches Handeln, öffentliches Auftreten, Lernen, Bildung und selbst persönliche Mitteilungen und Lebensäußerungen vielfach unmittelbar zum Gegenstand kapitalistischer Wertschöpfung geworden sind, statt seiner üblichen Aufgabe des Veröffentlichens auch die Verantwortung für ein ‚Entöffentlichen' übernehmen und für Unsichtbarkeit sorgen? Eine Pädagogik für das Verschwinden, ein Einstellen des Ausstellens, ein Sorgen für Unsichtbarkeit oder ein Rückzug aus den Sichtbarkeitsökonomien sind zugegebenermaßen radikale Schritte in einem Feld, dessen Hauptfunktionen das Publizieren von Dingen, der öffentliche Austausch, sowie das Erziehen und Vermehren von Wissen sind. Nichtsdestotrotz lassen sich gerade auch in feministisch geprägten kuratorischen Diskursen Momente ausmachen, die über ein ‚Einstellen des Ausstellens' als Möglichkeit nachdenken, um Ausstellungszwängen und Sichtbarkeitsimperativen zu entgehen. In einem Workshop mit dem Titel „Beyond the Curatorial" hat von Osten z. B. von „Fluchtbewegungen" gesprochen, mittels derer „para-institutionelle Räume" geschaffen werden, wo „neue Formen der Kollaboration, der Kollektivität, der Fürsorge und der Instandhaltungsarbeit [...] über den Rahmen des Kunstfeldes hinausweisen".[145] Sie kam zu dem Schluss, dass sich „die Frage,

143 Boltanski / Chiapello: *Der neue Geist des Kapitalismus*, S. 147–187.

144 Arendt: *Vita Activa*, S. 215.

145 Marion von Osten: Beyond the Curatorial. Vortrag bei der Tagung „Zusammenhängen. Von Verbindungen und Verbündeten im Kuratorischen", initiiert von Vera Lauf / Olga Vostretsova / Franciska Zolyom. Galerie für zeitgenössische Kunst Leipzig, 25.10.2013.

ob sich diese Praktiken überhaupt ausstellen lassen, nur negativ beantworten lässt."[146] Inspiriert von den Arbeiten des Kollektivs Claire Fontaine kuratierte Helena Reckitt kürzlich zusammen mit Kolleg_innen das Programm *Now You Can Go* (2015), das sich der Kunstkritikerin Carla Lonzi widmete, die sich als Konsequenz der Komplizenschaft von Kunst und Patriarchat in den 1970er Jahren komplett aus dem Kunstbetrieb zurückgezogen hat.[147] Lonzis Kollektiv Rivolta Femminile hatte „Dekulturalisierung" propagiert,[148] um der „Maske" vorgeblicher Gleichheit in einer Gesellschaft zu entkommen,[149] in der „Identifizierung" zwangsläufig eine „männliche Qualität" habe,[150] was an Phelans anfangs zitierte Feststellung erinnert, dass „Repräsentation das Andere als das Gleiche reproduziere".[151]
Inwiefern lassen sich diese differenzfeministischen Ansätze aus den 1970ern auf die heutige Situation übertragen, in der die ‚repressive Toleranz' des Neoliberalismus identitäre Differenzen, wenn man optimistisch sein möchte, zunehmend indifferent werden lässt, solange sie sich als Diversifizierung integrieren lassen und keine strukturellen Alternativen zum neuen Geist des Kapitalismus fordern? In einem Essay zu ihrer Ausstellung *Getting Rid of Ourselves* (2014) hatte Reckitt die berühmte Formel von Hermann Melvilles Bartleby dem Schreiber (1853) bemüht, der auf jegliche Aufforderungen und Bitten mit „Ich würde lieber nicht" antwortet. Sie schreibt:

> Rückzug funktioniert hier nicht als romantische Flucht sondern als eine stille aber unbeugsame Weigerung sich den affektiven Forderungen zu unterwerfen. Er macht unmarkierte oder unbemerkte Arbeit in ihrer Abwesenheit sichtbar.[152]

Wie auch in Giorgio Agambens Theoretisierung der „Inaktivierung" in „Art, Inactivity, Politics", scheint jedoch die Widerständigkeit der

146 Ebd.

147 Vgl. Helena Reckitt: *Now You Can Go*, The Showroom, ICA, Space Studios, Rave Row, London, 1.–13.12.2015. Siehe auch Claire Fontaine: We Are All Clitoridian Women: Notes on Carla Lonzi's Legacy. In: *e-flux journal* 47 (2013). http://www.e-flux.com/journal/47/60057/we-are-all-clitoridian-women-notes-on-carla-lonzi-s-legacy/ (Zugriff am 12.10.2016).

148 Rivolta Femminile: *Lets Spit on Hegel* [1970]. New York: Secunda 2010, S. 14. (Übers. d. Verf.)

149 Ebd., S. 5.

150 Ebd., S. 17.

151 Phelan: *Unmarked*, S. 3.

152 Helena Reckitt: Getting Rid of Ourselves. In: Dies. (Hrsg.): *Getting Rid of Ourselves.* Ausstellungskatalog. Toronto: OCAD University 2014, S. 5–28, hier S. 11. (Übers. d. Verf.)

Untätigkeit und Unsichtbarkeit immer wieder an Repräsentation rückgebunden zu werden, insofern auf sie „verwiesen" werden muss oder sie „sichtbar" gemacht werden soll: „Inaktivität heißt nicht einfach Untätigkeit, nicht handeln. Sie verweist vielmehr auf die Operation der Inaktivierung, Ent-Arbeitung aller menschlichen und göttlichen Bestrebungen."[153] Ähnlich definiert Rebentisch auch die verbergende Ironie:

> Denn die verbergende Ironie stellt aus, dass sie etwas verbirgt. Sie führt also, wenn man so will, ein Nichtöffentliches (vor der Öffentlichkeit Verborgenes) öffentlich in die Öffentlichkeit ein.[154]

Der vorliegende Essay[155] über das Einstellen des Ausstellens bleibt folglich in einer ähnlichen Aporie gefangen, da es ja in gewisser Weise darum geht, das Einstellen auszustellen. Statt hier weitere Beispiele auszuleuchten, möchte ich mich jedoch nun aus dem ‚White Cube' (O'Doherty), der ‚hellen Kammer' (Barthes) und dem ‚gleißenden Licht der Öffentlichkeit' (Arendt) ins ‚Dunkle meines Haushalts' (Arendt) zurückziehen.

153 Giorgio Agamben: Art, Inactivity, Politics. In: Rui Mota Cardoso (Hrsg.): *Politics. Criticism of Contemporary Issues*. Porto: Fundação Serralves 2007, S. 131–141, hier S. 139. (Übers. d. Verf.)

154 Rebentisch: *Die Kunst der Freiheit*, S. 285.

155 Dies ist die ins Deutsche übertragene und erweiterte Version eines Vortrags mit dem Titel „The Personal is Political. Politics of Gender in Negotiating Curatorial Authorship", den ich auf der Tagung „Curatorial Practices Reframed. Politics and Pedagogy in Curating Contemporary Art" am 2. November 2013 an der European University, Nikosia, Zypern gehalten habe.

Danksagung

Wir danken den Teilnehmer_innen des Workshops für ihre spannenden Beiträge und ihre rege Diskussionsbereitschaft, die zur Publikation dieses Bandes geführt haben.
Darüberhinaus möchten wir Vera Tollmann, Ann-Kathrin Hubrich, Ole Graf, Claudia Bruns und Bettina Uppenkamp für Diskussion und Gedankenaustausch zu Sichtbarkeit danken. Außerdem danken wir Bild|Wissen|Gestaltung für die Mittel, um diesen Band veröffentlichen zu können. Last not least danken wir Frank Schlöffel vom Neofelis Verlag für den reibungslosen Ablauf und die erfreuliche und unterstützende Zusammenarbeit.

Abbildungsverzeichnis

Gabriele Werner: In gleißendem Licht verborgen

Abb. 1: *Die Welt KOMPAKT*, 12.10.2015, S. B7.

Abb. 2: *taz*, 12.01.2015.

Abb. 3: Jean Léon Gérôme: *Phryne vor dem Richter*, 1861, Öl auf Leinwand; 80 x 128 cm. Hamburger Kunsthalle, Inv. 1910. Aus: Werner Hofmann (Hrsg.): *Hamburger Kunsthalle. Bildführer*. München: Prestel 1985, S. 87, Abb. 169.

Abb. 4: Still aus *American Sniper*. Official Trailer, Warner Bros. Pictures. https://www.youtube.com/watch?v=99k3u9ay1gs (Zugriff am 12.12.2015).

Abb. 5–6: Stills aus *American Sniper*. Scene Sniper vs Sniper, Jean Pulica. https://www.youtube.com/watch?v=MF40oKgQ9Jg (Zugriff am 12.12.2015).

Abb. 7: Still aus *Zero Dark Thirty*. LLC, DVD, Universal Pictures, 2012.

Abb. 8–13: Stills aus *Camp-X-Ray. Eine verbotene Liebe*. LLC, IFC Films, DVD, kochmedia 2015.

Andrea Bátorová: Möglichkeit des Entdeckens

Abb. 1–2: Jana Želibská: *Möglichkeit des Entdeckens*, Environment, Ausstellungsansicht, 1967. Im Besitz der Slowakischen Nationalgalerie Bratislava.

Abb. 3: Jana Želibská: *Möglichkeit des Entdeckens*, Toilette I, 1967, gemischte Technik, Textil, Sololit, 150 x 120 cm. Im Besitz der Slowakischen Nationalgalerie Bratislava.

Abb. 4: Jana Želibská: *Möglichkeit des Entdeckens*, Toilette II, 1967, gemischte Technik, Textil, Sololit, 150 x 120 cm. Im Besitz der Slowakischen Nationalgalerie Bratislava.

Abb. 5: Jana Želibská: *Möglichkeit des Entdeckens*, Striptease (Ohr), 1966, gemischte Technik, Textil, Sololit, 120 x 100 cm. Im Besitz der Ersten Investitionsgruppe AG, Bratislava.

Abb. 6: Jana Želibská: *Möglichkeit des Entdeckens*, Haare, 1967, Diptychon, gemischte Technik, Textil, Sololit, 2 x 120 x 70 cm. Im Besitz der Slowakischen Nationalgalerie Bratislava.

Abb. 7: Jana Želibská: *Möglichkeit des Entdeckens*, Brüste, 1967, gemischte Technik, Textil, Sololit, 123 x 73,5 cm. Im Besitz der Považská galéria umenia, Žilina.

Abb. 8: Jana Želibská: *Möglichkeit des Entdeckens*, Nase I, 1967, gemischte Technik, Textil, Sololit, 70 x 120 cm; dies.: *Möglichkeit des Entdeckens*, Nase II, 1967, gemischte Technik, Textil, Sololit, 70 x 120 cm. Im Besitz der Sammlung Linea, Bratislava.

Abb. 9: Jana Želibská: *Möglichkeit des Entdeckens*, Objekt I, Außenansicht, 1967, gemischte Technik, Sololit, 180 x 60 x 60 cm. Im Besitz der Slowakischen Nationalgalerie Bratislava.

Abb. 10: Jana Želibská: *Möglichkeit des Entdeckens*, Objekt II, 1967, gemischte Technik, Textil, Sololit. Im Besitz der Slowakischen Nationalgalerie Bratislava.

Nina Kathalin Bergeest: Alternative Sichtbarmachung

Astrid Hackel: Mit dem Auge der Kamera